ISBN 978-0-656-15972-7
PIBN 10542315

FB &c Ltd, Dalton House, 60 Windsor Avenue, London, SW19 2RR.
Company number 08720141. Registered in England and Wales.

For support please visit www.forgottenbooks.com

DIVERSES,

DE

MR. LA PLACETTE.

TOME PREMIER,

Contenant

Le Traité de la foi divine.

B. Picart delin.

A AMSTERDAM,
Chez FRANÇOIS L'HONORE',
M. DCC. XXXVIII.

PREFACE.

LOrs que je formai le dessein de travailler sur la Morale de Jesus Christ, & de tâcher d'éclaircir ce qu'il y a de plus difficile & de plus obscur dans cette science, je n'avois garde d'oublier la matiere de la foi divine. Ce fut l'une de celles qui me firent le plus de péne lors que je commençai à m'appliquer à l'étude de la Theologie. J'y trouvai dés lors des difficultés sur lesquelles je ne pus jamais satisfaire entierement mon esprit : & je ne ſuis pas au reſte le ſeul à qui cela eſt arrivé. Les Scholatiques, qui ſemblent vouloir faire entendre qu'ils ne trouvent rien qui les arréte, avouent ſans repugnance qu'à la reſerve de la matiere des decrets libres, ſur laquelle les plus celebres d'entre eux confeſſent leur ignorance, la Theologie n'a rien de plus tenebreux, & de plus malaiſé à expliquer, que la foi divine.

C'eſt d'ailleurs une matiere que nos Theologiens ont fort negligée. Lors qu'il ont été obligés d'en parler, ils ſe ſont contentés de dire deux ou trois mots de la foi en general, & ſe ſont attachés preſque uniquement à

la

la foi justifiante en particulier.

Cependant on sait que les plus specieuses objections que les Controversistes de la communion Romaine nous fassent ont pour objet l'analyse de nôtre foi. On sait qu'ils ont creu avoir en ceci de si grands avantages sur nous, qu'ils ont comme negligé le reste de nos controverses, pour s'attacher à celle-ci seule. Et en effet les livres qu'ils ont publiés contre nous depuis vingt ans ou environ, ne roulent que sur ceci seul.

J'ai donc creu que si je pouvois répandre quelque jour & quelque clarté sur cette matiere, ma péne ne seroit pas mal employée.

ployée. Dans cette persuasion il y a un peu plus d'un an que je m'attachai à ce Traité. Mais aprés avoir fait les trois livres que je donne presentement au public, & dans le temps que j'allois mettre la main aux suivans, où je devois parler des causes de la foi, de la profession publique qu'on en doit faire, & des pechés qui sont opposés à cette vertu, je fus attaqué d'une maladie qui ne me permit presque pas de douter que Dieu ne voulût s'en servir pour m'appeller à soi.

Je laissai donc ce travail, j'interrompis même toutes les fonctions de mon minestere, & m'appliquai uniquement à la grande affaire de mon ſalut, & à tâcher de me mettre en état de rendre conte à Dieu de ma vie paſſée. Il lui a pleu dans ſes compaſſions infinies de diſpoſer de moi tout autrement que je n'avois creu. Il eſt vrai qu'il ne m'a pas encore rendu toute la ſanté que j'avois avant cette maladie: mais il eſt vrai auſſi qu'il ne s'en faut pas beaucoup que cela ne ſoit. Ainſi j'ai peu penſer à ce que je devois faire de cette premiere partie du petit Ouvrage que j'avois entrepris.

Lors que j'y travaillai mon deſſein étoit de ne le publier que tout entier. Mais ne me trouvant pas en état de faire ce qui y manque, ne ſachant même ſi je le pourrai jamais, & considerant d'ailleurs que ce qu'il y a de fait peut-être de quelque usage pour l'éclaircissement de la verité, j'ai suivi sans repugnance le conseil de mes amis, qui ont voulu que je le publiasse tel qu'il est, me reservant de faire le reste s'ils plait à Dieu de m'en donner le moyen.

J'aurois souhaitté avec passion de rendre cet Ouvrage plus clair qu'il n'est, & de pouvoir le proportionner à la capacité de toute sorte de Lecteurs. Je n'aurois pas desesperé d'en venir à bout si j'eusse voulu me borner à des generalités, & laisser à côté les difficultés sans faire sem-

ſemblant de les voir. Mais j'aurois mieux aimé ne rien faire ſur ce ſujet, que d'y travailler d'une maniere qui me paroît ſi infructueuſe.

J'ai donc creu qu'il faloit approfondir un peu mon ſujet, & tâcher d'en applanir les difficultés. Cependant il eſt impoſſible de le faire ſans conduire l'eſprit du Lecteur un peu plus loin qu'il n'a accoutumé d'aller, & ſans lui propoſer des verités aſſés abſtraites, & qu'il eſt impoſſible d'appercevoir ſi on n'y apporte plus d'attention que la pluſpart des gens n'ont accoutumé d'en avoir.

Si l'obſcurité de ce petit Ouvrage ne vient que de là, chacun voit assés que je n'en suis pas responsable, & qu'il y auroit de l'injustice à me l'imputer. En effet il ne dependoit pas de moi de changer la nature des choses, & de rendre sensibles & palpables celles qui sont d'elles mêmes élevées au dessus des sens. Ainsi tout se reduit à savoir si devant dire ce que j'ai dit, je pouvois l'exprimer d'une maniere plus intelligible.

Je n'ai garde de nier positivement que quelque autre plus habile que moi ne l'eût peu. J'en suis même persuadé. Mais il est certain aussi que j'y ai fait mes efforts, & qu'il n'a tenu, ni à mes desirs, ni à mes soins que je n'y aye mieux reussi. J'ay expliqué dans les occaſions ce qui m'a paru le plus obſcur. J'ai levé les equivoques que j'ai creu qui pourroient faire quelque embarras. J'ai évité comme des écueils les expreſſions figurées, & me ſuis reduit aux plus ſimples que j'ai peu trouver. Ce qu'il y avoit à faire de plus étant au deſſus de mes forces, j'oſe me promettre de l'equité, ſi non pas de tous mes Lecteurs, aumoins de ceux qui ſont les plus raiſonnables, qu'ils me pardonneront un defaut auſſi involontaire que celui-ci.

Je ne ſai même ſi je me trompe, & ſi ce que je vai dire n'eſt pas une des illuſions de mon amour propre. Mais il eſt certain au moins qu'il me ſemble que ce Traité n'eſt pas plus obſcur que pluſieurs de ceux qui ſont entre les mains de toute ſorte de perſonnes, & que ceux qui peuvent entendre l'Art de penſer, la Recherche de la verité, la Phyſique de Rohaut, & la Philoſophie de M. Regis pourront me ſuivre par tout.

J'avouë que je me ſers de certains termes que je n'explique point, quoiqu'ils ſoient aſſés inconus au vulgaire. Tel eſt par exemple celui de Syllogiſme, & quelques autres ſemblables. Je n'ai pas voulu m'amuſer à les expliquer, d'un côté parce que ceci m'auroit mené un peu loin, & de l'autre parce que ceux qui ont

ont quelque lumiere, & quelque conoiſſance des ſciences les plus communes auroient trouvé cela inſupportable.

Je n'ai auſſi écrit à parler proprement que pour ceux-ci. En effet je ne pretends pas mettre ce livre dans toute ſorte de mains. J'en ai publié quelques uns dont je croi que les plus ſimples peuvent profiter. Tels ſont par exemple ma Morale abregée, ma Communion devote, & ma Mort de Juſtes. Mais je croi que pluſieurs de ceux qui peuvent profiter de ces trois Ouvrages, ne retireroient pas de grands avantages de la lecture de celui-ci. Ainſi je ne leur conſeille pas de s'y appliquer.

Cette

Cette même raiſon a fait que je ne me ſuis pas amuſé à traduire la pluſpart des témoignages des Theologiens que je cite, & que je me ſuis contenté de les rapporter en Latin. Comme la pluſpart de ceux qui liront mon livre ſavent cette langue, ils n'ont que faire de mes traductions. Les autres peuvent s'en paſſer. Et d'ailleurs j'ai craint qu'on ne chicanât ſur le ſens, que j'aurois donné à quelques expreſſions. C'eſt pourquoi j'ai mieux aimé ne rapporter que les propres termes des Auteurs.

Quelqu'un peut-étre dira que j'aurois mieux fait d'écrire en Latin : Et c'eſt ce que je ne veux pas nier. Mais on ne trouveroit pas mauvais que je ne l'aye point fait, si on savoit les difficultés presque insurmontables que j'ai trouvées à publier divers Ouvrages que j'avois composés en cette langue. Il faut avoir une reputation que je n'ai pas, & que je n'aurai de ma vie, pour vaincre la repugnance que nos Libraires ont pour l'impression des livres Latins. Ainsi ne pouvant faire ce que je voudrois, je me reduis à faire ce que je puis. D'ailleurs comme il y a tel qui liroit cet Ouvrage, s'il étoit écrit en Latin, & qui ne le lira pas parce qu'il l'est en François, il y a tel aussi qui le lira en François, & qui ne le liroit pas en Latin. Je

PREFACE.

Je ne dis rien, ni de ma methode, ni des choses mêmes. J'en laisse le jugement à mes Lecteurs. Je me contente de prier Dieu qu'il fasse servir ce petit travail à l'éclaircissement de sa verité, & à l'instruction, à la sanctification, & à la consolation des ames qu'il a rachetées par le precieux sang de son Fils.

TABLE DES CHAPITRES.

LIVRE PREMIER.

Où il est parlé de la foi en general, & de la nature & des fondemens de la foi divine en particulier.

LIVRE SECOND

Des proprietés de la foi divine.

Ch.

LIVRE TROISIE'ME

Où l'on compare la foi divine avec la foi historique, la foi à temps, la foi justifiante, & la raison.

TRAITE DE LA FOI DIVINE.

LIVRE PREMIER.

Où il est parlé de la foi en general, & de la nature & des fondemens de la foi divine en particulier.

CHAPITRE I.

Que la foi est une persuasion

IL y a deux sortes d'expressions dont l'Ecriture sainte se sert pour designer la foi. Les unes sont simples, propres, literales, les autres sont figurées & metaphoriques. Ces dernieres sont sans doute de quelque usage. Elles ont quelque chose de vif, & de fort, ce qui fait qu'elles servent tres utilement dans des discours de devotion, ou l'on ne se propose que d'émouvoir & d'enflammer le cœur. Elles ne sont pas méme inutiles dans des traités didactiques, pourveu qu'on attende à s'en servir lors qu'on aura des idées nettes & distinctes du sujet qu'on traite. Mais lors qu'on ne sait pas encore bien nettement ce que c'est il faut s'attacher aux expressions les plus propres & les plus simples, suivant la pensée d'Aristote, qui soûtient qu'il ne faut jamais employer les metaphores dans le style didactique. Rien ne me paroît plus judicieux que cette maxime, & pleût à Dieu que les Theologiens l'eussent observée exactement! La Theologie seroit tout autrement claire & intelligible qu'elle ne l'est.

Parmi les expressions simples & literales dont l'Ecriture se sert pour designer la foi, l'une des plus remarquables est à mon sens celle qu'elle emploie lors qu'elle l'appelle une persuasion. *Je sai à qui j'ai creu*, dit S. Paul, *& je suis persuadé qu'il est puissant pour garder mon depôt*. II. Tim. I. 12. *Je suis asseuré*, ou comme porte l'original, *Je suis persuadé que ni la mort, ni la vie.... ne me separeront jamais de l'amour de Dieu en Jesus Christ*. Rom. VIII. 37.

Cette expression est tres conforme à nos idées, car il n'y a personne qui disant qu'il croit quelque chose, de quelque nature que soit sa foi, divine, ou humaine, n'entende qu'il est persuadé de cette chose, qu'il la regarde comme veritable, qu'il n'en doute point.

Il

Il y a donc lieu d'esperer qu'on pourra avoir quelque conoiſſance de la nature de la foi, ſi on peut ſavoir nettement ce que c'eſt que la perſuaſion. Cependant ceci n'eſt pas difficile.

Chacun comprend aſſés de ſoi-méme que lors qu'une propoſition s'offre à nôtre eſprit, cet eſprit peut faire trois choſes. Il peut juger qu'elle eſt veritable. Il peut juger qu'elle eſt fauſſe. Il peut ſuſpendre ſon jugement, n'oſant decider ſi elle eſt fauſſe ou veritable. On deſigne le premier de ces trois actes en diſant qu'on admet cette propoſition, qu'on la reçoit, qu'on l'embraſſe. On deſigne le ſecond, en diſant qu'on la rejette; & le troiſiéme en diſant qu'on doute.

La perſuaſion a lieu dans le premier & dans le ſecond de ces actes, mais elle n'en a point dans le troiſiéme. On n'eſt nullement perſuadé des choſes dont on doute, mais on peut l'étre de la verité de celles qu'on reçoit, & de la fauſſeté de celles qu'on rejette. Par conſequent la perſuaſion n'eſt autre choſe qu'un jugement determiné, & qui exclut le doute, par lequel on prononce ſur la verité ou la fauſſeté des propoſitions auxquelles on penſe.

Suivant cette idée la perſuaſion, & par conſequent la foi, ſera neceſſairement un jugement actuel. Cependant il faut avouër que ces deux termes deſignent quelquefois des habitudes. En effet un homme ne perd ni ſa foi, ni ſa perſuaſion, ſoit en dormant, ſoit en penſant à d'autres objets. Il n'y a perſonne qui en parlant d'un absent fasse aucun scrupule de dire, *Il croit telle chose. Il est persuadé de telle chose.* On ne veut pas dire qu'au moment qu'on parle cet homme le juge actuellement de la sorte. Il y auroit de la temerité à le dire. On veut dire seulement que lors qu'il y pense il a accoûtumé d'en juger ainsi. C'est là ce qu'on appelle une foi, & une persuasion *habituelle*, par laquelle on peut entendre, ou une disposition permante, qui porte, qui incline, ou qui determine méme en quelque maniere, à juger ainsi, ou une multitude de jugemens semblables, ou enfin un jugement seul, mais qu'on n'a, ni revoqué par un jugement contraire, ni oublié.

C'est ce qu'on pourra examiner dans la suite. Presentement je m'arréte à la foi & à la persuasion actuelle. C'est ce qu'il y a de plus important, car si on le comprend, on n'aura pas beaucoup de péne à entendre le reste.

Je dis donc que la persuasion actuelle est un jugement determiné, par lequel nous prononçons sur la verité, ou sur la fausseté d'une proposition, ce qui nous apprend trois choses, qui ne seront pas inutiles pour nous faire conoître la nature de la veritable foi.

La premiere que le doute est opposé à la foi, non à la verité entant que foi, mais entant que persuasion. Je veux dire qu'à la verité la foi exclut le doute, mais que ce n'est pas là une proprieté de la foi, que ce n'est pas une qualité qui lui soit particuliere. Elle

Elle lui est commune avec les autres especes de persuasion, par exemple avec la science. Car enfin celui qui sait doute aussi peu que celui qui croit.

La seconde que la foi étant essentiellement une persuasion & un jugement, elle n'a proprement pour objet que quelqu'une de ces verités, qu'on nomme complexes. On ne sauroit, ni croire, ni être persuadé, qu'en jugeant qu'une proposition est vraie, ou fausse, & par consequent qu'en joignant ou en separant deux idées, qu'en affirmant ou en niant l'une de l'autre.

Je sai qu'il est ordinaire de s'exprimer autrement, & que les Theologiens disent tous les jours que Jesus Christ est le grand objet de la foi. Mais c'est là une expression abregée, qui seroit beaucoup plus claire, & plus propre, si on disoit, *Jesus Christ est le sujet de la plupart des propositions, qui sont l'objet de la foi.*

La troisiéme chose que je conclus de ce que je viens de dire, c'est que la foi est un acte de l'entendement. Sur quoi je declare que je prends ce dernier mot, non au sens des nouveaux Philosophes, mais au sens des anciens. Les anciens ont assigné trois actes à l'entendement, la conception simple, le jugement, & le discours. Les nouveaux ne lui laissent que le premier, & donnent les deux autres à la volonté. Comme ce n'est là qu'une pure question de mots, qui ne change rien dans la chose, je consentirois à ce que chacun en usât comme il lui plairoit. Mais comme ce traité eſt un traité de Theologie, & qui par conſequent doit être pris de l'Ecriture, il eſt juſte que j'y parle avec l'Ecriture, & que je prenne les termes dans le ſens auquel ce ſacré livre les emploie. Or il eſt certain que l'Ecriture donne le nom d'entendement à cette faculté qui juge, comme quand S. Paul diſoit aux Romains XIV. 5. *Que chacun ſoit plénement reſolu en ſon entendement.* Ailleurs cet Apôtre dit que le Demon a aveuglé les entendemens des impies, que leur entendement eſt rempli de tenebres, qu'il prie Dieu d'éclairer l'entendement des Epheſiens, afin qu'ils puiſſent comprendre quelle eſt l'excellence de leur vocation &c. Dans tous ces paſſages, & dans un grand nombre d'autres ſemblables, l'entendement eſt cette faculté qui juge, & je ne croi pas qu'il y ait un ſeul endroit de l'Ecriture, qui attribuë cette fonction à la volonté.

Cela donc poſé je dis que la foi étant une perſuaſion, la perſuaſion étant un jugement, & le jugement étant un acte de l'entendement, il faut de toute neceſſité que la foi ſoit un acte de cette faculté. Je n'examine pas encore s'il y a dans la foi quelque choſe de plus que cet acte de l'entendement. C'eſt ce qui pourra venir en ſon lieu. Je me contente de dire que cet acte y eſt neceſſairement, & qu'il eſt impoſſible de l'en ſeparer.

II.

CHAPITRE II.

Qu'il y a trois especes de persuasion, la science, l'opinion, & la foi. Comparaison de la foi avec les deux autres.

CE que je viens dire est certain, mais un peu vague & general. Il faut donc descendre à quelque chose de plus particulier. Il y a diverses especes de persuasion, & on peut les reduire à trois principales, la science, l'opinion, & la foi.

La science est une conoissance certaine d'une verité claire & evidente, soit que cette evidence frappe les sens, ce qui fait cette espece de science, qu'on appelle communement *experimentale*, soit qu'elle soit apperceuë par l'esprit, ce qui arrive en deux manieres. La premiere lors qu'une verité est evidente par elle méme, & independamment de toute autre, comme quand je dis, *Un & un sont deux*, *Le tout est plus grand que sa partie*, *Si je pense, j'existe*. La seconde lors qu'une verité n'étant pas evidente par elle méme, elle est evidemment liée à une verité evidente. Quelques-uns appellent *intelligence* la conoissance qu'on a des verités du premier ordre, & *science* celle qu'on a des verités du second ordre. Mais rien n'empéche qu'on n'emploie le terme de science pour designer toutes ces conoissances evidentes de quelque ordre qu'elles puissent étre. L'Ecriture les designe quelquefois par le nom de *veuë*, comme quand S. Paul dit que nous marchons maintenant par la foi, non pas par la veuë.

L'opinion est une persuasion fondée sur des raisons vraisemblables, & qui determinent l'esprit, ce qui n'arrive pas dans le doute, mais qui ne le determinent pas si absolûment qu'il juge le contraire impossible, & qu'il ne lui reste quelque legere crainte de se tromper.

La foi est une persuasion fondée, non sur l'evidence de son objet, comme la science, non sur des raisons vraisemblables, comme l'opinion, mais sur un témoignage rendu à ce qu'on se persuade par une ou plusieurs personnes, qu'on estime assés éclairées pour ne se pas tromper dans leurs jugemens, & assés sinceres pour dire ce qu'elles pensent.

Cela seul fait voir, d'un côté ce que la foi a de commun avec les deux autres especes de persuasion, & de l'autre ce qu'elle a de particulier. Mais comme ceci est beaucoup plus important qu'il ne paroît d'abord, & peut servir à lever de grandes difficultés, il n'y aura point de mal à s'arréter un peu à l'éclaircir.

La foi a deux choses qui lui sont communes avec la science & l'opinion. La premiere qu'elle exclut le doute, & qu'elle prononce determinement sur la verité ou la fausseté de ses objets. Ceci est clair, sur tout aprés ce que j'en ai dit dans le chapitre precedent. Je sai qu'on parle autrement, & qu'on dit assés souvent que la foi est mélée de doute. Mais alors

alors on prend le mot de doute dans un sens impropre, pour designer la crainte qui accompagne les jugemens qui ne sont pas entierement fermes & asseurés, comme on espere de le faire voir dans la suite. Le doute proprement dit est directement contraire à la persuasion, & par consequent à la foi.

L'autre chose que la foi a de commun avec la science & l'opinion, c'est que ces trois especes de persuasion sont d'ordinaire la suite & l'effet d'un raisonnement, tantôt plus distinct, tantôt plus confus. Je dis *d'ordinaire*, non pas tousjours, parce qu'il y a deux especes de science qui se forment sans raisonnement, & par une simple veuë de la verité, la science experimentale & l'intelligence. Quand je dis en moi-méme qu'un & un sont deux, je ne raisonne pas pour m'en asseurer. Je voi que cela est, & je ne cherche rien davantage.

Mais la science proprement dite, l'opinion & la foi, se forment tousjours par un raisonnement, qui peut étre exprimé par un Syllogisme. En effet lors que deux idées s'offrent à mon esprit, & que je suis en péne pour savoir si je dois les unir par l'affirmation, ou les separer par la negation, si je ne voi rien dans ces deux idées qui me persuade qu'elles ont de la connexion, ou de l'incompatibilité l'une avec l'autre, j'en cherche une troisiéme qui ait de la liaison, ou de l'opposition avec les deux, & si j'en trouve quelqu'une je conclus que les deux premieres étant liées ou incompatibles avec la troisiéme, elles doivent étre liées ou incompatibles entre elles.

C'est uniquement en ceci que consiste l'essence du raisonnement. Or c'est ce qu'il est facile de remarquer dans la foi divine & humaine. Par exemple je suis en péne de savoir si le Roy est allé à la chasse. Je le demande à un de mes amis, qui m'asseure qu'il l'a veu partir. Je le croi sur sa parole. Ainsi ces deux idées, celle du Roy, & celle de son depart pour la chasse n'étant pas liées par elles mémes, elles se lient par le témoignage de cet ami, ce qui fait ce raisonnement, *Cet ami, qui me parle, est sincere, & n'a aucun interét à me tromper. Il m'asseure qu'il a veu partir le Roy pour aller à la chasse. Donc il est vrai que le Roy est allé à la chasse.*

Je dis la méme chose de la foi divine. Je suis en péne de savoir si les morts resusciteront. Je ne voi rien dans ces deux idées, *les morts, la resurrection,* qui me donne lieu de les lier. J'ai recours à une troisiéme, qui est le témoignage de Dieu, & je dis, *Tout ce que Dieu atteste est veritable. Dieu m'atteste que les morts resusciteront. Donc les morts doivent resusciter.*

Ainsi la science proprement dite, l'opinion, & la foi, divine & humaine, ont ceci de commun, qu'elles consistent toutes dans le consentement qu'on donne à la conclusion du Syllogisme qui les fait naître, & ce qui les distingue c'est la nature des deux premisses Car si les deux premisses sont evidentes,

le

le consentement qu'on donne à la conclusion sera un acte de science. Si l'une n'est que probable, on n'aura qu'une simple opinion de la verité de la conclusion. Si les deux premisses roulent sur l'autorité de Dieu, elles feront naître la foi divine, si c'est sur le témoignage des hommes, elles feront naître la foi humaine.

Voila ce que la foi a de commun avec la science & l'opinion. Ce qui la distingue de ces deux autres especes de persuasion, c'est la qualité des motifs qui determinent l'esprit, & qui servent de fondement à ses jugemens. Dans la science c'est l'evidence, dans l'opinion c'est la probabilité des raisons, dans la foi c'est le témoignage rendu par des personnes qu'on estime sinceres & éclairées.

Ainsi chacune de ces trois especes de persuasion a sa proprieté specifique. La science a l'evidence, l'opinion a l'incertitude, la foi en general en a deux. D'un côté elle est essentiellement obscure, & de l'autre elle est susceptible de certitude & d'incertitude. La premiere la distingue de la science, & la seconde de l'opinion. C'est ce qu'il faut éclaircir un peu davantantage.

Je supplie en premier lieu mon Lecteur de se souvenir que je considere encore la foi dans son idée generale, & en faisant abstraction de ses especes particulieres. Je ne la considere, ni comme foi divine, ni comme foi humaine, mais simplement comme foi, & dans cette idée commune qui renferme ces especes particulieres.

J'ajoûte en deuxiéme lieu que cette obſcurité, qui ſelon moi eſt eſſentielle à la foi ne vient nullement, ſoit de la maniere en laquelle le témoignage ſur lequel elle ſe fonde eſt exprimé, ni de la certitude ou incertitude qu'on a que ce témoignage ait été rendu par celui à qui on l'attribuë. Tout ceci eſt particulier & accidentel, & pourra d'ailleurs venir en ſon lieu.

L'obſcurité dont je parle preſentement vient uniquement de ce que lors qu'on croit une choſe, ſoit de foi divine, ſoit de foi humaine, on n'apperçoit pas par ſoi-méme, & par ſes propres lumieres, la liaiſon qu'il y a entre les termes qu'on unit, comme il arrive dans la ſcience, mais ſans l'apperçevoir on ſe la perſuade, parce qu'on ſe met dans l'eſprit qu'un autre la voit, ce qui peut bien à la verité ſuffire à convaincre l'eſprit, mais qui ne l'éclaire point, comme il arrive dans la ſcience.

Par exemple un homme me dit, *Je viens de voir partir le Roy pour faire un voyage.* Je le croi ſur ſa parole. Je n'en doute point, mais je ne le voi pas, & ce fait, quoi que certain ſelon moi, ne m'eſt pas evident, comme il le ſeroit ſi je l'avois veu de mes propres yeux.

La méme choſe a lieu dans la foi divine. Je croi la Trinité, mais pourquoi la crois-je? Eſt-ce que ce myſtere me ſoit evident? Il s'en faut beaucoup. C'eſt que Dieu, à qui il eſt evident, me l'atteſte. Je ne le voi pas, comme j'eſpere de le voir un jour, mais je le

croi.

croi. La foi que j'en ai eſt certaine, mais elle eſt obſcure.

C'eſt par là qu'il faut expliquer ce que S. Paul dit que nous marchons par la foi, non pas par la veuë, que nous voyons obſcurement, en enigme, & comme dans un miroir, &c.

Je ne m'arréte pas davantage ſur cette premiere proprieté de la foi, & je paſſe à la ſeconde, que je fais conſiſter en ce qu'elle eſt ſuſceptible de certitude & d'incertitude. Elle peut étre incertaine, & c'eſt ce qui peut arriver en trois manieres. La premiere lors qu'on n'eſt pas bien aſſeuré de la ſincerité de celui qui atteſte ce qui eſt en queſtion, car alors on a lieu de craindre d'en étre trompé. La ſeconde lors qu'on n'a pas une aſſés haute opinion de ſes lumieres, car alors quelque perſuadé qu'on ſoit qu'il ne trompe pas de deſſein premedité, on craint qu'il ſe trompe lui-méme. La troiſiéme lors qu'étant perſuadés & de ſa ſincerité & de ſes lumieres, nous ne ſommes pas bien certains qu'il ait atteſté ce que nous croyons ſur ſon témoignage, ſoit que nous craignions que ce ne ſoit pas lui-méme qui ait parlé, & qu'il y ait du danger que nous prenions quelque autre pour lui, ſoit qu'il ait parlé obſcurement, & que ce qu'il a dit puiſſe recevoir pluſieurs ſens.

Ces deux premieres raiſons de craindre ne peuvent avoir lieu qu'à l'égard des hommes, mais la troiſiéme en a quelquefois à l'égard de Dieu. C'eſt méme ce qui arrive ſouvent.

Ainſi

Ainsi la foi peut étre accompagnée d'incertitude, & c'est ce qui la distingue de la science, qui exclut non seulement le doute, mais aussi la crainte de se tromper.

Mais elle peut aussi étre accompagnée de certitude, & c'est ce qui arrive souvent, & à la foi humaine, & à la foi divine. Je n'ai jamais veu la ville de Rome. Cependant je doute aussi peu de son existence que si je l'avois veuë de mes propres yeux, parce qu'en effet je voi tous les jours tant de gens qui y ont été, & qui me l'asseurent, il est si peu possible qu'ils s'y soient trompés, ils ont si peu d'interét à me tromper, & il est si peu croyable qu'ils le fassent, qu'il y auroit de la folie, non seulement à en douter, mais à ne le pas croire fortement.

C'est encore ce qu'on voit d'ordinaire dans la foi divine. Elle nous persuade un grand nombre de verités, qu'il est certain que Dieu a revelées, & qu'il a revelées clairement, nettement, & formellement. Ainsi on doit en étre asseuré, & on l'est en effet. C'est ce qui distingue la foi de l'opinion, qui comme je l'ai déja dit, est essentiellement incertaine.

CHA-

CHAPITRE III.

Que la foi étant essentiellement obscure, & étant neantmoins susceptible de certitude, elle étoit tres propre à être employée à nous conduire au salut.

CEs deux proprietés que j'ai remarquées dans la foi la rendoient, si je l'ose dire digne d'être choisie de Dieu pour être la voie du salut, & d'être preferée à la science & à l'opinion. Je suppose qu'il étoit juste que nous fissions de nôtre côté quelque chose, avant que d'être receus à la possession du salut, & pour dire quelque chose de plus fort, qu'il étoit juste que nous nous appliquassions à l'étude de la pieté & de la sanctification. Rien n'auroit été plus opposé à la sainteté & à la sagesse de Dieu, que de nous prendre au milieu de nos ordures, & de nous transporter sans aucune autre preparation dans son ciel.

Mais comment étoit-il possible de nous porter à l'observation des devoirs que la pieté nous prescrit, à moins que de nous persuader de leur justice, de leur necessité, & de leur utilité? Le moyen au moins de nous y porter d'une maniere digne de la sagesse de Dieu, & conforme à la constitution de nôtre nature?

Il faloit donc visiblement quelque persuasion. Mais quelle autre persuasion pouvoit

être

être aussi propre que la foi à servir à cet usage? Etoit-ce l'opinion? Chacun voit assés le contraire.

L'opinion est essentiellement incertaine, & il faloit necessairement de la certitude. Il faloit une persuasion assés forte pour nous porter à triompher de nos passions, à faire les choses les plus contraires à la pente de nôtre cœur, à souffrir constamment tout ce qu'il y peut avoir de plus rude. Qui ne voit que l'opinion ne suffisoit pas pour un tel effet?

La science d'ailleurs n'étoit pas propre à nous y conduire. Il étoit impossible que Dieu l'employât à cet usage qu'en faisant l'une ou l'autre de ces deux choses, ou en n'exigeant de nous que la persuasion des verités evidentes par elles mémes, ou en donnant de l'evidence à celles dont il fait naître la persuasion par la foi. Ni l'un, ni l'autre ne paroît conforme aux regles de sa sagesse.

Car pour le premier les verités evidentes par elles mémes sont d'un côté en tres petit nombre, & de l'autre sont assés inutiles par rapport à la pieté, & ceux qui en sont les mieux instruits, & le plus fortement persuadés, n'en sont ni plus religieux, ni plus gens de bien. Quand je saurai qu'un & un sont deux, que deux & deux sont quatre, & ainsi du reste, je n'en serai ni plus devot, ni plus humble, ni plus charitable. Ce qui fait qu'on le devient c'est principalement la connoissance qu'on a de ce que Dieu a fait pour nôtre salut, ce qui dependoit uniquement de sa volonté,

lonté, & nullement des choses mémes, par consequent est tres éloigné d'étre evident.

Mais, dira-t-on, quoi que tout cela soit inevident de soi-méme, Dieu pourroit bien lui donner de l'evidence s'il le trouvoit à propos. J'en conviens.

Mais premierement les hommes en étoient-ils dignes? Meritoient-ils que Dieu changeât à leur consideration la nature des choses, rendant evidentes celles qui sont obscures d'elles mémes?

D'ailleurs n'étoit-il pas juste qu'il exigeât de nous cet hommage? N'étoit-il pas juste que comme nous devons lui assujettir nôtre volonté par l'obeissance, nous lui assujettissions nôtre esprit par la foi? N'est-ce pas méme quelque chose d'utile & d'avantageux pour nous d'avoir dans cette soûmission de nôtre esprit à son autorité supreme un moyen de nous asseurer si nous sommes à son égard dans la disposition necessaire pour étre du nombre de ses enfans?

Si Dieu ne nous avoit ordonné de nous persuader que des verités evidentes par elles mémes, comment saurions nous si c'est leur propre evidence, ou le respect que nous avons pour son autorité supreme, qui nous porteroit à les recevoir? Comment par consequent pourrions nous savoir si nôtre esprit s'abaisse & s'aneantît devant lui, comme il faut necessairement qu'il le fasse pour lui rendre un culte qui puisse en quelque façon lui étre agreable, & qui ne soit pas absolûment indigne qu'il le reçoive? Ni

Ni la ſcience donc, ni l'opinion, n'étoient nullement propres à nous conduire dans nos actions, & par rapport à nôtre ſalut. C'étoit la foi ſeule qui pouvoit ſervir à cet uſage. Elle peut avoir toute la certitude de la ſcience, & l'obſcurité qui lui eſt eſſentielle la rend telle qu'elle devoit étre, ſoit pour glorifier Dieu, ſoit pour ſanctifier l'homme, ſoit pour ſervir de preparation à la gloire où Dieu avoit deſſein de nous élever.

La foi glorifie Dieu tout autrement que la ſcience. Elle ſe perſuade ce que Dieu nous revele par cette ſeule raiſon qu'il nous le revele. Par là elle lui donne la gloire d'étre la premiere verité, la verité immuable, l'Amen, le témoin fidelle & veritable.

Elle humilie l'homme, le portant à renoncer à ſes propres lumieres, & à ſe perſuader, non ce qui lui paroît veritable, mais ce qu'il a pleu à Dieu de nous reveler comme tel. *La ſcience enfle*, dit le ſaint Apôtre. Etant comme elle eſt une preuve de la penetration & de la force de nôtre eſprit, elle nous porte à nous en feliciter, & à nous en applaudir. Par conſequent elle eſt propre à nous inſpirer de l'orgueil. La foi au contraire nous humilie, nous faiſant recevoir comme certaines cent choſes dont nous ne voyons pas la raiſon.

Enfin le ſalut devant nous faire paſſer des tenebres du peché à la lumiere & à la ſplendeur de la gloire, la foi étoit propre à joindre enſemble ces extremités, fortifiant peu à peu l'eſprit, & le diſpoſant inſenſiblement à ſoûte-

ſoûtenir l'éclat de la verité, qui l'éblouïroit, ſi elle ſe découvroit tout d'un coup à lui, & l'accoûtumant à la croire ſans la conoître, juſqu'à-ce que nous la puiſſions poſſeder par une conoiſſance claire, diſtincte, & intuitive.

CHAPITRE IV.

Qu'il y a une double foi, la divine & l'humaine. Ce que c'eſt que la foi divine. Deux Analyſes qu'on en peut faire.

CE que je viens de dire ſuffit ſur le ſujet de la foi en general. Je ne croi pas en effet qu'il ſoit neceſſaire de s'arréter à examiner diverſes queſtions que les Scholaſtiques agitent ſur ce ſujet, & qui ſont moins utiles que curieuſes. J'ajoûterai ſeulement que comme il y a deux ſortes de témoins, qui peuvent nous atteſter ce que nous croyons, Dieu & les hommes, il y a auſſi deux ſortes de foi, la foi divine, & la foi humaine. La foi humaine eſt celle qui eſt uniquement appuyée ſur l'autorité & le témoignage des hommes. La foi divine eſt celle qui s'appuye ſur la parole de Dieu. Je n'ai rien à dire ſur la premiere, mais je dois m'arréter à expliquer la nature de la ſeconde, qui fait le ſujet de ce traité.

La foi divine, comme il paroît par tout ce que je viens de dire, eſt une perſuaſion fondée, non ſur l'evidence de la verité, ce ſeroit

seroit une science proprement dite, non sur des probabilités & des conjectures, ce seroit une opinion, non sur l'autorité & le témoignage des hommes, ce seroit une foi humaine, mais sur l'autorité & le témoignage de Dieu. D'où vient ce que dit S. Jean. *Si nous recevons le témoignage des hommes, le témoignage de Dieu est plus grand, car c'est là le témoignage de Dieu, lequel il a rendu de son Fils. Celui qui croit au Fils de Dieu, a le témoignage de Dieu en soi méme. Celui qui ne croit point à Dieu le fait menteur, car il ne croit point au témoignage que Dieu a rendu de son propre Fils. Et c'est ici le témoignage que Dieu nous a donné la vie éternelle, & que cette vie est en son Fils.* I. Jean. V. 9. 10. 11.

Afin donc que nous puissions croire de foi divine, plusieurs choses sont necessaires. Il faut en premier lieu que Dieu ait parlé mediatement, ou immediatement, par soi ou par quelque autre. Car si Dieu n'avoit jamais rien dit, comme les Deistes se l'imaginent si mal à propos, il n'y auroit point de foi divine. C'est ce qui fait dire à S. Paul que *la foi vient de l'ouïe, & l'ouïe de la parole de Dieu.* Rom. X.

II. Il faut que cette parole de Dieu nous soit adressée, & vienne à nôtre conoissance. Car quand méme Dieu auroit parlé, si nous l'ignorions absolûment, il seroit impossible que nous creussions. C'étoit la pensée de S. Paul lors qu'il ajoûtoit à ce que je viens d'en rapporter, *Comment croiront ils en celui dont ils n'ont point entendu parler?*

III.

III. Il faut que nous comprenions le sens de ce que Dieu dit. Imaginons nous en effet qu'il parle, qu'il nous adresse méme sa parole; si cette parole est conceuë en une langue que nous n'entendions point, ou si encore que nous entendions la langue, les expressions sont si obscures, qu'il soit impossible de savoir ce qu'elles signifient, il est impossible que nous croyions.

IV. Il faut qu'il nous paroisse que cette parole de Dieu, qui nous est adressée, vient veritablement de Dieu. Car si nous doutons de son origine, si nous craignons qu'elle vienne d'ailleurs que de Dieu, par exemple des hommes ou du Demon, nous ne croirons point les verités qu'elle nous propose, quelque nette & quelque distincte que soit l'idée que nous avons de ces verités. C'est pourquoi S. Paul felicite les fidelles de Thessalonique de ce qu'ils avoient receu sa predication, non comme une parole humaine, mais comme la parole de Dieu.

V. Enfin il est necessaire que nous soyons persuadés qu'il est absolument impossible que ce que Dieu dit soit faux. Car si nous doutions de ceci, & si nous soupçonnions Dieu, soit de pouvoir se tromper, soit de tromper ceux qui content sur ce qu'il dit, il seroit impossible que son témoignage nous persuadât de la verité de ce qu'il nous dit.

On concevra peut-étre plus distinctement tout ceci, si je le propose d'une autre maniere. J'ai dit dans l'un des Chapitres precedens que tout acte de foi est l'effet & la suite d'un

Syllo-

Syllogiſme, que nous faiſons en nous mémes. Celui qui fait naître la foi divine eſt d'ordinaire conceu en ces termes. *Tout ce que Dieu atteſte eſt veritable. Dieu atteſte, tel ou tel dogme, tel ou tel fait. Donc ce dogme ou ce fait eſt veritable.*

Je ſai qu'il y a bien des Scholaſtiques qui ne veulent pas convenir de ce que je dis. Ils ſoûtiennent que la foi ne raiſonne point, & ne conclut point une choſe d'une autre, mais ſe contente de croire par un ſeul acte la verité revelée, ſe la perſuadant à-cauſe du témoignage de Dieu. De ſorte que ſelon eux elle ne fait pas le Syllogiſme que je viens de rapporter, mais dit en un mot, *Je croi cela, parce que Dieu me le dit.*

Mais je ſuis perſuadé qu'il y a en tout ceci beaucoup plus de mal entendu, que de veritable diverſité de ſentimens. Car I. ceux qui ſoûtiennent que la foi raiſonne, ne pretendent pas qu'elle faſſe tousjours un Syllogiſme en forme, composé des trois propoſitions que j'ai indiquées. Ils n'ont garde d'avoir une penſée ſi bizarre, & ſi contraire à l'experience. Ils pretendent ſeulement que la foy ne voyant rien dans les idées qui compoſent la propoſition revelée, qui porte à les unir enſemble par l'affirmation, le fait par le moyen d'une troiſiéme idée, qui eſt celle du témoignage de Dieu qu'elle joint aux deux. C'eſt là tout ce qu'ils pretendent, & c'eſt ce que leurs adverſaires ne leur nient pas. En effet ils avouent expreſſement & en autant de mots que la foi emporte tousjours un raiſonnement

ment qu'ils nomment virtuel & implicite. Ils avouent encore que ce raisonnement virtuel peut se resoudre en un raisonnement exprés & formel, qui sera precisement celui que j'ai indiqué. Ainsi on est d'accord dans le fonds, & on ne dispute que des paroles.

Quoi qu'il en soit ce que je pretends me paroît evident & incontestable. En effet je n'entends par un jugement simple que la veuë de l'union immediate de deux idées, & par le raisonnement j'entends l'action de l'esprit qui ne pouvant unir immediatement deux idées, les unit à une troisiéme qu'elle joint aux deux. Comme l'esprit fait ceci dans la foi, soit divine, soit humaine, je ne voi pas pourquoi on pourroit nier que ce qu'il fait ne soit un raisonnement.

Au reste comme dans toute sorte de raisonnemens reguliers la verité de la conclusion depend de celle des deux premisses d'où on la tire, la certitude de la foi depend de savoir pourquoi c'est qu'on se persuade ces deux propositions, l'une que tout ce que Dieu a revelé est veritable, l'autre que Dieu a revelé telle ou telle chose. L'examen de cette question est ce qu'on appelle *l'Analyse* ou *la resolution* de la foi.

Mais avant que de rechercher comment c'est qu'on doit faire cette Analyse, il importe extremement de lever une petite equivoque qui répand beaucoup de tenebres sur cette dispute, & qui donne lieu en particulier aux Missionaires de nous faire des objections avec lesquelles ils s'imaginent de nous faire beaucoup de péne.

I.

Il importe donc de savoir qu'on peut entendre deux choses par l'Analyse de la foi. L'une est celle que j'ai indiquée, je veux dire la recherche des motifs, & des fondemens qui nous portent *objectivè, & per modum argumenti*, comme on parle dans les écoles, à nous persuader d'un côté que tout ce que Dieu dit est veritable, & de l'autre que Dieu a dit telle & telle chose. L'autre chose qu'on peut entendre par l'Analyse de la foi est la recherche des causes qui produisent en nous l'acte de la foi, l'operant physiquement, *& per modum causæ efficientis.*

En un mot lors qu'on nous demande pourquoi c'est que nous croyons que Dieu a revelé par exemple le mystere de l'Incarnation, cette question peut avoir deux sens. Le premier consiste à savoir quel est le motif qui determine l'esprit à faire ce jugement. Le second consiste à savoir si l'esprit faisant ce jugement, le fait par ses seules forces & par sa penetration naturelle, & nullement secouruë d'une grace surnaturelle, qui lui fasse appercevoir dans la revelation les motifs qui le portent à le juger de la sorte, ou bien si c'est une action surnaturelle du S. Esprit, qui le met en état de faire ce qu'il ne feroit jamais de lui-méme.

Comme ces deux questions sont tres-differentes, il est certain qu'il y faut répondre diversement. Il faut dire à la seconde que c'est le S. Esprit qui nous donne la force de croire, & qui produit efficacement la foi dans nos cœurs. Il faut dire à la premiere que ce qui

qui determine l'esprit, *objectivè, & per modum argumenti*, est non le S. Esprit, mais les caracteres de divinité que nous appercevons dans la revelation que Dieu nous adresse.

Les Missionaires qui supposent que nous répondons autrement, & que lors qu'on nous fait la premiere de ces questions nous produisons l'action surnaturelle du Saint Esprit, font là dessus mille vaines declamations, & nous accusent principalement de deux choses. L'une d'étre des fanatiques & des Enthousiastes, qui nous vantons d'avoir des revelations immediates, & particulieres, comme si Dieu disoit interieurement à chacun de nous, *J'ai revelé tel ou tel dogme.* L'autre de nous embarasser dans un cercle d'où nous ne saurions nous tirer. Car, disent-ils, on ne sait qu'il y a un S. Esprit que parce que Dieu l'a revelé, & on ne sait que Dieu l'a revelé que parce que le S. Esprit l'asseure.

Mais tout cela n'est fondé que sur un faux sens qu'on donne à nos expressions. Nous n'alleguons pas l'action du S. Esprit comme un motif qui nous porte à nous persuader que Dieu a revelé quelque chose. Nous disons seulement que c'est la cause efficiente, & principale de l'acte par lequel nous croyons, & nous ne disons rien en cela que ce que nos Adversaires eux mémes disent. En effet tous ceux qui ne sont pas Pelagiens avouent que le secours de la grace est absolûment necessaire pour produire l'acte de la foi. Nous ne disons que cela seul, & toute la difference qu'il y a entre eux & nous sur ce sujet, c'est qu'ils appellent grace ce que nous appellons tantôt grace, tantôt operation du S. Esprit.

Quoi qu'il en soit l'Analyse de la foi dont nous allons parler dans les chapitres suivans, est uniquement la premiere, qu'on peut appeller *Logique*, reservant la seconde au quatriéme Livre, où nous parlerons, si Dieu le permet, des causes physiques & efficientes, qui produisent l'acte de la foi.

CHAPITRE V.

D'où l'on sait, d'un côté que tout ce que Dieu atteste est veritable, & de l'autre que c'est Dieu même qui atteste ce que nous croyons.

IL ne s'agit donc ici que de savoir quels sont les motifs qui nous persuadent, d'un côté que tout ce que Dieu dit est veritable, & de l'autre que c'est Dieu qui a revelé, ou qui atteste ce que nous croyons.

La premiere de ces deux questions n'a point de difficulté. En effet deux choses sont également constantes sur ce sujet. L'une que cette proposition, *Tout ce que Dieu dit est veritable*, a le plus haut degré d'évidence; l'autre que l'evidence suffit pour nous persuader.

Car pour le premier on tient communement qu'une proposition est non seulement evidente, mais qu'elle a le plus haut degré de l'evidence, lors que l'idée de l'attribut est vi-

visiblement renfermée dans celle du sujet. C'est ce qu'on appelle *evidence Metaphysique.* Or c'est ce qui a lieu dans cette occasion. En effet la verité immuable est clairement & visiblement renfermée dans l'idée de l'Etre parfait. On peut méme dire qu'elle y est renfermée plus clairement que l'existence necessaire. En effet tout le monde n'apperçoit pas la necessité de cette derniere combinaison, ce qui fait que plusieurs rejettent la demonstration de Des-Cartes, dont cette necessité est le fondement. Mais tout le monde convient que l'Etre parfait ne sauroit ni tromper, ni étre trompé. Je n'en excepte pas méme les Athées, qui bien qu'ils nient l'existence de Dieu, ne laissent pas d'avouer que s'il existoit il ne diroit jamais rien que de veritable.

Cette proposition est donc evidente. Mais si elle est evidente, elle est certaine. Car enfin tous ceux qui ne sont pas Pyrrhoniens conviennent que l'evidence est non seulement le legitime, mais encore l'unique fondement de la certitude. Car sur quel autre fondement nous persuadons nous les choses qui nous paroissent les moins douteuses, que sur leur evidence? Pourquoi croyons nous qu'un & un sont deux, que le tout est plus grand que sa partie, qu'il est impossible qu'une méme chose soit & ne soit point, que parce que tout cela est evident? Ainsi la proposition dont il s'agit étant evidente, il ne faut pas chercher d'autre raison de n'en pas douter.

Mais il n'en est pas de méme de la seconde, *Dieu a revelé ce que nous croyons.* Cette proposition n'est nullement evidente. Elle ne l'est pas au moins immediatement & en elle méme. A ne considerer la chose qu'en soi, il est tres-possible, & que Dieu n'ait rien revelé, & qu'ayant revelé quelque chose, ce ne soit pas ce que nous croyons. Il faut donc voir pourquoi c'est que cette proposition étant si peu evidente, nous ne laissons pas de la regarder comme certaine, comme il le faut necessairement pour faire quelque acte de foi.

On dira peut-étre qu'à la verité cette proposition est inevidente, & que cela fait qu'on n'en sauroit avoir cette espece de persuasion qu'on appelle *veuë* & *intelligence*, mais que rien n'empéche qu'on ne la croie. Je réponds qu'à la verité la foi peut embrasser les choses les moins evidentes, pourveu qu'elles soient revelées, & que d'ailleurs on ait lieu de ne pas douter qu'elles ne le soient. Mais aussi ceci est necessaire. S'il ne l'étoit point on pourroit croire tout ce qu'on voudroit, & ceux qui useroient de ce droit ne pourroient étre blâmés de le faire.

Avant donc que de croire cette proposition, *Dieu a revelé tel ou tel dogme*, il faut voir s'il l'a revelée. Je veux dire qu'il faut voir s'il a revelé qu'il l'a revelé, & avant que de se persuader cette seconde, il faudra voir si celle-ci méme a été revelée, ce qui nous menera à l'infini. Pour ne se pas engager dans ce labyrinthe il faut necessairement s'arréter à

quel-

quelque chose d'evident qui nous donne lieu de nous persuader que quelqu'une de ces revelations vient de Dieu. Et s'il y faut necessairement venir tôt ou tard, pourquoi desespererons nous de le trouver dans quelqu'une des circonstances de la revelation méme qui nous découvre le dogme que nous embrassons ?

J'ajoûte qu'à parler proprement & exactement, cette proposition, *Dieu a revelé tel ou tel dogme*, n'est pas une proposition de foi, mais un principe & un fondement de la foi. On ne le croit pas, mais elle fait croire tout ce que l'on croit. Or rien n'empéche que les principes & les fondemens de la foi n'aient quelque evidence. C'est ce qui paroît clairement par deux exemples, celui de la foi humaine, & celui de la premiere des deux propositions qui fondent la foi divine.

Dans la foi humaine il est d'ordinaire evident que le témoin sur la parole duquel nous croyons, nous atteste ce que nous croyons. Lors qu'un de mes amis me dit, *J'ai veu le Roy qui montoit à cheval*, il m'est evident qu'il me le dit. Il l'est méme d'une evidence immediate, puisque mes propres sens me l'attestent. Il ne l'est pas tousjours, je l'avouë. Quelquefois je le croi sur le témoignage d'un autre, comme lors que je croi sur la parole de Joseph, ou d'Eusebe que Manethon, ou Nicolas de Damas, a dit quelque chose. Mais quoi qu'il en soit il est souvent evident que ce qu'on croit de foi humaine est attesté. Ainsi cette evidence n'a rien d'incompatible avec la foi.

 L'au-

L'autre exemple qui met cette verité hors de doute, est celui du premier principe de la foi, qui est cette verité capitale, *Tout ce que Dieu dit est veritable.* Cette verité est evidente, comme on vient de le remarquer. Rien donc n'empéche que les principes & les fondemens de la foi n'aient de l'evidence. Il faut méme qu'ils en aient quelqu'une interne, ou externe, mediate, ou immediate. Sans cela la foi seroit, ou impossible, ou du moins fole & temeraire. Car comme pour marcher fermement, il faut marcher sur quelque chose d'immobile, ainsi afin que la foi soit solide il faut qu'elle s'appuie sur quelque chose d'evident.

Ceci est tres-important, non seulement pour lever l'objection que j'ai proposée, & qui en effet n'est pas fort pressante, mais pour en éclaircir un grand nombre d'autres bien plus specieuses. Chacun sait la péne que nos Theologiens ont euë à répondre à l'objection des Controversistes de la communion Romaine, qui pour prouver que l'Ecriture n'est pas la seule regle de nôtre foi raisonnent ainsi: *L'Ecriture n'est pas la seule regle de la foi, s'il est vrai qu'il y ait des articles de foi qu'il soit impossible de prouver par l'Ecriture. Or il est certain qu'il y en a de tels, par exemple le Canon de l'Ecriture. En effet l'Ecriture ne dit pas quels livres sont Canoniques.*

Je ne veux pas m'arréter à examiner les réponses qu'on a faites à cet argument. Je n'aime pas à découvrir les foiblesses des personnes que je revere. Je me contente de dire en un un mot que la meilleure, ou peût-être la seule réponse qu'il y avoit à faire, étoit de nier que le Canon de l'Ecriture soit un article de foi. C'est en effet un principe & un fondement de la foi, qu'il faut prouver, non par l'Ecriture, mais par d'autres raisons que nous indiquerons dans la suite.

Je dis la méme chose de la divinité de l'Ecriture. Bien loin que la foi nous en persuade, nous ne croyons que parce que nous en sommes persuadés. Ainsi c'est fort mal à propos qu'on nous objecte ceci pour nous prouver que l'Ecriture n'est pas parfaite.

Ce que je viens de dire peut encore servir à desabuser ceux qui craignent que si on soûtient que la foi se resout en quelque chose d'evident, on ruine sa nature, & on la metamorphose en science. Ce que je viens de remarquer fait assés voir combien cette apprehension est vaine.

CHAPITRE VI.

Qu'il y a deux especes de foi divine, l'une commune & ordinaire, l'autre particuliere & extraordinaire. Ce que c'est que la foi des miracles. Pourquoi on n'en fait point l'Analyse.

ICi on me demandera sans doute si je croi donc que cette proposition, *Dieu a revelé telle ou telle chose*, soit evidente. Je réponds qu'à la verité elle n'est pas evidente en elle méme, mais que je ne doute pas qu'on ne puisse la prouver evidemment. C'est ce que j'espere de faire voir dans la suite: Mais avant que de l'entreprendre, il importe de remarquer qu'il y a deux especes differentes de foi divine, l'une ordinaire & commune à tous les enfans de Dieu, l'autre extraordinaire, & particuliere à quelques-uns.

Cette distinction est fondée sur ce que j'ai déja dit que la revelation est la regle, la mesure, & le fondement de la foi divine. Comme donc il y a deux divers ordres de revelations, il faut necessairement qu'il y ait deux diverses especes de foi. Il y a une revelation adressée generalement à tous les hommes, ou du moins à toute l'Eglise. Telle est celle qui est contenuë dans le sacré volume de l'Ecriture. Il y a des revelations adressées particulierement à quelques-uns. Telles sont celles dont on trouve mille exemples dans les livres Saints, sur tout dans les cinq livres de Moïse.

La foi qui naît de la revelation adressée generalement à tous, est la foi commune & ordinaire, qui a été tousjours necessaire pour être sauvé. La foi qui reçoit les revelations particulieres & extraordinaires est un foi particuliere & extraordinaire. Par exemple lors que Dieu revela à Abraham, à Manoah, & à Zacharie, qu'il avoit dessein de leur donner des enfans, il fut du devoir de ces trois Saints hommes de le croire, & ils le creurent en effet. Mais c'étoit là une foi particuliere & extraordinaire, bien differente de celle qui

est

est commune à tous les enfans de Dieu.

Cette foi qu'on nomme ordinairement *des mirales* est de cet ordre. Je ne suis pas en effet du sentiment de ceux qui pretendent que la foi des miracles n'est autre chose que le plus haut degré de la foi justifiante, & qu'il ne faudroit que donner à cette foi justifiante un peu plus de certitude & de fermeté qu'elle n'en a, pour la mettre en état de produire les plus grands miracles. Je suis persuadé du contraire.

Premierement la foi des miracles peut être tres-petite en son genre. C'est ce qui paroît clairement par ces paroles de Jesus Christ, *Si vous aviés de la foi la grosseur d'un grain de semence de moutarde, vous diriés à cette montagne, Traverse d'ici là, & elle le feroit.* Matt. XVII. 20. Il ne faut donc pas une grande foi pour la production d'un miracle. La plus petite suffit, pourveu qu'elle soit de l'ordre qu'il faut.

D'ailleurs plusieurs ont eu la foi des miracles, qui n'avoient pas la foi justifiante. Témoin ceux donc Jesus Christ dit dans l'Evangile qu'ils se vanteront au dernier jour des miracles qu'ils auront faits en son nom, & à qui il dira, *Je ne vous conus jamais, departés vous de moi, vous qui faites le metier de l'iniquité.* Matt. VII. 23. Il faut remarquer en effet que Jesus Christ ne se contente pas de dire qu'il ne les conoît plus. Il dit qu'il ne les a jamais conus. Ils n'ont donc jamais été ses veritables disciples. Ils n'ont jamais eu la veritable foi justifiante.

Enfin si la foi des miracles n'étoit autre chose qu'un degré eminent de foi justifiante, il seroit difficile de comprendre qu'on ne l'eût plus dans l'Eglise. On voit tous les jours des personnes qui ont assés de foi & d'amour de Dieu pour souffrir le martyre. Pourquoi n'en auroit-on pas assés pour faire des œuvres miraculeuses? Les Apôtres avant la descente du S. Esprit étoient assés foibles. Ils faisoient pourtant des miracles. La foi donc necessaire pour les produire est tout autre chose qu'un degré eminent de foi justifiante.

Je suis persuadé que la foi des miracles suppose une promesse particuliere. Jesus Christ avoit fait cette promesse aux Apôtres. Il la leur fit méme deux diverses fois, dans la premiere mission, & dans la seconde. Si aprés cette promesse ils avoient douté, ils auroient été tres-blâmables. Mais ceux qui n'ayant pas la méme promesse s'asseureroient de pouvoir faire quelque chose de semblable seroient des imprudens & des temeraires. Car enfin en toutes choses la foi vient de l'ouïe, & l'ouïe de la parole de Dieu. Ainsi n'y ayant point de parole de Dieu qui nous asseure que nous ferons des miracles, il ne nous est pas permis de nous promettre que nous en ferons.

On fait ordinairement deux especes de cette foi, l'une qui est necessaire pour faire le miracle, l'autre qui est necessaire pour obtenir que d'autres le fassent. On appelle la premiere une foi *active*, & la seconde une foi *passive*.

La

La premiere n'est autre chose que la persuasion où l'on est qu'on reussira dans le dessein qu'on a de faire le miracle. Cette persuasion est absolûment necessaire. C'est pourquoi les Disciples n'ayant peu guerir l'enfant lunatique, & en ayant demandé la raison à Jesus Christ, il leur répondit en autant de mots que c'étoit un effet de leur incredulité. De là vient que S. Pierre marcha sur la mer pendant tout le tems que sa foi le soûtint. Mais dés qu'il vint à douter, il s'enfonça, & alloit se perdre si Jesus Christ ne l'eût soûtenu.

La foi passive est une persuasion qu'on a que celui qui entreprend de faire le miracle en a le pouvoir. Celle-ci est encore en quelque façon necessaire. En effet il est rapporté au chap. IX. de S. Matthieu que Jesus Christ avant que d'entreprendre de rendre la veuë à deux aveugles qui imploroient son secours, leur dit, *Croyez vous que je puisse faire cela?* Et S. Luc rapporte au chap. XIV. du livre des Actes que ce qui porta S. Paul à guerir le boiteux de Lystre, c'est qu'il vit que cet homme avoit la foi d'être gueri. Il est remarqué méme dans l'Evangile que dans un voyage que Jesus Christ fit dans un quartier de la Galilée, il ne fit point de miracle à cause de l'incredulité des habitans.

Voila en peu de mots ce que c'est que ces deux especes de foi. Il faudroit presentement rechercher comment c'est que l'une & l'autre s'asseure que c'est Dieu méme qui atteste & qui revele ce qu'elle reçoit, & quels sont les fondemens de la persuasion qu'elle en a. Je ne m'arréterai pourtant pas à cette recherche par rapport à la foi particuliere & extraordinaire. Car outre qu'il nous importe peu de le savoir, parce qu'en effet il y a tres-longtems que cette sorte de foi a cessé, il est encore assés difficile de dire precisément quels en pouvoient étre les fondemens. Il faudroit pour cela de deux choses l'une, ou que l'Ecriture se fût expliquée sur ce sujet, ce qu'on ne voit pas qu'elle ait fait, ou qu'on fût mieux instruit qu'on n'est de certaines particularités que nous ignorons. Il est certain aussi que ce que les Theologiens disent là dessus ne satisfait nullement l'esprit. Ils ne s'expliquent que par des façons de parler Metaphoriques, & si obscures, qu'elles n'excitent aucune idée dans l'Esprit. Ils ne parlent que de lumiere, d'éclat, de splendeur qui accompagnoit les revelations immediates, qui remplissoit l'esprit, & qui enlevoit le cœur. Mais ils ne disent pas ce qu'il faut entendre par ces grands mots, & je ne sai s'ils le pourroient, quand méme ils l'entreprendroient.

Pour moi je ne doute pas que tous ces saints hommes ne fussent tres-fortement persuadés que c'étoit Dieu méme qui leur adressoit ces revelations. Mais comme j'avouë de bonne foi que je ne sai pas ce que c'étoit qui leur donnoit cette persuasion, je n'entreprendrai pas de le dire. Ainsi je me reduirai à découvrir les fondemens de la foi commune & ordinaire, ce qui est d'un côté beaucoup plus aisé,

aisé, & de l'autre bien plus important.

CHAPITRE VII.

Quel est le degré precis d'evidence que doivent avoir les preuves qui justifient que ce qu'on croit communement & ordinairement a été revelé de Dieu. Ce que c'est que l'evidence.

IL suffit donc de savoir ce que c'est qui nous persuade que ce que la foi commune & ordinaire embrasse a été revelé de Dieu. Il suffit de savoir qu'elles sont les preuves qui nous en convainquent. Pour approfondir un peu davantage cette matiere je ferai trois choses. Je rechercherai en premier lieu quelle est l'evidence que ces preuves doivent avoir, & quelle la certitude qu'il faut qu'elles soient capables de faire naître. En deuxiéme lieu je tâcherai de découvrir d'où c'est qu'il faut prendre ces preuves si on veut qu'elles aient toute l'evidence qui leur est necessaire. Enfin j'indiquerai celles qui me paroissent les plus solides, & les plus propres à convaincre un esprit qui ne cherche que la verité.

Il est impossible de traiter avec quelque soin la premiere de ces trois questions, si on ne sait distinctement ce que c'est que l'evidence, & la certitude. C'est pourquoi je vai tâcher d'éclaircir ces deux termes dans ce chapitre, commençant par la certitude, qui a quelque chose de plus general, & de plus absolu que l'evidence.

Il

Il eſt impoſſible de bien definir la certitude qu'aprés l'avoir diſtinguée. Il y en a de deux ſortes, *l'objective*, & la *ſubjective*. L'objective eſt dans les choſes mémes, & la ſubjective dans l'eſprit. La premiere n'eſt autre choſe que l'impoſſibilité qu'il y a qu'une choſe ne ſoit pas. Ainſi il eſt certain qu'un & un ſont deux, parce qu'il eſt impoſſible qu'ils ſoient plus ou moins. La ſeconde eſt la perſuaſion que nous avons de l'impoſſibilité qu'il y a que la choſe ſoit autrement qu'elle ne nous paroît.

Comme il y a trois divers ordres d'impoſſibilité, il y a auſſi trois diverſes eſpeces de certitude, ſoit objective, ſoit ſubjective. Il y a une impoſſibilité & une certitude *morale*; il y a une impoſſibilité & une certitude *phyſique*; il y a une impoſſibilité & une certitude *metaphyſique*.

L'impoſſibilité metaphyſique eſt la plus forte des trois. Elle convient aux choſes qui ne peuvent étre autrement ſans contradiction. Ainſi il eſt impoſſible que le tout ſoit moindre que la partie, qu'une choſe ſoit & ne ſoit point, &c.

L'impoſſibilité phyſique eſt celle qui à la verité n'implique point de contradiction: C'eſt pourquoi elle peut étre vaincuë par un agent ſurnaturel, mais il n'y a rien dans la nature qui ait le pouvoir de la ſurmonter. C'eſt ainſi qu'il eſt impoſſible de rendre la vie à un mort, ou d'empécher qu'une fournaiſe embraſée au point que l'étoit celle de Babylone, n'étouffe, & ne conſume ceux qu'on y jette.

L'im-

L'impoſſibilité morale eſt encore moins invincible que la precedente. Elle convient aux choſes qui pourroient étre à parler abſolûment, mais qui ne ſont jamais en effet, parce qu'elles ſont opposées au train commun & ordinaire des choſes. Il eſt impoſſible de cette maniere qu'il n'y ait dans l'Italie une ville qu'on appelle Rome. En effet il eſt bien vrai qu'abſolûment parlant il n'eſt pas impoſſible que tous les Europeens aient convenu de me tromper là deſſus. Mais il eſt ſi malaiſé qu'ils l'aient fait, & j'ai d'ailleurs tant de raiſons de croire qu'ils ne l'ont pas fait, que j'en doute auſſi peu que ſi j'avois veu cette ville de mes propres yeux.

Voila en peu de mots ce que c'eſt que la certitude. L'evidence n'eſt autre choſe que ce que la verité a de propre à faire naître la certitude ſubjective, & à perſuader l'eſprit qu'il ne ſe trompe pas en la concevant.

Pour comprendre ceci plus diſtinctement il faut remarquer en premier lieu qu'il y a trois ſortes de verités, les unes abſolûment *obſcures*, & *inevidentes*, les autres *vraiſemblables*, & les dernieres *claires* & *evidentes*.

Les verités abſolûment obſcures & inevidentes ſont celles qui n'offrent rien à l'eſprit, qui non ſeulement le determine, mais méme le ſollicite avec tant ſoit peu de force, ſoit à les recevoir, ſoit à les rejetter. Par exemple le nombre des Anges eſt neceſſairement ou pair, ou impair. L'un ou l'autre eſt donc veritable:

ritable: mais quoi que veritable, il eſt obſcur; parce qu'on n'a aucune raiſon, ni forte, ni foible, pour ſe determiner là deſſus.

Il ne ſera peut être pas inutile d'avertir le Lecteur qu'ici je prens le terme *d'obſcur*, non au ſens du vulgaire, qui n'emploie ce mot que pour deſigner les propoſitions conceuës en des termes qu'on ne peut entendre; mais au ſens des Philoſophes & des Theologiens, qui appellent obſcur ce qui n'eſt pas evident, de quelque maniere qu'on l'exprime.

Les verités vraiſemblables ſont celles qui n'étant point evidentes en elles mémes, & ne pouvant étre prouvées par des raiſons convaincantes, peuvent l'étre par des raiſons plauſibles & ſpecieuſes, qui ont quelque apparence de verité, ce qui fait qu'elles induiſent l'eſprit à s'y rendre, mais en ſorte qu'il lui reſte quelque crainte de ſe tromper. Cette crainte au reſte, pour le dire ici en paſſant, n'eſt pas un acte de la volonté, comme la paſſion qui porte ordinairement ce nom. C'eſt un jugement de l'eſprit qui porte qu'il n'eſt pas impoſſible que la choſe ſoit autrement.

Les verités evidentes ſont celles qui determinent fortement & invinciblement l'eſprit à les embraſſer, le perſuadant, non ſeulement que la choſe eſt ce qu'elle paroît, mais qu'il eſt impoſſible qu'elle ne le ſoit, impoſſible, dis-je, ou moralement, ou phyſiquement, ou metaphyſiquement, ce qui fait trois divers

vers ordres d'evidence, qui répondent aux trois ordres de certitude qu'ils font naître.

Il paroît par tout ce que je viens de dire que la probabilité ou la vraisemblance tient en quelque façon le milieu entre l'obscurité & l'evidence, & qu'ainsi on peut dire que c'est, ou une obscurité affoiblie, ou une evidence imparfaite & commencée. Il est cependant plus ordinaire de l'opposer à l'evidence qu'à l'obscurité totale. Ainsi par des verités inevidentes, on entend ordinairement toutes les verités incapables de faire naître de la certitude, sans en excepter les probables. C'est en ce sens que je prendrai ce terme dans tout ce traité.

L'evidence prise en general est encore double. Il y en a une qui frappe les sens, & une autre qui est apperceuë par l'esprit. Au premier de ces sens il m'est evident qu'il est jour. Au second il l'est qu'un & un font deux.

L'evidence qui frappe l'esprit est encore double, *la mediate*, & *l'immediate*. L'immediate est celle qui naît du rapport réciproque de deux idées dont l'une est visiblement renfermée dans l'autre. Ainsi il est evident que Dieu est sage, parce que la sagesse est manifestement comprise dans l'idée que nous avons tous de Dieu.

L'evidence mediate est celle qui convient à deux idées liées manifestement, non entre elles, mais avec une troisiéme idée, ou même avec deux, ou avec plusieurs, qui sont

liées

liées les unes avec les autres. Ainsi quand je dis, *Pierre est un homme, l'homme est un animal, l'animal est un corps, le corps est une substance, la substance est un être, donc Pierre est un être*; je joins la premiere de ces idées avec la derniere par le moyen des autres qui sont liées, & entre elles, & avec les deux que j'unis.

Enfin l'evidence peut être *interne* & *externe*. L'evidence interne est celle qui convient aux propositions qui n'affirment des choses que ce qui est manifestement compris dans l'idée qu'on en a. L'evidence externe est celle qui vient d'ailleurs que des choses mêmes où elle se trouve. Par exemple lors que Dieu revele quelque chose aux Anges, il leur est evident qu'il la leur revele. Ils ne peuvent par consequent pas douter que ce qu'il leur releve, ne soit veritable, car ils savent très-certainement qu'il est impossible que Dieu mente. Ce qu'il leur revele leur devient donc evident, d'inevident qu'il étoit, mais c'est d'une evidence exterieure, & qui vient uniquement du témoignage de Dieu, & non de quelque éclat de verité qu'ils apperçoivent dans les choses mêmes.

CHA-

CHAPITRE VIII.

Qu'il ne suffit pas que les raisons qu'on a pour se persuader que c'est Dieu qui a revelé ce qu'on croit aient de la probabilité & de la vraisemblance.

CEla posé de la sorte, je dis en premier lieu qu'il ne suffit pas que les preuves qui doivent justifier que c'est Dieu qui a revelé ce que nous croyons, prises ensemble, & accompagnées de tout ce qui les peut fortifier, soient probables, & aient quelque vraisemblance.

I. La raison en est que dans cette supposition il seroit impossible que la foi même eût aucune certitude. En effet c'est une verité incontestable qu'il est impossible que la conclusion soit plus certaine que les preuves qui l'établissent, & qui font qu'on se la persuade, comme il est impossible qu'un edifice ait plus de fermeté que le fondement qui le soûtient. Par consequent si les preuves dont nous parlons n'étoient que probables, il ne seroit que probable que Dieu a revelé ce que nous croyons, & de cette maniere nous ne pourrions le croire qu'avec cette crainte de nous tromper, qui est si inseparable de l'opinion, & si contraire à la certitude essentielle à la foi divine.

II. D'ailleurs si des raisons probables suffisoient pour faire naître la foi, il pourroit sou-

souvent arriver qu'aprés avoir creu de cette maniere une proposition, on se persuaderoit quelque-temps aprés le contraire. Car comme il y a trés-peu de probabilités qui ne soient combattuës par d'autres probabilités qui ne sont pas moindres, il seroit tres-possible qu'aprés avoir apperceu les raisons qui appuient un sentiment, sans appercevoir celles qui le combattent, on remarquât quelque temps aprés ces dernieres, & que les trouvant plus fortes que les premieres, on s'y rendît. De cette maniere il arriveroit qu'on changeroit innocemment de creance, & qu'aprés avoir creu une chose, on se persuaderoit le contraire, ce qui n'empécheroit point qu'on ne revint encore une fois au premier sentiment, & qu'ainsi on changeroit chaque jour de foi, sans faire rien que de raisonnable.

Estrix admet cette consequence, & ne croit pas qu'elle ait rien d'absurde. Mais elle est visiblement opposée à ce que S. Paul nous apprend, ne voulant pas que nous soyons *des enfans flottans, & demenés ça & là à tout vent de doctrine, mais que nous demeurions fermes dans la foi & dans la Charité.* Eph. IV.

III. Si la probabilité suffisoit pour fonder la foi, on pourroit, & on devroit même, croire de foi divine, tout ce qu'il est probable que Dieu a revelé. Cette consequence est necessaire, & je ne croi pas qu'on me la conteste. Elle est cependant absurde. Car comme il y a une infinité de choses probables qui sont tres-fausses, s'il falloit croire de foi divine tout ce qu'il est probable que Dieu a revelé, il faudroit croire de foi divine un grand nombre de choses fausses, ce qui est ridicule. Car enfin on n'est jamais tenu de croire de foi divine que ce qui est veritable, & d'ailleurs si ce qu'on est tenu de croire pouvoit être faux, on pourroit douter de la verité de tout ce qu'on croit, ce qui détruiroit toute la certitude de nôtre foi.

IV. J'ajoûte que si la simple probabilité suffisoit pour faire un acte de foi, elle suffiroit aussi pour agir en seureté de conscience. Car comme la conscience ne peut agir seurement si elle n'est dirigée par la foi, aussi elle est à couvert de tout danger lors qu'elle se laisse conduire par cette vertu. Comme tout ce qui est fait sans la foi est un peché, aussi tout ce qui est fait par la foi est innocent. Il est pourtant vrai que la probabilité ne suffit pas pour agir en seureté de conscience, comme je l'ai prouvé fortement dans un autre ouvrage. Elle ne suffit donc pas pour la foi.

V. Enfin on convient de deux choses. L'une qu'on doit souffrir le martyre pour toutes les verités qui sont l'objet de la foi, l'autre qu'on ne doit pas le souffrir pour une opinion simplement probable. On convient qu'il y auroit de l'imprudence à le faire. Si ces deux verités sont constantes, comme en effet je ne voi pas qu'on les puisse revoquer en doute, il faut necessairement que ce qui n'est n'eſt appuyé que ſur de ſimples probabilités ne ſoit point l'objet de la foi.

On peut voir par là à quel point ſe trompent pluſieurs Scholaſtiques, particulierement Gregoire de Valence, Tanner, Arriaga & Eſtrix, qui tiennent qu'il ne faut que de ſimples probabilités pour fonder la foi, & qu'en particulier le témoignage d'un Pere, ou d'un Curé ſuffit à un enfant, ou à un Paroiſſien pour le perſuader que c'eſt Dieu qui a revelé ce qu'il lui propoſe. *Val. de fide quæſt.* 1. *punct.* 4. §. 3. *Tanner. de fide quæſt.* 2. *dub.* 5. *n.* 132. *Arriaga de fide. Diſp.* 4. *Sect.* 5. *ſubſ.* 2. *Eſtrix. Diatrib. aſſert.* 33.

Que peut-on imaginer de plus faux? Car outre tout ce que je viens de dire, ne s'enſuit-il pas neceſſairement de cette hypotheſe qu'un heretique ou un idolatre, à qui ſon pere, ou ſon Paſteur immediat propoſe une hereſie l'aſſeurant qu'elle a été revelée de Dieu, ou un acte d'idolatrie, lui diſant que c'eſt Dieu qui l'a commandé, ne pechera point s'il ſe perſuade cette hereſie, ou s'il commet cette idolatrie? En effet ſi une telle autorité ſuffit pour un Orthodoxe, pourquoi ne ſuffiroit elle pas pour un heretique?

Ces Auteurs admettent cette conſequence. Mais elle eſt directement contraire à cette maxime du Fils de Dieu, *Si un aveugle conduit un autre aveugle, ils tomberont tous deux dans la foſſe.* D'ailleurs ceci preſuppoſe qu'on peut ignorer invinciblement & innocemment le droit naturel, & j'ai fait voir le contraire dans

dans mon traité de la Conſcience.

Il s'enſuivra encore que cet enfant ou ce Paroiſſien, à qui ce Pere, ou ce Curé propoſe une hereſie à croire, ou un acte d'idolatrie à pratiquer, pechera s'il refuſe de le faire. Cette conſequence eſt neceſſaire. Car qui doute qu'on ne doive croire de foi divine tout ce qui eſt propoſé ſuffiſamment comme revelé de Dieu, & qu'on ne peche ſi on le rejette? Et qui ne voit d'ailleurs qu'une telle propoſition ſera ſuffiſante, s'il ne faut rien davantage, comme ces Theologiens le ſoûtiennent?

Arriaga admet encore cette conſequence, & il en conclut qu'il y a tres-peu d'heretiques, *valdè paucos*, qui ſoient dannés pour leur hereſie. Il periſſent à la verité, dit-il, mais ce n'eſt pas parce qu'ils ſont heretiques. C'eſt parce qu'ils manquent de moyens pour obtenir la remiſſion des autres pechés qu'ils commettent. Son ſens eſt qu'ils n'ont pas ce qu'il appelle *le Sacrement de Penitence*, qui ſauve ceux qui le reçoivent avec une ſimple attrition. Mais s'ils aiment Dieu par deſſus tout, il ne nie pas, non plus que quantité d'autres, qu'ils ne ſoient infailliblement ſauvés.

Mais laiſſant à part cette conſequence, peut-on imaginer quoi que ce ſoit de plus abſurde que ce qu'Arriaga pretend, qu'un enfant ou un Paroiſſien pechera, & ſera peut-être danné, pour ne pas croire les hereſies que ſon pere ou ſon Curé lui propoſe? Peut-on porter la doctrine de la probabilité à de plus grands excés?

A ce compte les Juifs qui crucifierent Jesus Christ firent une bonne action. Car ils ne firent en cela que suivre les ordres de leurs Pasteurs ordinaires. Mais Dieu en jugea tout autrement.

CHAPITRE IX.

Qu'il n'est pas necessaire que les preuves qui justifient que c'est Dieu qui a revelé ce qu'on croit, aient ni l'evidence metaphysique, ni même la physique.

JE croi donc que la probabilité ne suffit pas. Mais aussi d'un autre côté je suis persuadé que l'evidence metaphysique n'est pas necessaire. Combien n'y a-t-il pas de choses dont on est tres-fortement & tres-solidement persuadé sans une telle evidence? Je croi d'ailleurs impossible d'avoir une certitude metaphysique d'un fait de la nature de celui-ci, qui dependoit visiblement de la libre volonté de Dieu, & non pas de la nature des choses mémes. Enfin je suis persuadé que si les preuves qui établissent ce fait avoient ce dernier degré d'evidence, la foi elle méme ne seroit plus foi, & devroit passer pour une science proprement dite. Que lui manqueroit-il en effet pour soûtenir cette qualité, si elle étoit la conclusion d'un Syllogisme dont les deux premisses auroient le plus haut degré d'evidence qu'on peut avoir sur quoi que ce soit?

La

La plusſpart des Scholaſtiques diſent la méme choſe de l'evidence phyſique. Ils ſoûtiennent que ſi on pouvoit demontrer phyſiquement que Dieu eſt l'auteur de la revelation qu'on reçoit, la foi ne ſeroit plus foi, mais ſcience.

Les autres n'en conviennent pas, & diſent que méme dans cette ſuppoſition la foi ſeroit tousjours obſcure & inevidente, parce que cette demonſtration ſeroit compoſée de deux principes exterieurs à la choſe, & tendroit à prouver, non que la propoſition de foi eſt veritable, mais ſeulement qu'elle eſt atteſtée.

Les premiers repliquent que l'evidence exterieure, ne fait pas moins une ſcience proprement dite, que l'interieure, & ils le prouvent par cette conſideration; que les demonſtrations qu'on appelle *ab abſurdo*, & *ab impoſſibili*, ne ſont pas moins des demonſtrations, & ne produiſent pas moins la ſcience, que celles qui ſont priſes de la choſe méme.

Ils ajoûtent que lors que pour m'aſſeurer ſi deux tours éloignées l'une de l'autre ſont d'une égale hauteur, je les meſure toutes deux, & trouve qu'elles ſont égales à une meſure commune, je ſai avec la derniere certitude qu'elles ſont égales entre elles, quoi que cette meſure commune ſoit exterieure en tout ſens à l'une & à l'autre de ces deux tours.

Ce ſentiment eſt aſſés plauſible. Neantmoins comme il n'eſt pas entierement ſeur, je n'oserois m'y arrêter. Ainsi je me contente de dire que l'evidence physique n'est nullement necessaire pour croire de foi divine. Si elle l'étoit, personne ne pourroit croire, puis qu'on ne sauroit, au moins aujourd'hui, demontrer physiquement que Dieu ait revelé les verités du salut.

Je dis, *au moins aujourd'hui*, parce que plusieurs pretendent qu'on l'a peu autrefois: Car, disent-ils, la resurrection d'un mort, par exemple celle de Lazare, excede le pouvoir des agens crés. D'où ils concluent que ceux qui furent les spectateurs de ce grand miracle étoient physiquement asseurés que Jesus Christ étoit tout au moins un Prophete suscité extraordinairement, & qui parloit de la part de Dieu.

Mais sans m'engager à examiner ceci, qui n'est pas sans difficulté, je me contente de dire qu'au moins aujourd'hui on n'a plus une pareille evidence, les faits sur lesquels on pourroit bâtir cette sorte de demonstrations étant tous passés, & ne pouvant étre prouvés que moralement. Ainsi il faut conclurre que l'evidence physique ne doit pas étre necessaire.

On peut voir clairement par là l'injustice de quelques Deistes, qui lors qu'on leur fait des reproches de leur incredulité, ont accoûtumé de répondre qu'ils croiront dés qu'on leur demonstrera géometriquement les verités qu'on veut qu'ils reçoivent. J'avoue que cette réponse seroit raisonnable si on exigeoit d'eux qu'ils seussent ces verités. Dans cette sup-

ſuppoſition ils ſeroient parfaitement bien fondés à demander des demonſtrations. Mais puis qu'on exige d'eux, non qu'ils ſachent ces verités, mais qu'ils les croient, ils ſont ridicules de refuſer de le faire, ſi on ne les leur demonſtre.

Répondre de cette maniere c'eſt ſuppoſer qu'on ne doit croire que ce qui eſt demontré, ce qui eſt ſi peu vrai, que ce qui eſt demontré n'eſt plus l'objet de la foi, mais de la ſcience. D'ailleurs combien ne croient-ils pas de choſes qui ne leur peuvent étre demontrées ? Doutent-ils de l'exiſtence des villes qu'ils n'ont point veuës ? Doutent-ils que le Grand Seigneur n'ait ſon ſiege à Conſtantinople, le Sophi à Hiſpahan, le grand Mogol à Agra ? Doutent-ils qu'Alexandre, que Ceſar, que Charleſmagne n'aient exiſté ? En ont-ils pourtant des demonſtrations ?

Rien donc n'eſt moins raiſonnable que cette réponſe, & la foi ne laiſſe pas d'étre ſage & neceſſaire, quoi que comme je viens de le dire, on ne puiſſe demonſtrer, ni metaphyſiquement, ni phyſiquement, ſoit les verités revelées, ſoit le veritable Auteur de la revelation qui nous les découvre.

CHAPITRE X.

Que les preuves qui justifient que Dieu a revelé ce que nous croyons doivent être moralement evidentes.

CE que j'ai dit jusqu'ici fait voir clairement que les preuves de la revelation doivent avoir cette evidence qu'on nomme morale. Car puis qu'il ne suffit pas qu'elles aient de la vraisemblance, & qu'elles ne peuvent avoir, ni l'evidence physique, ni la metaphysique, il faut de toute necessité qu'elles aient la morale. Il est certain d'ailleurs que cette derniere evidence est precisement celle qui convient le mieux à la nature de la foi.

Mais avant que de le montrer il importe de remarquer qu'il y a trois divers ordres de cette evidence. Elle naît quelquefois du témoignage de tant de personnes, & il est si peu croyable que ces personnes se trompent sur le fait qu'elles attestent, ou que sachant la verité, ils la deguisent volontairement, qu'on en est presque aussi asseuré que de ce qu'on voit de ses propres yeux. C'est ainsi que nous savons un tres-grand nombre de faits passés, qu'Alexandre defit Darius, que Cesar vainquit Pompée, & usurpa l'empire, &c.

Elle vient quelquefois d'un grand nombre d'indications & de conjectures, chacune desquelles prise à part pouvant tromper, il est mo-

moralement impoſſible qu'elles le faſſent toutes enſemble. Par exemple on ne ſait ſi on doit attribuer à un Auteur ancien un ouvrage qui porte ſon nom. Un habile Critique remarque que le ſtyle eſt tres-different de celui de l'Auteur auquel il eſt attribué, & de celui de tous les Auteurs de ce ſiecle, contenant des expreſſions qu'on ne trouve que dans les Auteurs des ſiecles ſuivans. Il obſerve qu'il eſt parlé dans cet ouvrage de certains evenemens qui n'ont paru que long-temps aprés la mort de cet Auteur. Il conſidere qu'il y a des choſes contraires aux ſentimens que cet Auteur a ſoûtenus avec le plus de fermeté dans ſes veritables ouvrages. Il remarque qu'aucun Auteur contemporain n'a attribué cet ouvrage à cet Ecrivain, que méme on ne l'a allegué que long-temps aprés, & qu'alors on l'a attribué à quelque autre. Il voit qu'il ne porte le nom de cet Auteur dans aucun ancien manuſcrit, & qu'au contraire on en a pluſieurs où il eſt attribué à quelque autre. D'où il conclut que c'eſt fauſſement qu'on l'attribuë à l'Ecrivain dont il porte ordinairement le nom.

Il n'y a aucune de ces indications qui ſoit infaillible. Mais comme chacune eſt aſſés preſſante, & qu'elles ſont d'ailleurs en grand nombre, elles font toutes emſemble un degré de certitude qui eſt conſiderable. La raiſon en eſt que quoi qu'on puiſſe indiquer un fort petit nombre d'occaſions, où chacune de ces conjectures eſt trompeuſe, on n'en ſauroit indiquer aucune où elles le ſoient toutes enſemble.

Il en est à peu prés comme des marques qui font conoître les choses. Il est rare qu'elles soient certaines si on n'en joint ensemble un grand nombre. Mais quoi que chacune prise à part puisse convenir à d'autres sujets, on ne peut pas dire la méme chose de toutes emsemble.

La troisiéme espece d'evidence & de certitude morale resulte de l'union des deux premieres prises ensemble. En effet il y a de certaines choses qui d'un côté sont attestées par tant de personnes nullement suspectes, & dont on a d'ailleurs tant d'indications, qu'il faudroit porter l'incredulité au dernier excés pour s'obstiner à en douter. C'est ainsi que ceux qui n'ont jamais été à Rome sont asseurés de l'existence de cette ville. En effet tant de gens qui y ont été les en asseurent, il est si impossible que ceux qui le disent y aient été trompés, & il est si peu croyable qu'ils se soient accordés à tromper celui à qui ils le disent, on voit d'ailleurs arriver tant de choses qu'on ne verroit point si ce qu'on en dit n'étoit qu'une fable, qu'il y a peu de choses dont on ait plus de certitude que de celle-ci.

Cela posé de la sorte je dis en premier lieu que quoi qu'il en soit des deux premieres especes d'evidence, on ne peut nier que la troisiéme ne soit suffisante pour servir de fondement à la foi. Je ne dirai pas avec M. Huet que les plus convaincantes demonstrations de Geometrie n'ont rien qui approche de la certitude morale. Je suis tres éloigné de cette pen-

pensée, & je croi positivement le contraire. Mais je soûtiens que cette certitude est tres-grande, & qu'elle suffit pour operer une conviction, qui excluë, non seulement tout doute, mais la plus legere apprehension du contraire. Ainsi je ne voi pas pourquoi elle ne suffiroit point pour servir de fondement à la foi. Je sai qu'on allegue quelques raisons pour établir le contraire, mais j'espere d'en faire voir la foiblesse au livre suivant.

J'ajoûte en deuxiéme lieu que cette espece d'evidence est tres-propre de sa nature à faire naître la foi. C'est ce qui paroît par deux considerations.

La premiere que cette espece d'evidence est capable de faire impression sur toute sorte d'esprits. Combien peu y en a-t-il qui soient en état de comprendre les demonstrations Metaphysiques & Mathematiques? Au contraire il y en a tres-peu d'assés grossiers pour ne pas sentir ce que l'evidence morale a de convaincant. Comme donc la foi est un devoir que Dieu exige, non des seuls subtils & des seuls Philosophes, mais de tous les hommes, sans en excepter les plus simples, il est clair qu'il étoit digne de sa sagesse de donner aux preuves de sa verité cette espece particuliere d'evidence qui pouvoit faire impression sur toute sorte d'esprits.

La seconde consideration qui prouve ce que je dis, c'est que cette espece d'evidence est, non seulement exterieure, mais encore fort bornée & fort limitée, en sorte qu'on peut dire qu'elle rend la chose, plustôt evidemment croyable, qu'evidemment veritable. En effet quelque convaincu que je sois de l'evidence de la ville de Rome, la persuasion que j'en ai est tout autrement obscure, que celle que j'en aurois si je la voyois de mes propres yeux. Ainsi cette evidence peut compatir beaucoup mieux avec l'obscurité de la foi, que l'evidence Physique, ou Metaphysique.

De là je conclus que pourveu qu'en faisant l'Analyse de ma foi je n'avance aucune proposition qui n'ait tout au moins cette evidence qu'on nomme morale, je ne dirai rien dont des personnes raisonnables ne doivent se contenter. Par consequent lors qu'on me demandera d'où je sai que les livres du nouveau Testament sont ceux là mémes qui furent composés par les Apôtres & par les autres Ecrivains sacrés, lors méme qu'on me demandera d'où je sai que ces livres n'ont pas été alterés par les Copistes, ou autrement; lors enfin qu'on me pressera de dire ce que c'est qui me persuade que la version de ces livres est fidelle & conforme à l'original, je répondrai solidemment à toutes ces questions, en disant qu'à la verité je n'ai ni certitude de foi, ni certitude physique, ou metaphysique de toutes ces choses, mais que j'en ai une certitude morale beaucoup plus grande que celle que j'ai à l'égard de ces mémes choses sur le sujet des ouvrages de Virgile & de Ciceron. Ceci est certain, & ne demande pas qu'on s'y arréte davantage.

CHA-

CHAPITRE XI.

Qu'il n'est pas necessaire que les preuves qui justifient que la revelation vient de Dieu aient le plus haut degré de l'evidence morale

J'Ai fait dans le chapitre precédent trois divers ordres de l'evidence morale, dont le dernier est sans difficulté le plus propre à donner de la certitude. J'ai dit que les preuves qui justifient que Dieu a revelé ce que nous croyons, doivent avoir cette derniere evidence, au moins à les prendre conjointement, & les unes avec les autres. En effet il n'est nullement necessaire qu'elles l'aient chacune à part. Il suffit que les unes aient la premiere, les autres la seconde, pourveu que toutes ensemble aient cet éclat qui convainc plénement l'esprit.

J'ajoûte qu'il n'est pas méme necessaire qu'à les prendre conjoinctement elles aient le plus eminent degré de cette evidence. Je suppose en effet que celle-ci, de méme que toutes les autres, est susceptible de plusieurs degrés, dont les uns sont élevés au dessus des autres. Les choses qui sont plus proches des temps & des lieux où nous vivons sont d'ordinaire plus evidentes à nôtre égard que celles qui sont plus éloignées. Ainsi il est plus evident qu'il y a eu un Empereur nommé Charles V. qu'il ne l'est qu'il y a eu un Roi à Rome nommé Tarquin le Superbe. Ainsi quoi que je ne doute point de l'existence de la ville de la Meque, je ne laisse pas d'être plus certain de celle de Rome.

Je dis donc qu'il n'est nullement necessaire que les preuves qui justifient que c'est Dieu qui a revelé ce que nous croyons aient le même degré d'evidence que celles qui nous persuadent qu'il y a dans l'Italie une ville qu'on appelle Rome. Une evidence de beaucoup inferieure à celle-ci sera tousjours evidence, & pourra tousjours donner de la certitude.

Il est certain aussi que Dieu n'a pas donné à la revelation qu'il nous a adressée tout l'éclat de cet ordre, dont il auroit peu l'accompagner. Il n'avoit qu'à changer un peu quelques circonstances dans les principaux evenemens que sa Providence a dispensés pour faire que personne n'en peut douter. Je n'en indiquerai que deux exemples, la resurrection de son Fils, & son ascension dans le ciel. Si Jesus Christ eût voulu demeurer dans son tombeau quatre ou cinq heures davantage, s'il eut ordonné à ses Apôtres d'aller sommer Herode, Pilate, Caïphe, & tout le grand Synedrion de venir au sepulcre, pour y être les témoins & les spectateurs de la resurrection de leur maître, s'il les y eut conduits par quelqu'un des invisibles ressorts de sa Providence, & qu'aprés qu'ils auroient reconu leurs seaux, les Anges qui apparurent aux femmes devotes qui venoient embaumer son corps se fussent montrés à tous ces impies, & qu'ils eussent enlevé en leur presence la pierre qui fermoit l'entrée du sepulcre, qu'en suite ce grand Sauveur se fût relevé devant eux, & leur eût montré les playes de ses mains, de ses piés, & de son côté, leur permettant de les toucher, & d'y enfoncer leurs doigts: si enfin voulant monter dans le ciel, il fût parti, non de la montagne des Oliviers, mais d'une des places les plus frequentées de Jerusalem, ou méme du parvis du Temple, dans le temps que tout le peuple y étoit assemblé, qui doute que de tels prodiges n'eussent persuadé ces impies & ne persuadassent encore aujourd'hui la plûpart de ceux qui rejettent ces verités? Qui doute que si tout cela n'est pas capable de produire dans l'ame de tous les hommes une foi veritablement divine, & inseparable de la sanctification du cœur, comme j'espere de le faire voir dans la suite, il ne suffit pour produire une persuasion purement humaine, & semblable à celle que tous les mauvais Chrétiens ont des verités du salut?

Dieu pouvoit sans doute faire fort facilement tout ce que je viens de dire, & y ajoûter cent autres choses de méme nature, qui auroient mis les verités du salut dans un tres-grand jour. Mais quoi qu'il le peut, il a trouvé plus à propos de ne le pas faire: Et c'est ce qui paroît, non seulement par la chose méme, mais encore par plusieurs declarations tres-expresses qu'il en a données dans son Ecriture. Témoin le nom de *mystere* qu'il donne si souvent aux verités du salut. Témoin encore le nom qu'Esaie lui donne à lui méme.

XLV. 15. l'appellant *un Dieu caché*, ou comme porte l'original, *un Dieu qui se cache* comme s'il ajoûtoit de nouveaux voiles, & de nouvelles tenebres, aux voiles & aux tenebres qui le couvrent naturellement. David dit qu'*il habite parmi les nuages & l'obscurité*. Ps. XCVII. 2. Il dit qu'*il a choisi les tenebres pour sa retraite*. Ps. XVIII. 12. Et lors méme que S. Paul semble asseurer le contraire, en disant qu'il habite dans la lumiere, il le confirme, asseurant que cette lumiere où Dieu habite est inaccessible.

Ce dessein de se cacher est si general, qu'aprés y avoir long-temps medité, je n'ai point trouvé d'autre raison bien solide pour faire voir que les enfans de Dieu doivent étre sujets à la mort. En effet l'obligation à mourir, qui vient du peché, a été ôtée à leur égard par la satisfaction de Jesus Christ, & tout ce qu'on peut pretendre aprés cela c'est que Dieu en vertu du droit absolu qu'il a sur les creatures peut nous assujetir à la mort sans interesser sa justice. Mais il y a bien de la difference entre dire que Dieu le peut, & dire qu'il y ait quelque necessité qu'il le fasse. Pour justifier cette seconde proposition il faut produire des raisons positives qui le demandent, & je n'en voi point de plus solide que le dessein de cacher les verités du salut, qui seroient trop visibles, si les gens de bien étoient immortels.

Mais pourquoi Dieu cache-t-il de la sorte ces verités? M. Arnaud & M. Nicole aprés avoir prouvé amplement le fait, n'en rendent que cette raison, *Dieu* disent-ils, *n'a*

point

point voulu que les verités de la foi fussent proposées aux hommes avec tant d'evidence, qu'il n'y restât un grand nombre de nuages, propres à aveugler les esprits superbes, à servir de pieges aux esprits impurs, & à humilier sous ces tenebres salutaires ceux méme qui le cherchent sincerement. Ils ajoûtent un peu plus bas, *S'il veut découvrir aux uns ses mysteres par misericorde, il veut les cacher aux autres par justice. Et comme sa justice ne fait pas moins partie de sa Providence que sa misericorde, on peut dire que les tenebres qui couvrent les mysteres sont autant dans l'ordre de Dieu que les lumieres qui les découvrent.* Perpet. de la foi. part. I.

Cette pensée me paroît bien dure, & j'avouë que je ne saurois m'accommoder de ces *pieges* qu'on veut que Dieu tende aux hommes. J'aimerois mieux dire que Dieu en use ainsi en partie pour observer plus exactement les regles immuables de sa sagesse, en partie parce que sa sainteté, & l'horreur qu'il a pour le crime le porte à le borner & à le resserrer, lors méme qu'il ne l'ôte point, en partie par amour pour ses éleus, & en partie enfin par un mouvement de bonté & de clemence pour les reprouvés. Il me semble que je vois des marques assés sensibles de toutes ces choses dans ce procedé.

Mais pour les faire voir à mon Lecteur, il me faut necessairement supposer quelques verités, dont les unes sont evidentes, & les autres seront prouvées dans la suite de cet ouvrage.

I. On peut avoir une double persuasion des

des verités revelées, l'une est une foi divine, & inseparable de la sanctification & de la pieté, comme j'espere de le faire voir sur la fin du livre II. L'autre est une persuasion purement humaine & qui, à la verité prés, est assés semblable à celle qu'on voit dans les infidelles pour les fantaisies de leurs fausses Religions. Quoi qu'il en soit elle n'a rien d'incompatible avec le vice, comme il paroît par l'exemple d'une infinité de mauvais Chrétiens. Et étant telle, elle est absolûment inutile pour le salut.

II. La foi divine ne sauroit se former dans l'ame, non seulement sans une grace surnaturelle, non seulement sans une grace efficace & toute puissante, mais sans une grace sanctifiante & regenerante. C'est ce que j'espere de prouver au livre IV. Ici je me contente de dire que cette verité est une suite de la precedente. Car si la foi divine est inseparable de la sanctification, & si la sanctification est l'effet de la grace regenerante, comme tous ceux qui ne sont pas Pelagiens en demeurent d'accord ; il faut necessairement que la foi divine soit l'effet d'une telle grace.

III. Cette grace n'est pas necessaire pour faire naître cette persuasion humaine dont j'ai parlé. Pour nier ceci, il faudroit soûtenir, ou que les plus vicieux peuvent être regenerés, ou que les vicieux n'ont aucune persuasion de pas une des verités revelées, ce qui est contraire à l'experience. D'ailleurs on le prouvera sur la fin du III. livre.

IV. Si les verités revelées avoient toute l'evidence que Dieu pouvoit leur donner, elles pourroient bien faire naître cette persuasion humaine, dont j'ai parlé, mais elles ne produiroient point la foi divine, à moins que la grace regenerante ne changeât le cœur. La premiere partie de cette proposition est incontestable. Car comment pourroit-on nier que cette evidence ne fît ce qu'une beaucoup moindre fait tous les jours? Les preuves du Christianisme, telles qu'elles sont, font naître cette persuasion humaine. Quelques-unes d'elles persuaderent autrefois Simon le Magicien. Pourquoi de plus éclatantes ne pourroient elles pas faire le méme effet?

La seconde partie n'est pas moins certaine, & la parabole du mauvais riche la prouve invinciblement. Ce miserable dit au Patriarche sur le sujet de ses freres, que si quelqu'un des morts ressuscite, ils s'amanderont. Mais le saint homme lui répond, *S'ils n'écoutent Moïse & les Prophetes, aussi peu s'amanderont-ils quand quelqu'un des morts resuscitera.* Si on n'écoute point Moïse & les Prophetes, ce qu'on ne fera jamais utilement & salutairement sans la grace, on n'écoutera pas méme un Predicateur ressuscité, & revenant de l'autre monde pour nous faire part de ce qu'il y a veu. Tant il est vrai que sans la grace regenerante toutes les choses exterieures ont peu d'effet.

V. Un Juif, un Mahometan, un Payen, qui ne reçoit pas les verités revelées, & qui suit les maximes de la fausse Religion, est beau-

beaucoup moins abominable aux yeux de Dieu qu'un mauvais Chrétien, qui n'onobstant cette persuasion humaine qu'il a des verités du salut, s'abandonne à l'impureté, à l'yvrognerie, à l'injustice, à la medisance, & aux autres semblables excés. C'est ce que les Predicateurs disent tous les jours, & c'est ce que l'Ecriture a dit avant eux. *Il leur auroit mieux valu*, dit S. Pierre, *n'avoir jamais connu la voye de justice, qu'aprés l'avoir connuë se detourner du saint commandement qui leur avoit été donné.* Il y a cent endroits semblables qui disent la méme chose.

VI. Ce degré d'evidence qu'il a pleu à Dieu de donner aux verités revelées, accompagné de sa grace interieure & toute-puissante, suffit pour faire naître la foi divine. C'est ce qui paroît par l'experience. Témoin tant de fidelles que ces deux choses persuadent.

VII. Dieu ne veut absolûment donner la foi divine qu'à ceux à qui il la donne affectivement. Ceci me paroît evident. Car s'il y avoit un seul homme qui demeurât incredule dans le temps que Dieu voudroit absolûment qu'il creût, Dieu ne seroit pas tout-puissant, & S. Paul seroit tres mal fondé à dire, *Qui est-ce qui peut resister à sa volonté?*

Tout cela posé de la sorte, je dis en premier lieu que les loix de la sagesse vouloient que Dieu ne donnât aux verités revelées que le degré precis d'evidence que nous voyons qu'elles ont. La raison en est que la sagesse

ne

ne permet jamais de faire rien d'inutile. Or rien n'auroit été plus inutile que de donner aux verités du salut un plus grand degré d'evidence. Car qui est-ce qui en auroit profité? Seroient-ce les éleus? Les éleus se sauvent sans cette evidence. Seroient-ce les reprouvés? Tout au contraire, ils n'en seroient que plus abominables devant Dieu, & plus miserables dans la vie à venir.

Je dis en deuxiéme lieu que puis que Dieu ne vouloit pas convertir & regenerer les reprouvés, il étoit de sa bonté pour ces miserables, & de l'horreur qu'il a pour le crime de ne leur pas mettre devant les yeux une lumiere, qui n'auroit servi qu'à les rendre plus malheureux, & qu'à mettre le monde dans un état où la sainteté de Dieu ne lui permettoit pas de le souffrir.

J'avouë que ceci est tres-éloigné des imaginations du vulgaire. Une infinité de gens se figurent qu'il est plus avantageux d'étre mauvais Chrétien, que d'étre Turc, ou Payen. Il leur semble encore que ce seroit quelque chose de bien plus beau, & de bien plus souhaitable de voir toute la terre couverte de mauvais Chrétiens reünis dans la profession de la verité, quoi que parmi cette multitude effroyable d'adulteres, d'impurs, d'yvrognes, d'injustes, &c. Il n'y eût par exemple que dix mille justes, que de voir ces dix mille justes relegués dans un coin du monde, meprisés, mal-traités, & persecutés, dans le temps que l'erreur l'idolatrie inonderoient le reste de l'univers. Mais si la chair

chair & le ſang en jugent ainſi, Dieu en juge tout autrement. Il lui ſeroit aiſé de produire le premier de ces deux effets. Mais il aime mieux ſouffrir que ſon Egliſe ſoit perſecutée, & ſes chers enfans opprimés, que de conſentir à une choſe auſſi inſupportable que le ſeroit ſi peu de bon grain caché & preſque étouffé parmi tant de paille.

Je dis enfin qu'il eſt plus utile aux fidelles que les verités du ſalut n'aient que le degré precis d'evidence qu'il a pleu à Dieu de leur donner, que ſi elles en avoient davantage. Ceci ſert à les exercer, à les humilier, & à leur donner le moyen de ſe conoître & de ſavoir s'ils ont cette droiture d'eſprit qui eſt abſolûment neceſſaire pour faire un bon uſage des ſecours que Dieu leur donne pour ſe ſauver. En un mot on peut appliquer à la foi ce que j'ai dit de la charité, dans le ſecond volume de mes Eſſais de Morale page 212. & ſuivantes.

CHA-

CHAPITRE XII.

D'où c'est qu'il faut prendre les preuves qui justifient que c'est Dieu qui a revelé ce que nous croyons.

C'Est là ce que j'avois à dire sur la nature & les qualités des preuves qui doivent nous persuader que les verités que la foi embrasse nous ont été revelées de Dieu. Il faut voir maintenant où c'est qu'on peut esperer de trouver ces preuves. C'est ce que je vai tâcher d'éclaircir.

J'ai creu remarquer que tous les Chrétiens s'accordent à reconoître qu'il faut chercher ces preuves dans les caracteres qui font conoître ce que Dieu dit, & qui distinguent sa parole de la parole des hommes. Ils ne conviennent pas à la verité, soit sur la designation particuliere de ces caracteres, soit sur le sujet où il les faut chercher. Mais ils conviennennent d'un côté qu'il y en a quelqu'un, & de l'autre que ce sont ces caracteres qui servent de fondement à la foi.

En effet si Dieu parlant à nous se cachoit de telle sorte, que quelque soin qu'on y prît il fût absolûment impossible de discerner sa voix de celles des hommes, ou méme de celle du Demon, ceux à qui il parleroit de cette maniere ne seroient pas tenus d'y ajoûter foi, & ils agiroient méme temerairement & impru-

imprudemment s'ils le faisoient. Car enfin il y a tousjours de la temerité & de l'imprudence à attribuer à Dieu ce qu'on n'a aucune raison de croire qui vienne de lui.

On croit donc communement que toutes les fois que Dieu parle aux hommes, il accompagne ce qu'il leur dit de quelque marque sensible, qui donne lieu de se persuader que c'est lui qui parle. Mais quelles sont ces marques, & où faut il les chercher? C'est sur quoi on n'est pas d'accord, & il y a sur ce sujet quatre principaux sentimens parmi les Chrétiens.

Le premier est celui des Fanatiques qui disent que ce caractere est la clarté & l'evidence qui accompagne les revelations internes & immediates, qui selon eux sont le seul objet de la foi. *La revelation divine*, dit Rob. Barclai Thes. II. *& l'illumination interieure est quelque chose de clair & d'evident de soi-méme, forçant par sa clarté & par son evidence l'entendement bien disposé à donner son consentement, le mouvant & le fléchissant invinciblement, de méme que les principes les plus communs des verités naturelles, tels que sont ceux-ci, Le tout est plus grand que sa partie*, &c.

Le second est celui de l'Eglise Romaine, qui veut qu'on cherche ces caracteres dans l'Eglise, dont elle pretend que Dieu emprunte la voix pour parler aux hommes. Qu'on prenne la péne de lire la Diatribe d'Estrix *de Sapientia Dei* &c. On verra que tout se reduit à ceci.

Le troisiéme est celui des Protestans qui trou-

trouvent ces caracteres dans l'Ecriture.

Le Quatriéme est celui de quelques Docteurs de la Communion Romaine, particulierement de Gregoire de Valence, & de quelques-uns des nôtres, qui veulent qu'on cherche ces caracteres dans la Religion Chrétienne.

Il faudroit maintenant rechercher laquelle de ces quatre methodes est la meilleure, & pour cet effet les examiner avec soin les unes aprés les autres. Mais comme je ne saurois le faire sans m'engager dans une excessive longueur, j'espere qu'on ne trouvera pas mauvais que je m'en dispense presentement. Je l'ai déja fait à l'égard de la seconde dans un ouvrage qui parut il y a quelque temps en Anglois, & qu'il n'a pas tenu à moi qu'on n'ait veu en Latin. Je n'ai rien à ajoûter à ce que nos Theologiens ont dit contre la premiere. Je n'ai garde de rejetter la troisiéme, que je croi solide. Mais comme elle a d'ailleurs ses difficultés, & qu'elle engage en de grandes contestations, où je serai bien aise de ne pas entrer, je ne m'y arréterai pas presentement, & je m'attacherai uniquement à la quatriéme, qui est à mon sens la meilleure & la plus aisée.

J'espere en effet qu'on m'avouëra que ces deux dernieres methodes n'ont rien d'incompatible. Il est tres-possible qu'elles soient toutes deux bonnes & solides. Il est tres-possible que l'Ecriture & la Religion Chrétienne aient chacune ses caracteres particuliers qui les font conoître. Ainsi dire que la Religion,

ligion Chrétienne en a de certains n'est pas nier que l'Ecriture n'ait aussi les siens, comme dire que l'Ecriture a les siens, n'est pas soûtenir que la Religion Chrétienne en soit dépourveuë.

Cela fait aussi que plusieurs de nos Docteurs joignent ensemble ces deux methodes. Ils soûtiennent que l'Ecriture a ses caracteres de divinité, & le prouvent fortement & solidement. Cependant ils disent que la doctrine Chrétiene a aussi les siens independamment de l'Ecriture, & c'est par là qu'ils répondent à l'objection qu'on nous fait, & qu'on prend d'un côté de ceux qui ne peuvent ni lire, ni se faire lire l'Ecriture sainte, & de l'autre de ces peuples barbares dont parle S. Irenée *lib. 3. cap. 4.* & dont il dit qu'ils avoient la foi sans avoir l'Ecriture sainte. Ces Auteurs répondent que les verités que ces barbares & ces ignorans recevoient, ont des caracteres sensibles de leur origine celeste, qui peuvent servir de fondement à la foi, & la rendre solide, ferme, & salutaire. *Voyés Cham. Tom. I. lib. X. cap.* 1. §. 13. *& cap.* 6. §. 9. *Mestrezat de l'Ecriture liv.* 1. *chap.* 4. *M. de La Place dans ses theses de canone thes.* 14. 15. *Strang. de Script. pag.* 526. *M. Claude Oeuvr. Posth. tom.* 5. *pag.* 472.

J'ai méme de la péne à croire qu'il y ait parmi nous un seul Theologien qui nie ceci. S'il y en avoit quelqu'un qui en doutât, il faudroit necessairement qu'il soûtint qu'il est impossible de convertir un infidelle à moins que de lui faire lire l'Ecriture sainte, & de

lui

lui faire remarquer dans ce ſacré livre les caracteres qui prouvent ſa divinité. Comme cette pretenſion ſeroit abſurde & inſoûtenable, il faut neceſſairement reconoître qu'il y a d'autres voies que celle-ci pour faire naître la foi dans l'ame des infidelles.

En particulier la quatriéme de celles que j'ai indiquées eſt celle que ſuivent ordinairement ceux qui travaillent à la converſion des Payens. Ils ſe bornent presque toujours à deux choſes, à convaincre ces miſerables qu'ils ſont dans l'erreur, & à leur faire goûter la Religion Chrétienne, qu'ils abregent tout autant qu'ils peuvent, la reduiſant à ſes dogmes les plus eſſentiels, qu'ils tâchent de leur prouver en ſe proportionnant le plus qu'ils peuvent à leur petite portée.

Preſque tous ceux qui ont entrepris de prouver la verité de la Religion Chrétienne, ſoit dans l'Egliſe Romaine, ſoit dans la nôtre, ont ſuivi cette méme methode. Ils ont creu trouver dans cette ſainte Religion, dans les oracles dont elle a fait voir l'accompliſſement, dans les miracles qui ont été faits pour la confirmer, dans la maniere en laquelle elle s'eſt établie dans le monde, dans la ſublimité & la ſainteté de ſes dogmes, & dans le reſte de ſes caracteres, des preuves éclatantes de ſon origine celeſte.

Ce n'eſt donc dire rien de nouveau que de ſoûtenir qu'on peut donner d'autres fondemens à la foi que les caracteres de l'Ecriture. Ce n'eſt nullement s'éloigner du ſentiment

de

de nos Theologiens, & personne ne doit trouver mauvais que sans rejetter la methode ordinaire de nos Auteurs je m'attache presentement à cette quatriéme, que je croi la plus courte, la plus naturelle, & la plus facile de toutes, & qui a d'ailleurs ce grand avantage sur les autres, qu'elle est sujette à beaucoup moins de contestations.

Celle des Fanatiques est rejettée par tous ceux qui ne sont pas de leur communion. Celle de l'Eglise Romaine est condamnée par les Protestans. La troisiéme déplait à la plus-part des Docteurs de Rome, qui la combattent de toute leur force, & qui font contre elle un tres grand nombre d'objections assés specieuses, qu'on ne peut resoudre que par de longues discussions. La quatriéme seule a ceci de particulier que tous les Chrétiens l'admettent, qu'ils regardent chacune des propositions qui la composent comme incontestable, & qu'ils emploient à peu prés les mémes preuves pour les établir.

Cet avantage me paroît tres considerable. En effet il n'y a point de matiere sur laquelle on doive eviter avec plus de soin les contestations que sur celle-ci. Plus il y en a à essuyer, plus il est difficile de savoir à quoi on doit s'en tenir. Ainsi n'y ayant rien de plus necessaire que d'appuyer la foi sur de bons fondemens, pour la rendre ferme & inébranlable, rien n'est plus à souhaitter que d'en trouver de ceux dont on ne dispute point.

D'ailleurs les contestations où l'on entre

sur

sur ce sujet ne peuvent produire que des effets tres funestes. Lors que chaque secte des Chrétiens s'applique à renverser les fondemens que les autres donnent à leur foi, les esprits foibles & les Libertins se persuadent que chacune de ces sectes a raison dans ce qu'elle dit contre les autres, & qu'aucune n'en a dans ce qu'elle dit pour elle méme. Ils sont ébranlés par les objections, & ne sont pas convaincus par les preuves. Les Protestans, disent-ils, font voir que la foi de l'Eglise Romaine est mal appuyée. Les Papistes font voir la méme chose de la foi des Protestans. Ils ont tous raison, & la foi des uns & des autres n'est qu'un vain caprice.

Ceci n'arriveroit pas si laissant à part ces methodes particulieres on s'attachoit à la quatriéme, qui peut étre commune à tous, qui n'est rejettée que des incredules, & qui est telle d'ailleurs qu'il faut s'aveugler volontairement pour la rejetter.

Je vai donc me borner à celle-ci seule, & la proposer le plus distinctement qu'il sera possible. Je la reduis à ces cinq propositions. I. La Religion Chrétienne est émanée de Dieu, & par consequent elle est veritable. II. Si elle est veritable, & émanée de Dieu, l'Ecriture sainte est la parole de Dieu. III. Si l'Ecriture est la parole de Dieu, on peut, & on doit croire de foi divine tout ce qu'il est certain qu'elle contient. IV. On ne manque pas de moyens pour s'asseurer que de certaines choses sont dans l'Ecriture. V. Il y a diverses choses dans l'Ecriture qu'on peut s'asseurer qui y sont contenuës, se servant des moyens marqués dans la proposition precedente.

De ces cinq propositions les quatre dernieres sont evidentes, & ne peuvent être contestées. Tout donc se reduit à la premiere; qui bien que certaine, est niée par les infidelles, c'est à dire par les Mahometans, par les Juifs, par les Payens, par les Deistes, & par les Athées.

Cependant je n'ai pas dessein de la prouver exactement, & avec tout le soin qu'il seroit juste d'y apporter. Il faudroit pour cela un ouvrage à part, aussi long tout au moins que celui-ci, & d'ailleurs un tel ouvrage n'est pas necessaire aprés ceux qui ont déja paru sur ce sujet en plusieurs langues, & particulierement en la nôtre. Je me contenterai d'indiquer en tres peu de mots les principales preuves de cette verité capitale. C'est ce qu'on va voir dans les deux chapitres suivans.

CHAPITRE XIII.

Premiere proposition. La Religion Chrétienne est émanée de Dieu, & par consequent elle est veritable.

IL n'est pas necessaire de s'arréter à prouver la liaison des deux parties de cette proposition. J'ai déja dit qu'elle est evidente, & en effet tout le monde comprend assés que si Dieu a revelé la Religion Chrétienne, il est impossible qu'elle soit fausse. Tout donc se reduit à prouver qu'elle est l'ouvrage de Dieu. C'est ce qui n'est pas difficile.

I. La premiere preuve qui justifie cette verité est celle qu'on prend des miracles de Jesus Christ & de ses Apôtres. Car enfin si ce que les Livres du Nouveau Testament, & les anciens Auteurs nous en disent, est veritable, on ne peut nier que Dieu ne se soit expliqué hautement & intelligiblement en faveur de cette sainte Religion, pour la confirmation de laquelle tous ces miracles ont été faits. C'étoient presque tous des miracles extraordinairement éclatans, & qui ne pouvoient qu'étre les effets d'une puissance infinie. D'ailleurs le nombre en est prodigieux. Il y en a méme de plusieurs especes. En un mot si le fait est veritable, l'incredulité doit donner les mains.

Peut-on cependant contester ce fait? Il est si constant que les plus envenimés adversaires du Christianisme n'ont osé le nier. Je ne produirai pas le témoignage de Joseph, voyant à quel point les savans sont partagés sur ce sujet. Je me contenterai de dire que les Juifs en conviennent dans leur Talmud, & que ne trouvant point d'autre voie pour s'en defendre, il s'avisent de dire que Jesus Christ faisoit ses miracles par la prononciation du nom de Jehova, qu'il avoit apprise dans le temple. Phlegon affranchi d'Adrien, rapporté par Origene dans le second de ses livres contre Celsus, a avoüé que Jesus Christ avoit predit l'avenir. Celsus l'avouë aussi dans ce méme endroit, & tout ce qu'il peut faire pour s'en defendre c'est d'attribuer ceci à la Magie. Julien l'Apostat de méme n'ose le nier qu'en partie. Voici en effet ses paroles que S. Cyrille nous a conservées liv. 6. *On ne parle de Jesus que depuis trois cens ans, & lors qu'il vivoit il ne fit rien de memorable, à moins qu'on ne regarde comme des œuvres fort remarquables de guerir des boiteux, & des aveugles, & de chasser les Demons dans les villages de Betsaïda, & de Bethanie.* Il faisoit donc au moins ceci, & cet ennemi passionné n'a peu le nier. Enfin Hierocles Philosophe Pythagoricien, qui fit un livre sur ce sujet, ne nia pas que Jesus n'eût fait des miracles, mais soûtint seulement qu'Apollonius de Thyane en avoit fait de plus grands.

Cet aveu de tant d'ennemis declarés est considerable. On peut ajoûter que si ces faits eussent été faux il est inconcevable, d'un côté que les Apôtres eussent eu le front de

les

les avancer, dans un temps où tant de milliers de témoins pouvoient les convaincre de cette imposture; & de l'autre qu'il se fût trouvé un seul Juif qui eût voulu les croire sur leur témoignage, comme il est certain qu'il s'en trouva un tres grand nombre, qui non seulement le creurent, mais s'exposerent sur ce fondement à tout ce qu'on peut imaginer de plus mauvais traitemens.

Enfin le témoignage des Apôtres & des LXXII. Disciples, consideré dans toutes ses circonstances, est au dessus de toute exception. Les faits qu'ils ont attestés sont tels, qu'il étoit impossible qu'ils n'en seussent la verité. Il est d'ailleurs inconcevable que la sachant ils l'aient déguisée, aucune raison de gloire, d'interét, ou de plaisir ne les y portant, tout au contraire les en éloignant. Il n'y a point eu d'outrage, il n'y a point eu de souffrance que le témoignage qu'ils ont rendu à ces verités ne leur ait attiré. Ils ont d'ailleurs persisté à le rendre au milieu des plus effroyables supplices: & ce qu'il y a de particulier, il ne s'en est pas trouvé un seul parmi ce grand nombre qui se soit dédit. Peut-on aprés cela les soupçonner d'avoir parlé contre leur conscience?

II. La maniere en laquelle cette sainte Religion s'est établie dans le monde, fait une seconde preuve qui n'est pas moins decisive que la precedente. Pour en comprendre la force il faut se faire une idée un peu juste de ce grand evenement. Il faut se repreſenter en premier lieu la rapidité des progrés que l'Evangile fit en moins d'un ſiecle, ſe répandant de tous côtés, & penetrant juſqu'aux dernieres extremités du monde conu. Il faut ſe repreſenter les obſtacles qui s'y oppoſoient. Il faut ſe reſſouvenir du pouvoir des prejugés, & de toute la difficulté qu'il y a à ſe défaire des opinions dont on a été imbu dés l'enfance, ſur tout en matiere de Religion. Il faut conſiderer l'oppoſition des maximes de l'Evangile à tous les penchans de nos cœurs. Il y faut ajoûter que cet Evangile ne ſe contente pas d'éclairer & de perſuader l'eſprit. Il entreprend de changer le cœur, & de reformer toute la maſſe des actions. Enfin cet Evangile ne ſe contente, ni de la perſuaſion, ni de la pratique. Il demande encore la profeſſion exterieure, & cette profeſſion expoſoit pendant trois ſiecles entiers, non à un ſimple danger, mais à une neceſſité comme inevitable de ſouffrir tout ce qu'il eſt poſſible d'imaginer de plus barbares & de plus cruels traitemens.

Quelle apparence y avoit-il qu'une telle doctrine peût s'établir dans le monde? Quelle apparence qu'elle peût trouver un ſeul ſectateur? Elle en trouva cependant une infinité. Elle s'établit par tout, & s'y établit de telle maniere, que d'un côté elle changea abſolûment la vie, & reforma la conduite de ceux qui vinrent à l'embraſſer, & que de l'autre elle leur inſpira une conſtance, qui fut à l'épreuve des ſupplices les plus cruels.

Mais

Mais par quels moyens produisit elle ces grands effets? Ce ne fut ni la force, ni l'autorité, ni la prudence humaine, ni la subtilité, ni l'eloquence, ni l'erudition, qui fit ces miracles. Ce fut la predication de quelque peu de personnes de la lie du peuple, qui n'avoient ni naissance, ni education, ni étude, ni experience, ni quoi que ce soit en un mot de ce qui paroissoit le plus propre à les produire. Peut-on par consequent douter que le ciel ne s'en soit mélé, & ne faut-il pas étre plus endurci que Pharaon pour ne se pas écrier sur ce sujet, *C'est ici sans doute le doit de Dieu.*

III. Les Oracles du Vieux Testament, que le Nouveau a fait voir si exactement & si ponctuellement accomplis, fait la troisiéme de nos preuves. Les faits qui ont été predits étoient de l'ordre de ceux qu'on appelle ordinairement *contingens*, & ils sont tous de telle nature, qu'il n'y a que Dieu seul qui peût les prevoir. Cependant ils ont tous été predits, non par un Prophete, mais par une longue suite de Prophetes, qui ont paru les uns aprés les autres pendant plusieurs siecles. On les a veus ensuite accomplis exactement & à la lettre. Ne faut-il pas s'aveugler volontairement pour ne pas avouër que ce concert des evenemens & des predictions, fait une demonstration convaincante en faveur de la Religion qui nous le découvre?

IV. Les predictions qui sont répanduës dans le Nouveau Testament, & que l'evenement à verifiées, font une quatriéme preuve bien decisive. On sait que Jesus Christ predit l'incredulité des Juifs, qui devoient rejetter son Evangile, la conversion des Gentils, qui le devoient recevoir, la ruine de Jerusalem, tous les malheurs qui accablérent cette miserable nation quarante ans aprés son ascension dans le ciel, & les persecutions qui devoient exercer son Eglise pendant tant de siecles. On sait que S. Paul a predit les erreurs de ceux qui devoient condamner le mariage, & l'usage de quelques viandes. On sait ce qu'il a dit de la revelation de l'homme de peché, & de ce qui la devoit preceder. On sait enfin les predictions de S. Jean dans l'Apocalypse, & on en voit chaque jour l'accomplissement. Tout cela ne fait-il pas voir que le Christianisme est l'ouvrage de cette Divinité, qui seule conoît l'avenir, sur tout un avenir de la nature de celui-ci?

V. La sublimité de la Morale de Jesus Christ fait une nouvelle preuve, qui me paroît decisive. On sait qu'il n'y a point de science qui ait été cultivée, ni avec plus de soin, ni avec plus de succés, que la Morale. On sait que presque toutes les sectes des Philosophes en ont fait leur plus grande affaire. On sait méme que presque toutes y ont reussi beaucoup plus heureusement que dans la Physique, & dans le reste des sciences qu'elles ont traitées. Mais en méme temps on sait que la Morale Payenne & Phylosophique n'a rien qui approche de celle de Jesus Christ. On sait que

que ce grand Sauveur a porté la vertu jusqu'à un degré d'élevation, dont on n'avoit pas eu méme des soupçons. On sait que les vertus Philosophiques peuvent passer pour des vices, lors qu'on les compare avec celles dont l'Evangile nous donne les regles. C'est ce que j'ai fait voir dans mes Essais à l'égard de quelques-unes, & il seroit aisé de le faire voir à l'égard de toutes.

Qu'on se represente maintenant comment il est peu arriver, d'un côté que tout ce qu'il y a jamais eu d'esprits sublimes dans la Grece & dans l'Italie s'étant appliqués de toute leur force à l'étude de la morale, ils soient demeurés si bas au dessous de ce qu'ils cherchoient; & de l'autre qu'à peu prés dans le méme temps une troupe de pescheurs partent du fond de la Galilée, & quittent leurs barques & leurs filés, pour apprendre à ces savans de Rome & d'Athenes ce qu'ils n'ont pas seulement entreveu dans la science qui les occupe depuis tant de siecles.

Qu'on se mette dans l'esprit qu'ils font à la fois ces trois choses, chacune desquelles me paroît un tres grand miracle. I. Ils donnent une si haute & si parfaite idée de la veritable vertu, que celle qu'on en a conceuë dans le Paganisme n'a rien qui en approche. II. Ils la pratiquent eux mémes avec une exactitude qu'on ne peut assés admirer. III. Ils en apprennent la pratique à une infinité de personnes de tout sexe, de tout âge, & de toute condition, faisant voir un peuple de Heros, dont le moindre efface tout ce qu'on avoit admiré le plus dans le monde. S'il n'y a rien de surnaturel en tout ceci, je ne vois plus rien qui passe les forces de la nature.

VI. La sixiéme preuve demanderoit pour étre indiquée un peu nettement, beaucoup plus d'étenduë que je ne puis lui en donner en cet endroit. Elle consiste à faire voir que la raison approuve, quoi qu'avec quelque diversité, les verités speculatives que le Christianisme enseigne. Il y a trois ordres de ces verités. Les premieres sont celles que la lumiere naturelle nous découvre clairement & distinctement. Les secondes sont celles dont cette lumiere nous donne quelque supçon, & les troisiémes celles qui lui sont absolûment inconuës. Le Christianisme confirme les premieres, il éclaircit les secondes, & fait voir que les troisiémes ont une liaison necessaire avec les unes & avec les autres. Mais comme il faudroit de longs discours pour faire voir tout ceci, je le laisse, & je passe à la septiéme de nos preuves, que je puis indiquer en moins de paroles.

CHAPITRE XIV.

Où l'on continuë de prouver la premiere proposition.

VII. CEtte septiéme preuve est prise des difficultés que le Christianisme éclaircit. En effet Aristote a remarqué avec beaucoup de bon sens que c'est une marque qu'on a trouvé la verité, lors qu'on voit évanouïr les difficultés qui faisoient auparavant de la péne. Cela étant qui peut douter que le Christianisme ne soit veritable, si l'on considere de quelle maniere il resout les principales difficultés, qui ont exercé l'ancienne Philosophie? Je n'en toucherai que quelques exemples.

L'ancienne Philosophie s'est fort debattuë sur l'origine du monde, & n'a rien dit que de ridicule sur ce sujet. La revelation, dont le Christianisme est une partie, nous apprend distinctement ce qui en est.

On a été surpris de voir que la terre fût si je l'ose dire, marâtre pour les bonnes plantes, & mere pour les ronces & pour les poisons. La revelation nous en apprend la raison, & personne ne l'ignore presentement.

On s'est plaint de ce que la vie des hommes est plus courte que celle de plusieurs animaux. Mais l'injustice de cette plainte est visible depuis qu'on sait que tous les hommes sont pecheurs, & que les bétes sont innocentes.

La pluſpart des peuples, la pluſpart méme des Philoſophes, ont creu l'immortalité de l'ame. Mais ſi l'ame eſt immortelle, pourquoi l'unir à un corps mortel? Voila un nœud que la Philoſophie ne ſauroit défaire, mais la revelation le reſout ſans péne, nous apprenant que l'homme étoit immortel dans ſon origine, & qu'il le deviendra aprés ſa mort.

Ariſtote a remarqué l'inclination naturelle que les hommes ont pour le mal. Quelle raiſon en peut-on rendre, ſi on ignore la depravation de nôtre nature par le peché?

Tous ceux qui ont quelque conoiſſance de l'antiquité ſavent quelle péne on a euë à accorder la perſuaſion de la Providence avec les ſouffrances des gens de bien. Mais dans les hypotheſes du Chriſtianiſme, il n'y a rien en tout ceci qui faſſe le moindre embarras.

L'ancienne Philoſophie a dit mille extravagances ſur la fin de l'homme. Le Chriſtianiſme ſeul nous la découvre avec une admirable clarté.

J'y ajoûterois le ſilence des Oracles, ſi je ne voyois qu'on ne convient pas qu'ils aient parlé.

VIII. La Religion Chrétienne ne leve pas ſeulement les plus grandes difficultés. Elle remplit encore nos vuides, & pourvoit à toutes nos neceſſités. Cent choſes nous font de la péne, & avec quelque ſoin qu'on en cherche le remede on ne le trouvera jamais qu'en cette ſainte Religion. Je n'en donnerai que quelques exemples.

Nous

Nous apprehendons tous naturellement la mort, ou pour mieux dire l'impoſſibilité de l'eviter nous accable & nous deſeſpere. La raiſon n'a peu rien découvrir qui ſoit en état ni de nous garantir de ce mal, ni de l'adoucir. Le Chriſtianiſme fait l'un & l'autre. Il nous rend la mort utile & avantageuſe, & par ce moyen il nous la fait regarder comme un bien que nous devons ſouhaitter.

Nous ſommes ſujets à mille ſouffrances qu'on ne ſauroit eviter. On y travaille, mais ſans ſuccés. On cherche à s'en conſoler, & on ne le peut. Le Chriſtianiſme ſeul peut le faire, & le fait avec un admirable ſuccés.

Nous ſommes pecheurs, & nous craignons d'en étre punis. Qu'eſt-ce que la raiſon peut imaginer pour nous affranchir de cette crainte, & pour en ôter le ſujet? C'eſt le Chriſtianiſme ſeul qui le fait.

Nous ignorons nôtre devoir, & la lumiere naturelle ne nous l'apprend que d'une maniere fort incertaine & fort imparfaite. Mais le Chriſtianiſme ne nous laiſſe rien ignorer ſur ce ſujet.

Nous ſommes dans l'impuiſſance de nous aquitter de cette partie de nôtre devoir que la lumiere naturelle nous découvre. Il nous faut un ſecours ſurnaturel pour nous mettre en état de le remplir, & il n'y a que la Religion Chrétienne qui nous le procure.

Je voi bien ce que l'on dira. On dira que tout cela ſeroit beau pourveu qu'il fût veritable. Et moi je dis qu'il paroît qu'il eſt veriritable de cela méme qu'il est si beau. Cette admirable beauté fait voir clairement qu'il vient d'ailleurs que de l'esprit de l'homme, qui est absolûment incapable d'une telle production. A moins que de cela il faudroit dire que l'Auteur de cette Religion auroit imaginé de meilleurs remedes pour nôtre indigence que ceux que Dieu lui-méme a trouvés, ce qu'on ne peut penser sans impieté. Il faudroit dire encore que les plus fâcheux de nos maux seroient absolûment incurables, & que Dieu, dont nous supposons ici l'existence, auroit abandonné le plus excellent de ses ouvrages, le chef d'œuvre de ses mains, & l'auroit traité moins favorablement que tant d'autres, qui ne sont rien en comparaison, & à qui neantmoins il ne manque rien de ce que leur nature demande.

IX. En general on peut dire que la Religion Chrétienne n'a rien qui ne soit digne de Dieu, rien qui ne réponde à l'idée que nous avons tous naturellement de la sublimité & de l'eminence de sa sagesse. On conçoit sans péne qu'une Religion pour étre parfaite & accomplie doit répondre à sa veritable fin, & produire de la maniere la plus excellente les effets auxquels sa propre nature la destine. Les effets qu'elle doit produire sont visiblement les suivans. Elle doit honorer & glorifier Dieu. Elle doit abaisser l'homme, & l'aneantir, si je l'ose dire devant cet Etre supreme. Elle doit reconcilier cet homme avec Dieu, lui procurer sa faveur & sa protection l'éclairer & le sanctifier.

C'est

C'eſt viſiblement à ceci que la Religion doit ſervir. C'eſt là pourtant ce que la Chrétienne ſeule peut faire. C'eſt méme ce qu'elle fait admirablement. Il eſt impoſſible de glorifier Dieu autrement qu'en reconoiſſant ſes perfections, & qu'en faiſant voir qu'on en a l'idée la plus vive & la plus diſtincte qu'il eſt poſſible. Et n'eſt-ce pas là l'effet naturel de la Religion Chrétienne? Y a-t-il aucune des perfections de Dieu, qui nous ſont conuës, dont l'adoration, le reſpect, l'obeiſſance, la foi, l'eſperance, la charité, l'humilité, la priere l'action de grace, la patience, la reſignation, & les autres devoirs que cette Religion nous preſcrit, ne ſoient des reconoiſſances reelles, & telles d'ailleurs qu'elles ſuppoſent viſiblement que les perfections qu'elles reconoiſſent, ſont immenſes & incomprehenſibles?

Ces mémes vertus n'aneantiſſent elles pas l'homme devant Dieu? Quel ſujet, quelle pretenſion, quel pretexte, lui laiſſent elles pour ſe glorifier? Que lui peut-il reſter aprés qu'il a renoncé à toutes les lumieres de ſon eſprit par la foi, à toute ſa liberté par l'obeiſſance, à tout ſon amour propre par la charité, à toute ſa gloire par l'humilité? Les preceptes de cette ſainte Religion ne l'obligent-ils pas à ſacrifier, ſi je l'oſe dire, ſes plaiſirs par la temperance, ſon repos par le travail & par la mortification, ſes reſſentimens par l'amour de ſes ennemis, ſes biens par l'aumône, & ſa vie par le martyre?

Pour

Pour ce qui regarde la reconciliation de l'homme avec Dieu, c'est, si je l'ose dire, ce que la Religion Chrétienne a de plus divin. Les autres moyens que les hommes ont inventés, non seulement n'approchent point de ce que le Christianisme propose, mais sont ridicules. Ceux mémes que la Religion Judaïque avoit établis, considerés en eux mémes, & sans aucune relation à l'Evangile, n'ont rien qui paroisse digne de la sagesse qui les a institués. Mais que peut-on imaginer de plus admirable que ce grand sacrifice que le Fils de Dieu a offert à son Pere pour nous reconcilier avec lui, & que les moyens par lesquels il nous communique les fruits de son sacrifice?

La veritable Religion doit nous éclairer. Et où voit-on des lumieres qui approchent de celles que le Christianisme à répanduës dans le monde? Qu'y a-t-il d'utile & de salutaire qu'il ne nous apprenne?

Enfin la veritable Religion doit nous sanctifier. Et que peut-on ajoûter à l'idée que le Christianisme nous donne de la sainteté?

De quelque côté donc qu'on regarde cette sainte Religion, elle n'a rien qui ne paroisse digne de Dieu, & cet ouvrage en un mot est si achevé, qu'il n'y a que l'Etre souverainement parfait qui ait peu le produire.

X. J'emploie encore pour le Christianisme tout ce que les Juifs peuvent dire pour établir la divinité de leur Religion. Ils ont sans doute des preuves solides, que leurs Auteurs alleguent, & font valoir en quelque maniere, mais

mais que plusieurs des nôtres ont mises dans tout leur jour, faisant voir qu'il est impossible que Moïse n'ait parlé de la part de Dieu.

Cependant ceci une fois posé il faut necessairement croire en Jesus Christ. D'un côté la Religion Judaïque ne sauroit être digne de la sagesse de Dieu, si elle n'a été destinée à servir de preparation à l'Evangile, & à conduire insensiblement les hommes à Jesus Christ; & de l'autre ses Oracles se trouveront en partie faux, & en partie inutiles, si Jesus Christ n'est pas le Messie.

Que deviendront par exemple ceux qui marquent le temps de la venuë de ce Messie, si aprés tant de siecles qu'il y a que ce terme est passé, le Messie n'est pas encore venu?

Que deviendront ceux qui asseurent que le second temple devoit être honoré de la presence de ce grand Sauveur, s'il ne paroît pas aprés plus de seize siecles qu'il y a que ce temple a été rasé?

Que deviendront ceux qui asseurent que ce Messie devoit faire conoître aux Payens le Dieu d'Israël? Posons que Jesus, qui a fait ce miracle, ne soit pas le Messie. Qu'un autre vienne, & prenne cette qualité. Il trouvera cet ouvrage fait. Ainsi il ne sauroit le faire.

De quoi serviront d'ailleurs les Oracles qui marquent la famille d'où il doit sortir, puis que les Juifs n'ayant plus de genealogies, ils ne pourront savoir, je ne dirai pas de quel-

le

le famille, mais de quelle tribu sera ce Messie qui paroîtra.

Puis donc qu'il est également impossible, & que la Religion Judaïque soit fausse, ayant des preuves si solides & si convaincantes de sa verité, & qu'elle soit veritable, si la Chrétienne ne l'est, il faut necessairement reconoître qu'elles le sont toutes deux, & qu'elles ont l'une & l'autre un méme Dieu pour Auteur.

CHAPITRE XV.

Où l'on fait quelques reflexions sur les preuves contenuës dans les chapitres precedens.

CE sont là, si je ne me trompe, les preuves les plus solides de la Religion Chrétienne. Mais il ne faut pas les laisser sans y faire quelques reflexions.

I. Ce ne sont pas des preuves Metaphysiques. On en pourroit peut étre donner de cet ordre, mais je ne les croi pas les meilleures. Il y a peu de gens qui en peussent comprendre la force, & d'ailleurs on pourroit s'y arréter si le Christianisme ne devoit étre la Religion que des Philosophes. Comme il a été destiné pour les plus ignorans & les plus grossiers, aussi bien que pour les plus raffinés & les plus subtils, il faut lui chercher des preuves qui soient de la portée de toute sorte d'esprits sans exception, telles que sont sans difficulté celles que j'ai indiquées.

Je

Je ſuivrois la méme methode ſi j'entreprenois de prouver l'exiſtence de la Divinité contre les Athées. Je me ſervirois pluſtôt de l'argument de S. Paul, que des demonſtrations de Des-Cartes. J'aimerois mieux dire avec cet Apôtre que les choſes inviſibles de Dieu ſe voïent comme à l'œil étant conſiderées dans ſes ouvrages, que de m'arréter à prouver que l'exiſtence actuelle eſt neceſſairement renfermée dans l'idée de l'Etre parfait. En effet peu de gens comprennent ceci, au lieu que le reſte ſe fait ſentir à qui que ce ſoit.

II. Les preuves que j'ai indiquées on ceci de particulier, qu'elles ſont independantes les unes des autres. Qu'il y en ait quelqu'une de foible, les autres n'en ſeront pas moins ſolides, & n'en convaincront pas moins l'eſprit. C'eſt ce qui eſt tres avantageux. Premierement parce que lors que les preuves ſont enchainées les unes avec les autres, il eſt difficile qu'on n'y trouve quelque endroit foible, parce qu'en effet il eſt malaiſé que toutes les propoſitions qui y entrent ſoient, d'un côté également evidentes, & de l'autre attachés aſſés fortement lés unes aux autres. Cependant ſi l'une ou l'autre de ces deux choſes arrive, le reſte eſt inutile. Ainſi il eſt plus avantageux d'avoir des preuves independantes, & qui puiſſent étre détachées les unes des autres ſans étre détruites. D'ailleurs tous ne s'apperçoivent pas de toutes, & ceux qui les apperçoivent n'en ſont pas également frappés. L'un eſt plus touché de l'une, & l'autre

de

de l'autre. Ainſi toutes peuvent être utiles, ſi non pas à tous, du moins à quelqu'un.

III. Il ne faut pas juger de la force de toutes enſemble par celle de chacune à part. Il y a de certaines occaſions où pluſieurs vraiſemblances jointes enſemble font une eſpece de certitude. C'eſt ce qui arrive ordinairement dans les faits, & chacun ſe conduit par là dans la vie civile. Les juges mémes y ont d'ordinaire beaucoup d'égard lors qu'il s'agit de la conviction des criminels.

Sur tout ceci a lieu ſur le ſujet des marques auxquelles on conoît les choſes. C'eſt d'ordinaire l'aſſemblage d'un grand nombre d'accidens communs qui fait cet effet, parce qu'en effet on ſuppoſe qu'encore que chacun de ces accidens à part ſe puiſſe trouver ailleurs, l'union de tous ne ſe trouve pas facilement en divers ſujets. Or c'eſt là preciſement nôtre eſpece. Les preuves du Chriſtianiſme ſont priſes des caracteres qui font conoître l'origine de la revelation qui l'a découverte aux hommes. Imaginons nous qu'il y ait quelqu'un de ces caracteres qui étant pris à part ne prouve pas aſſés fortement que Dieu en eſt l'Auteur. S'enſuit-il de là qu'il ne faſſe point cet effet étant joint aux autres? Et n'eſt-il pas juſte de les conſiderer tous principalement de cette maniere, ſi on veut ſavoir ce qu'ils ont de propre à perſuaeer?

IV. Mais voici une choſe à laquelle je ſouhaitte ſur tout qu'on faſſe attention. Ces preu-

preuves ſont telles, que parmi ce nombre prodigieux de Religions qu'on voit dans le monde, il n'y en a aucune qui en ait, je ne dirai pas de ſemblables, mais d'approchantes, Bien loin d'avoir des preuves demonſtratives qui juſtifient que Dieu en eſt l'Auteur, elles n'en ont pas méme de vraiſemblables. Elles peuvent bien faire quelque miſerable objection contre la Religion Chrétienne, mais lors qu'il s'agit de prouver la verité & la divinité de ce qu'elles enſeignent elles mémes, elles ſont muettes, ou ne diſent rien que de ridicule.

J'en excepte la Religion Judaïque, qui étant divine dans ſon origine a en effet des preuves ſolides de ce qu'elle eſt. Mais il y a deux choſe à remarquer là deſſus. La premiere que le Judaïſme n'a pour prouver ſa divinité que des marques purement exterieures, ſon antiquité, les miracles qui ont été faits autrefois pour le confirmer, les Oracles du Vieux Teſtament, &c. Car pour ce qui regarde les preuves internes, priſes de la nature de ſes preceptes, elles ſont extremement foibles, cette Religion conſiderée en elle méme, & ſans aucun rapport à l'Evangile, n'ayant rien qui paroiſſe digne de la ſageſſe de Dieu.

La ſeconde qu'il eſt impoſſible que la Religion Judaïque ſoit veritable, ſi le Chriſtianiſme eſt faux. C'eſt ce que pluſieurs ont fait voir avec evidence, particulierement M. Limborch, ce qui fait que je ne m'arréterai pas à le prouver.

Ceci donc une fois posé que le Christianisme a plus de preuves de sa verité qu'aucune autre Religion qui soit dans le monde, il est evident, ce me semble, qu'il faut necessairement l'embrasser, & cette consideration ajoûte à la force naturelle de ces preuves un degré d'evidence qui suffit pour produire la conviction. En effet il faut dire necessairement de deux choses l'une, ou qu'il n'y a point dans le monde de veritable Religion, ou que s'il y en a quelqu'une c'est la Chrétienne.

Rien n'est ni plus incroyable en lui-méme, ni plus contraire à l'idée que nous avons tous naturellement de la Providence, que de croire qu'ayant donné aux hommes une Religion, elle ait donné à cette Religion moins de caracteres de verité, que les hommes n'en ont donné aux Religions qu'ils ont inventées. Et comme l'un de ces caracteres est la perfection & l'excellence de ce que cette Religion prescrit, ceci fait une preuve particuliere. Car si ce que je viens de dire étoit veritable, il s'ensuivroit que les productions de l'esprit de l'homme seroient plus parfaites & plus achevées que celles de l'Esprit de Dieu.

Dirons nous donc que toutes les Religions sont également fausses, & qu'il n'y en a aucune qui vienne de Dieu. C'est ce que les Deistes pretendent. Mais premierement cette pretension est contraire à ces notions communes que nous portons en naissant, & par consequent au sentiment du reste des hommes, sans en excepter les plus barbares.

Cha-

Chacun entend au fond de ſon cœur la voix de la nature, qui lui dit d'une maniere tres intelligible qu'il faut adorer la Divinité; qu'il faut la ſervir, & que ſi on refuſe, ou ſi on neglige, de le faire on doit s'attendre à en être puni. Cela me ſuffit. Car enfin n'eſt-ce pas aſſés que le Chriſtianiſme puiſſe convaincre de ſon origine celeſte tous ceux qui n'ont pas dépouïllé la nature, & qui n'ont pas étouffé ces foibles lumieres qu'elle nous donne? Faut-il pretendre qu'il convainque ceux qui rejettent les principes les plus communs, & qui ne veulent pas convenir des verités que le reſte des hommes reverent?

La grace ſuppoſe la nature, & comme il n'y a point d'evidence qui puiſſe frapper, ni un mort, ni un enfant, ni un furieux, rien auſſi n'eſt en état de convaincre un homme qui veut douter d'une verité auſſi conſtante que celle dont il s'agit. Mais comme ceux qui ont le libre uſage de leur raiſon ſe laiſſent convaincre par l'evidence, qu'on propoſeroit vainement à ceux qui n'ont pas le méme avantage, ceux qui reconoiſſent qu'il doit y avoir une maniere particuliere de ſervir Dieu, acquieſceront à ce que je viens de dire, quoi que les autres refuſent d'y donner les mains.

En deuxiéme lieu je voudrois demander aux Deiſtes s'ils ont quelque certitude de ce qu'ils diſent. Sont-ils bien certains que Dieu ne veut point étre ſervi par les hommes? ou ſe contentent-ils de regarder ce qu'ils diſent comme poſſible?

J'ai

J'ai de la péne à croire qu'ils osent soûtenir qu'ils soient tant soit peu seurs de ce qu'ils en pensent. En effet quel pourroit étre le fondement de la certitude qu'ils en auroient? Un fait de la nature de celui-ci, c'est à dire d'un côté un fait negatif; & de l'autre un fait qu'on ne peut nier qui ne depende de la volonté de Dieu, ne peut étre conu sans revelation, & les Deistes n'en reconoissent aucune.

On ne pretend pas sans doute qu'il y ait de la contradiction à poser que Dieu veuille que ses creatures le servent. Il seroit ridicule de le penser. D'où sait-on donc qu'il ne le veut point, à moins qu'il ne s'en soit expliqué, ce qu'on ne dit point?

C'est, dit-on, que les hommes ne sont rien devant Dieu. Ainsi il n'est pas croyable que Dieu se soucie de leur culte. Les hommes ne sont rien devant Dieu, je l'avouë sans repugnance. Mais quelque indignes qu'ils soient que Dieu s'en soucie, est-il indigne de sa bonté de s'en soucier? Meritoient-ils davantage d'étre creés, d'étre conservés, que d'étre observés dans leurs actions? Puis que leur bassesse n'a pas empéché la bonté infinie de les produire, puis qu'elle ne l'empéche pas de les conserver, pourquoi l'empécheroit elle de veiller sur leurs actions?

D'ailleurs cette objection tire toute sa force d'une fausse supposition. Elle suppose que Dieu n'agit que par interét. Mais n'est-il pas plus digne de sa grandeur & de son élevation de penser qu'il n'agit à l'égard des creatures que

que par un principe de bonté pour elles, ou du moins par amour pour l'ordre, qui est en soi la chose du monde la plus aimable? Cependant si on pose ceci l'objection perd toute sa force. En effet si Dieu agit par un mouvement de bonté pour les hommes, plus cés hommes seront abjets, plus la bonté qui le porte à s'abaisser jusqu'à eux sera merveilleuse. Et si c'est par amour pour l'ordre, la bassesse des hommes ne l'empéchera pas d'agir, l'ordre étant tousjours grand & admirable par tout, quelque petit qu'en soit le sujet.

Mais, comme je l'ai déja dit, j'ai de la péne à croire que les Deistes osent se vanter d'avoir aucune certitude de la verité de leurs hypotheses. Cependant s'ils n'en ont point, ne pechent-ils pas visiblement contre le bon sens en les suivant dans la pratique, & en faisant la regle de leurs actions? C'est ce que deux choses font voir clairement.

La premiere que quand méme nôtre hypothese seroit aussi incertaine, & aussi destituée de toute sorte de fondement que la leur, la nôtre auroit cet avantage, qu'en la suivant on ne risque rien, au lieu qu'ils risquent tout en suivant la leur. Posons que nous nous trompions, que perdons nous? Au lieu que pour eux, s'ils se trompent ils perdent tout, n'étant pas possible que s'ils se trompent ils ne soient eternellement malheureux. C'est la pensée de M. Pascal, sur laquelle je n'insisterai pas davantage, n'y ayant personne qui n'ait peu voir ce que cet excellent homme en a dit.

La ſeconde conſideration qui prouve la méme choſe, c'eſt que quand méme on ne voudroit pas convenir que les preuves de la verité du Chriſtianiſme ſoient convaincantes, on ne pourroit au moins conteſter qu'elles n'aient de la probabilité & de la vraiſemblance. Il faudroit porter la preoccupation au dernier excés pour nier ceci. Je ne penſe pas méme qu'on puiſſe nier que nôtre hypotheſe ne ſoit plus vraiſemblable que l'oppoſée. Cependant ſi on l'avouë on avouëra neceſſairement qu'il faut la ſuivre. Car c'eſt une regle de bon ſens qu'au defaut de la certitude il faut ſe conduire par la plus grande probabilité.

Mais laiſſant à part tout ceci rien ne me paroît plus conforme à toutes les lumieres de la raiſon que ce que les Deiſtes conteſtent. Ils avouënt que l'homme eſt l'ouvrage de la Divinité. Ils avouënt que c'eſt Dieu qui leur a donné la raiſon & l'intelligence. Mais pourquoi doit on croire qu'il leur a fait ce riche preſent? Eſt-ce afin qu'ils en abuſent, & que ſi l'humeur les en prend ils s'en ſervent à l'outrager lui-méme, & à le blaſphemer? C'eſt ce qu'il eſt impoſſible de ſe perſuader, parce qu'en effet ceci eſt directement contraire à l'idée que nous avons tous naturellement de ſa ſageſſe infinie.

Cette idée nous conduit à croire que s'il n'eût eu que ce ſeul deſſein, ou il n'auroit pas formé l'homme, ou en le formant, il ne lui auroit pas donné la raiſon & l'intelligence. Puiſqu'il nous l'a donnée nous avons lieu

lieu de nous persuader qu'il veut que nous en fassions un bon usage, & comme le meilleur usage qu'on en puisse faire c'est de l'employer à le servir, & à le glorifier, il faut croire que c'est pour cela principalement qu'il nous a donné la raison, & qu'ainsi il nous impute à crime, si nous ne le faisons point; & à vertu si nous le faisons.

En effet si on pose un Dieu Createur du monde, & souverain arbitre des evenemens, comme les Deistes le reconoissent, & comme plusieurs ont fait voir qu'il faut necessairement l'avouër, si on pose d'ailleurs que les hommes peuvent conoître en quelque maniere cet Etre supreme, étant pourveus, comme ils sont, de raison & d'intelligence, il me semble qu'on ne peut nier que ce Dieu ne merite que ces hommes l'adorent, le servent, lui obeïssent; & que s'ils refusent, ou negligent de le faire, ils pechent, & par consequent meritent d'en étre punis.

Que faut-il pour faire que Dieu merite d'étre servi & adoré par les hommes, si ce n'est que Dieu soit infiniment plus grand & plus parfait que ces hommes? Que faut-il pour faire que ces hommes pechent s'ils ne servent & n'adorent point cet Etre supreme, si ce n'est qu'ils soient en état de le conoître, qu'ils soient libres & intelligens? Que faut-il pour faire qu'en ne le servant point ils meritent d'en étre punis, que cette méme liberté, & cette méme intelligence, qui fondent cette obligation? Ainsi Dieu étant constamment élevé, & élevé méme infiniment au dessus de l'homme, & l'homme étant certainement libre & intelligent, il est clair qu'il peche s'il ne sert Dieu, & s'il ne l'adore.

Que si ne servant pas Dieu il merite d'étre puni, n'est-il pas juste de se persuader qu'il le sera effectivement, si quelque autre chose ne l'en exempte? N'est-il pas conforme au bon sens de se representer Dieu dans le monde comme un Prince dans son Etat, appliqué à y entretenir le bon ordre, en recompensant la vertu, & en punissant le peché?

Est-il d'ailleurs concevable que voulant étre servi & adoré par les hommes, & les punir s'ils negligent, ou s'ils refusent de le faire il ne fasse pas pour ces hommes ce que les maîtres les moins raisonnables font pour les plus vils de leurs serviteurs, qui est de leur faire conoître sa volonté?

Ainsi rien n'est plus conforme à la raison, que de penser que Dieu ait appris aux hommes la maniere de le servir. Par consequent n'y ayant point dans le monde de Religion qu'on ait plus de lieu de regarder comme divine que la Chrétienne, il faut necessairement se persuader qu'elle l'est, & cette consideration jointe aux precedentes, fait un degré d'evidence, qui suffit pour determiner tout esprit qui a quelque discernement & quelque justesse.

CHAPITRE. XVI.

Seconde proposition. Si la Religion Chrétienne est veritable, & emanée de Dieu, l'Ecriture sainte est la parole de Dieu.

CEtte seconde proposition est si evidente, que Gregoire de Valence, qui la pose, & qui en fait l'un des fondemens de son Analyse, n'a pas creu la devoir prouver. Il soûtient au Chapitre dernier du premier livre qu'il a écrit sur ce sujet que la verité de la Religion Chrétienne étant une fois prouvée la divinité de l'Ecriture ne souffre point de difficulté. En effet la Religion Chrétienne n'a point de dogme qui lui soit plus essentiel, ni qu'elle enseigne d'une maniere plus nette, ou plus expresse que celui-ci.

Il y a trois sortes de dogmes que la Religion Chrétienne renferme, & qu'elle propose à la foi de ceux qui la suivent.

Les premiers sont ceux qu'il est bien certain qu'elle enseigne, mais il n'est pas si evident qu'elle les enseigne, que plusieurs n'en doutent, & ne soûtiennent méme le contraire. Tels sont tous les dogmes qui sont contestés par les heretiques.

Les seconds sont ceux qu'il est, non seulement certain, mais encore si evident qu'elle enseigne, que tous les Chrétiens en conviennent. Tels sont par exemple tous ceux qui sont contenus dans le Symbole, à la reserve de l'article de la descente aux enfers, qui n'y a été mis qu'assés tard, & qu'on entend fort diversement. Telles sont encore plusieurs autres verités semblables, quantité de faits, & un grand nombre de maximes de pieté, sur lesquelles il y a beaucoup moins de contestations que sur les dogmes speculatifs.

Les derniers sont ceux qu'il n'est pas seulement certain & evident que le Christianisme enseigne, mais qui outre cela ont une liaison si visible, & si indissoluble avec tout le corps de cette sainte Religion, que ce seroit la renverser toute entiere que de les nier. Tels sont les dogmes suivans. *Que Jesus Christ est le Messie, & le Sauveur du monde. Qu'il y a une autre vie à attendre aprés celle-ci. Que Dieu prend garde aux actions des hommes. Qu'il aime la vertu, & qu'il deteste le vice. Qu'il recompensera la premiere, & punira le second*, &c.

Otés quelle que ce soit de ces verités vous renversés tout le Christianisme. Il est pourtant vrai que la divinité de l'Ecriture est de ce dernier ordre. Que seroit le Christianisme si l'Ecriture étoit un livre purement humain? Quelle regle, quel fondement, quel objet méme resteroit-il à la foi? Je sai qu'on propose l'Eglise & la Tradition. Mais je sai aussi qu'on pretend que l'autorité de l'Eglise & celle de la Tradition sont fondées sur l'Ecriture. Ainsi l'Ecriture étant ôtée tout est renversé.

Mais quand méme la divinité de l'Ecriture ne seroit pas comprise dans ce troisiéme ordre de verités, elle seroit tousjours du second. Ceci me suffit, car où trouvera-t-on le Christianisme, si on ne le trouve, ni dans aucune des sectes qui le partagent, ni dans les choses dont elles conviennent?

On dira peut être qu'à la verité le Christianisme, tel qu'il est aujourd'hui, renferme constamment ce dogme, mais que peut-être n'en étoit il pas de méme au commencement. On dira que peut être a-t on changé de creance à cet égard-là, & qu'ainsi pour asseurer nôtre foi il faut quelque chose de plus que ce consentement present des Chrétiens. Mais il est aisé de lever ce doute, & on a méme diverses voies pour le faire.

Premierement ce qu'on pose comme possible ne l'est tout au plus que dans un sens metaphysique, mais à parler moralement il est impossible. Rien n'est plus incroyable, d'un côté qu'un tel changement, & de l'autre que la conspiration de toutes les sectes à recevoir un dogme nouveau, inconu aux premiers Chrétiens. On dispute de tout. On se divise sur tout. On ébranle ce qu'il y a de plus ferme & de plus constant, & on ne touche point à ceci. Ne paroît-il pas clairement par-là que ce doit être quelque chose de bien certain?

II. D'ailleurs une bonne partie des preuves qui établissent la verité de la Religion Chrétienne la supposent telle qu'elle est aujourd'hui. Les six dernieres sont de cet ordre. Par conséquent si elles sont solides ce doute ne peut subsister.

III. On peut ajoûter qu'il est assés aisé de s'asseurer du contraire. On n'a qu'à prendre le premier livre des plus anciens Auteurs du Christianisme, qu'on rencontrera. On y trouvera cette verité à châque page, les Ouvrages des premiers Chrétiens n'étant autre chose que des centons des écrits sacrés.

IV. Mais il n'est peut être pas necessaire d'avoir recours à ceci. La lecture du Nouveau Testament suffit pour lever ce doute. Ce sacré livre a été incontestablement composé par les fondateurs du Christianisme. Personne par consequent n'a peu mieux savoir que ces saints hommes en quoi consistoit cette Religion qu'ils préchoient. Il seroit d'ailleurs ridicule de s'imaginer qu'ils eussent préché le contraire de ce qu'ils écrivoient. Ainsi leurs écrits, que nous avons encore aujourd'hui, contenant clairement & expressement ce dogme, il est incontestable que ce dogme fait partie de la Religion Chrétienne.

Mais, dira-t-on, comment savons-nous que le Nouveau Testament est l'ouvrage des Apôtres, & de leurs Disciples? C'est une objection que les Manichéens firent autresfois à S. Augustin, & ce grand homme leur répondit (a) en leur demandant comment ils savoient eux-mémes que l'Epître du fondement étoit l'ouvrage de Manes, l'Auteur & le fondateur de leur secte. Il leur demanda comment on sait dans le monde que les Ouvrages qu'on attribue à Homere, à Virgile,

(a) *Aug. cont. Faust. lib. 33. cap. 6.*

gile, & à Ciceron, appartiennent effectivement à ces Ecrivains. Comme il est impossible de répondre autrement à ces dernieres questions qu'en disant que ces ouvrages portent le nom de ces Auteurs, qu'ils l'ont tousjours porté, qu'on a creu qu'ils leur appartenoient, & qu'on n'a aucune raison de se persuader le contraire, rien n'est si aisé que d'appliquer cette réponse à la question des Manichéens. On sait que les Apôtres sont les Auteurs des livres qui portent leur nom, parce qu'ils l'ont tousjours porté, & le portent encore. Ceci suffit, & il n'en faut pas davantage.

Cette réponse est solide. Il ne faut pas en effet confondre ces deux questions, *Ces livres sont-ils divins & inspirés*, &c. *Ces livres ont-ils été composés par les Apôtres*. La premiere est une question de droit, qui doit étre decidée à sa maniere. La seconde est une question de fait, qui doit étre decidée par des preuves de fait, c'est à dire par des témoins non suspects. Si ceci ne suffisoit point, il n'y auroit rien dans le monde sur quoi on deût compter.

On dira peut étre qu'il y a eu des heretiques dans les premiers temps, qui ont rejetté l'Ecriture sainte, par exemple les Gnostiques, les Marcionites, & les Manichéens, & on en conclurra que ce consentement que j'allegue n'est pas aussi unanime que je le pretends.

Mais il est aisé de répondre que je n'ai pas pretendu comprendre ces heretiques sous le nom de ces Chrétiens, dont j'allegue le témoignage en faveur des livres sacrés. En effet pour pouvoir porter le nom de Chrétien il ne suffit pas de reconoître Jesus Christ pour un Prophete envoyé de Dieu, comme faisoient tous ces heretiques. A ce compte les Mahometans seroient des Chrétiens, puis qu'ils sont tous dans ce sentiment. On n'appelle Chrétiens que ceux qui reconoissent Jesus Christ pour Auteur de la Religion qu'ils professent; & c'est ce que ne faisoient pas les heretiques dont j'ai parlé. Ils ne pretendoient pas que Jesus Christ eût porté leur Religion dans le monde. Ils croyoient la tenir d'une autre revelation toute differente, & adressée tout de nouveau à leurs Patriarches. Ils avoient pour la Religion Chrétienne les mémes sentimens qu'en ont aujourd'hui les Mahometans, & que les Chrétiens ont pour la Religion Judaïque. Ils croyoient qu'elle avoit été bonne, mais qu'une meilleure lui avoit succedé.

C'est ce que S. Irenée nous atteste. (b) Aprés avoir dit que les Gnostiques convaincus par les Ecritures soûtenoient que ces livres sacrés n'avoient point d'autorité, & qu'il faloit s'en tenir à la tradition, il ajoûte que *lors qu'on leur opposoit la tradition, qui étant venuë des Apôtres étoit gardée dans les Eglises par la succesion des Anciens, ils disoient qu'étant eux-mémes plus sages, non seulement que les Anciens, mais encore que les Apôtres, ils avoient découvert la verité toute pure, au lieu que*

(b) *Iren. lib.* 3. *cap.* 2.

que les Apôtres avoient mélé diverses choses prises de la loi, les joignant aux paroles du Sauveur, & que non seulement les Apôtres, mais le Seigneur méme avoit parlé tantôt de la part du Createur, tantôt de la part du milieu, & tantôt de la part du sommet, au lieu que pour eux ils savoient indubitablement, & sans aucun mélange, le mystere caché.

Ils étoient donc si éloignés de regarder Jesus Christ comme l'Auteur de leurs dogmes, qu'ils rejettoient une partie de ceux qu'il avoit proposés, soûtenant qu'il ne les avoit receus que du Createur, c'est à dire du mauvais principe, & de la puissance des tenebres. C'est pourquoi Origene soûtient (c) que les Chrétiens n'avoient pas méme le nom de Jesus commun avec ces heretiques. *Il me semble*, dit-il, *que Celsus entend quelques heresies, avec lesquelles nous n'avons pas meme le nom de Jesus qui nous soit commun. Car peut être a-t-il entendu parler des Ophiens, ou des Caiens, ou de quelque autre semblable secte entierement differente de la doctrine de Jesus Christ.*

Je fai donc trois divers ordres de Chrétiens. Les premiers sont ceux qui ont conservé dans sa pureté la doctrine que Jesus Christ & ses Apôtres leur avoient donnée, & ce sont ceux qu'on appelle Orthodoxes. Les seconds sont ceux qui à la verité y ont changé quelque chose, mais qui n'ont pas pretendu le faire, & qui quoi qu'il en soit nient fortement qu'ils l'aient fait, & soûtiennent qu'ils n'enseignent rien que ce que Jesus Christ

(c) *Orig. cont. Cels. lib. 3.*

leur a revelé. Ce sont ceux qu'on appelle proprement heretiques, & c'est en ce rang qu'on met les Ariens, les Pelagiens, les Nestoriens, les Eutychiens, les Monothelites, &c. Les derniers sont ceux qui non seulement ont changé beaucoup de choses dans la Religion Chrétienne, mais encore ont avoüé qu'ils l'avoient fait, & ne s'en sont point cachés. Ils ont declaré hautement qu'ils portoient de nouvelles revelations, distinctes de celles que Jesus Christ & ses Apôtres avoient portées, plus excellentes méme, & plus necessaires. On doit appeller ceux-ci, non pas simplement heretiques, mais infidelles, & c'est en ce rang qu'il faut mettre les Gnostiques, les Marcionites, les Manichéens, les Mahometans, &c.

Ainsi quand je dis qu'il faut demeurer convaincu que la Religion Chrétienne enseigne les dogmes dont tous les Chrétiens conviennent, il est clair que je ne puis, ni ne dois comprendre sous ce nom de Chrétiens les heretiques de ce dernier ordre, qui à parler proprement ne sont pas Chrétiens, puis qu'ils reconoissent d'autres Auteurs de leur Religion & d'autres sources de leur pretenduë revelation, que Jesus Christ & que ses Apôtres. Il est clair encore que je ne dois pas me restraindre aux seuls Orthodoxes, puis que je n'ai pas encore montré qui sont ceux qui doivent porter ce nom. Je dois entendre tous ceux qui reconoissent Jesus Christ pour unique Auteur de leur Religion, tels que sont les Orthodoxes, & les heretiques proprement dits.

Ce

Ceci paroîtra encore plus clairement si l'on considere que je ne dois en cet endroit entendre par les Chrétiens que ceux qui professent la Religion, dont les preuves contenuës dans les Chapitres precedens établissent la divinité. Il est cependant certain que ces preuves ne concluent point en faveur de la Religion des Gnostiques, de celle des Marcionites, ou des Manichéens. Elles ne seroient pas méme vraisemblables à cet égard. Au contraire elles concluent fortement contre eux aussi bien que contre le reste des infidelles. Il faut donc necessairement les ôter du nombre de ces Chrétiens dont le témoignage est de quelque poids sur cette question, & il ne faut avoir aucun égard à leurs fantaisies.

Mais, dira-t-on, n'est-il pas certain qu'il y a divers livres dans le Nouveau Testament, qui n'ont pas été universellement receus, non seulement par tous les Chrétiens, mais méme par tous les Orthodoxes, comme l'Epître aux Hebreux, celle de S. Jaques, celle de S. Jude, la seconde de S. Pierre, les deux dernieres de S. Jean, & l'Apocalypse. Ceci posé, il semble qu'on ne peut pas faire valoir, au moins à l'égard de ces livres, ce consentement dont j'ai parlé. J'en conviens. Mais il y a trois remarques considerables à faire sur ce sujet.

La premiere que cette objection ne choque qu'une tres-petite partie des livres sacrés, & nous laisse tous les autres en leur entier.

La seconde qu'il se rencontre par un effet de la Providence que ces livres dont on a douté,

douté, d'un côté ne contiennent rien de contraire aux autres, & de l'autre ne contiennent aucun dogme, ni aucun precepte qu'on ne trouve facilement dans les autres. Cela étant ce doute peut subsister sans que la foi perde, ni aucune des verités qu'elle est tenuë d'embrasser, ni aucun degré de sa certitude.

Enfin je dis que si quelques-uns ont douté de l'autorité de ces livres, la plufpart, & les plus celebres les ont receus. C'est ce que divers Auteurs ont fait voir avec beaucoup de soin & d'erudition, particulierement Sixte de Sienne, Bellarmin, & M. Huet. Comme rien ne m'oblige à les copier, je me contenterai d'y renvoyer mon Lecteur.

CHAPITRE. XVII.

Troisiéme proposition. Si l'Ecriture est la parole de Dieu, on peut, & on doit croire de foi divine tout ce qu'il est certain qu'elle contient.

CEtte troisiéme proposition me paroît encore plus evidente & plus incontestable que les precedentes. Car si l'Ecriture est la parole de Dieu, c'est Dieu méme qui nous atteste les faits & les dogmes qu'elle propose. C'est lui qui nous adresse les commandemens, les defenses, les promesses & les menaces qui y sont contenuës. Chacune de ces choses est marquée de son seau, & par consequent chacune peut & doit étre creuë de foi divine.

ne. Car qui peut douter qu'on ne puisse, & qu'on ne doive croire de foi divine tout ce que Dieu atteste?

C'est au moins ce qui ne peut être contesté si on pose que non seulement Dieu l'atteste, mais qu'il est seur qu'il l'atteste. J'avouë en effet que si on avoit lieu d'en douter, si on n'en étoit pas même bien asseuré, & si on avoit de bonnes raisons de craindre qu'il ne l'eût pas fait, on pourroit suspendre son jugement jusqu'à ce qu'on vit un peu plus clair dans cette matiere, & cependant ne pas croire. Mais comment cette suspension pourroit-elle être raisonnable lors qu'il est certain que Dieu s'est expliqué en faveur de ce qu'on nous propose de croire, comme il l'est lors qu'on est bien seur que ce qu'on nous propose de croire est dans sa parole? Ne seroit-ce pas revoquer en doute son témoignage, & par consequent l'outrager lui-même?

On dira peut être que ceci ne souffriroit point de difficulté s'il étoit certain que ce livre fût venu à nous tout tel qu'il étoit lors qu'il sortit de la plume de ses saints Auteurs. On dira que peut-être a-t-il été alteré par le temps, par la negligence ou par la malice des hommes, & on fera valoir pour le prouver les diverses leçons qui se trouvent dans les manuscrits qui nous restent.

Pour lever cette difficulté il faut distinguer deux sortes d'alterations qu'on peut imaginer qui soient survenuës à ce sacré livre: Les unes essentielles & capitales, telles que seroient celles qui en auroient ôté quelque dogme, me, ou qui y auroient fourré quelque erreur; les autres plus legeres & moins importantes, telles que seroient celles qui laissant subsister les dogmes dans leur entier, leur laissant méme diverses preuves plus que suffisantes pour les établir, affoibliroient quelques-autres preuves non necessaires.

Je veux qu'on ne puisse point soûtenir qu'il n'est arrivé aucune de ces dernieres alterations à l'Ecriture. Je veux que posé qu'il y en soit arrivé quelqu'une on n'ait point de voie pour rétablir le texte sacré. Je veux que la Critique n'ait point de remède contre cette espece de mal, & que nous soyons reduits à cet égard à une impuissance absoluë de nous asseurer de la veritable maniere de lire ces endroits du texte sacré. Comme je n'ai garde d'avoüer ceci, je ne veux pas aussi m'arréter à le contester. Qu'on le regarde comme constant & averé, j'y consens. Nôtre foi, perdra-t-elle rien de sa certitude, pourveu qu'on ait lieu de se persuader que s'étant fait de ces legeres alterations dans les livres saints, il ne s'y en est point fait d'essentielles? Les endroits qui sont hors de doute ne sont-ils pas plus que suffisans pour fournir abondamment à la foi toutes les verités qu'il faut qu'elle embrasse?

On a cependant trois voies pour s'asseurer qu'il n'est arrivé aucune de ces alterations essentielles dans les livres saints. La premiere est la consideration de la Providence. Car enfin il est inconcevable que Dieu ayant fait tant de grandes choses, & employé tant de moyens

moyens extraordinaires pour l'établissement du Christianisme, il ait ensuite souffert qu'on en ait de telle sorte alteré les sources, qu'il n'y ait plus aucun moyen de conoître cette verité, qu'il avoit pris tant de soin de mettre dans tout son jour, & dont la manifestation lui avoit tant coûté. Ce seroit lui attribuer une conduite bien opposée à l'idée que nous avons tous naturellement de sa sagesse. Ainsi on peut s'asseurer que ceci n'est point arrivé.

Je passe méme plus avant. Je soûtiens qu'il étoit impossible que cela arrivât. Qu'on se souvienne en premier lieu qu'il s'agit d'un livre répandu par toute la terre, leu & releu par une infinité de personnes, tel par consequent que quand méme on y auroit voulu faire quelque alteration, il auroit été impossible de la faire recevoir par tout.

Qu'on se souvienne encore qu'il s'agit d'un livre gardé si cherement, qu'une infinité de Martyrs ont mieux aimé souffrir les plus effroyables tourmens, que de le remettre entre les mains des persecuteurs, qui en vouloient avoir tous les exemplaires pour le supprimer. Qu'on juge aprés cela s'il y a lieu de croire qu'on l'ait alteré, soit volontairement, soit par négligence.

Qu'on se souvienne enfin que le Christianisme a tousjours été divisé en diverses sectes tres-ennemies, & tres-opposées les unes aux autres, que ces sectes se sont observées mutuellement, & n'ont jamais laissé passé d'occasion de se reprocher les plus legers manquemens

quemens où elles tomboient. Cela posé il est inconcevable que si l'une de ces sectes avoit entrepris de faire quelqu'une de ces alterations dans les livres saints, les autres ne se fussent recriées de toute leur force contre cet attentat, & de cette maniere n'en eussent empéché l'effet.

Marcion voulut faire quelque chose de semblable. Mais de quelle maniere fut-il relevé? Qu'on lise ce que Tertullien, & quelques autres Auteurs anciens en ont dit. On verra que les Chrétiens ont tousjours eu les yeux ouverts sur ceci, & qu'il étoit impossible de les tromper de cette maniere.

Mais je veux que cette depravation fût possible. Il est certain au moins qu'elle n'est point arrivée. On n'a pour s'en asseurer qu'à confronter le texte sacré, tel que nous l'avons aujourd'hui, avec les citations qu'on en trouve dans les écrits des anciens, soit Orthodoxes, soit heretiques. Il n'y a aucun des endroits un peu remarquables dans les livres saints, qui n'ait été produit une infinité de fois par plusieurs Auteurs. On en a méme expliqué & examiné la pluspart, soit dans des Ouvrages de dispute, soit dans des Sermons & des Commentaires. On en a fait diverses versions tres anciennes, que nous avons. Toutes ces versions, tous ces Commentaires, tous ces Sermons, toutes ces citations, font voir qu'on a tousjours leu comme nous lisons. Ainsi on n'a aucun lieu de soupçonner qu'on y ait fait aucune de ces alterations essentielles, qui en auroient retranché quel-

que

que verité, ou y auroient mis quelque erreur. Par consequent on peut s'asseurer que tout ce qui y est contenu est la pure parole de Dieu, qu'on peut, & qu'on doit recevoir avec une pléne & entiere persuasion, & pour tout dire en un mot avec une veritable foi.

CHAPITRE XVIII.

Quatriéme proposition. On ne manque pas de moyens pour s'asseurer que de certaines choses sont dans l'Ecriture.

J'Ai de la péne à croire qu'on me conteste cette proposition. Si quelqu'un le faisoit, ce seroit l'Eglise Romaine, & particulierement ceux qui ont tant écrit contre la methode de discussion. Cependant ceux-ci mémes avouënt nettement ce que je dis. Ils disent qu'il y a des dogmes dont les plus simples peuvent s'asseurer par l'Ecriture, particulierement celui de l'autorité de l'Eglise. *Il est faux*, dit M. Nicole dans ses Reformés convaincus de schisme pag. 187. *Il est faux que cet Auteur* (lui méme) *ait creu que le point de l'Eglise ne se pouvoit prouver par l'Ecriture, & que ces preuves ne fussent pas de la portée des simples.*

D'ailleurs ces mémes Auteurs veulent que les particuliers, sans en excepter les plus simples, lisent l'Ecriture sainte, & qu'ils la lisent pour nourrir leur ame de la parole de Dieu; ce qu'ils ne sauroient faire s'ils ne recevoient

avec

avec soi les verités qu'ils y trouvent, non plus qu'avoir cette foi pour ces verités, s'ils ne pouvoient s'asseurer qu'elles y sont contenuës.

Il ne s'agit pas en effet ici de savoir s'il y a beaucoup de ces verités qu'il soit aisé de trouver de cette maniere. Il s'agit uniquement de savoir s'il y en a quelqu'une, & c'est ce que je n'ai pas remarqué que personne ait jamais nié. Ainsi il ne nous reste plus qu'à voir de quelle maniere, & par quelle voie, on pourra s'asseurer que ce qu'on croit y être contenu l'est en effet. Mon dessein n'est pas de marquer toutes ces voies. Il me suffit d'en indiquer une seule.

Imaginons-nous en premier lieu qu'on trouve dans l'Ecriture des endroits qui paroissent clairs & intelligibles à celui qui les lit, c'est à dire d'un côté qu'ils expriment d'une maniere aisée & naturelle un certain sens qui se presente d'abord à l'esprit, & de l'autre qu'ils n'expriment que ce seul sens, en sorte que l'esprit ne s'en forme point aucun autre.

Imaginons-nous en deuxiéme lieu qu'en continuant de lire ce sacré livre on trouve d'autres endroits en assés grand nombre, qui expriment ce méme sens, & qui l'expriment à peu prés aussi nettement.

Imaginons-nous en troisiéme lieu qu'on ne trouve rien qui soit opposé à ce sens, & qu'on trouve au contraire diverses choses qui le confirment.

Imaginons-nous enfin qu'on remarque que tous

tous les autres qui lisent ce sacré livre, sans en excepter ceux qui professent d'autres Religions, l'entendent de la méme sorte.

Lors que tout cela arrive de cette maniere j'ai de la péne à croire que qui que ce soit voulût qu'on fît difficulté de se persuader que ce sens qu'on donne à ces endroits de l'Ecriture est le veritable. S'il n'étoit pas permis de le faire ce saint livre seroit inutile, & il y auroit de l'extravagance à le lire.

Je supplie ici mon Lecteur de ne me soupçonner pas de penser que tout ce que je viens d'indiquer soit necessaire. Je suis tres-éloigné de cette pensée, & j'espere de le faire voir dans la suite. Je dis seulement que cela suffit. C'est tout ce que je pretends, & c'est aussi ce que je ne croi pas qu'on me conteste.

En effet si tout ceci ensemble ne suffit pas, de quoi peut-on s'asseurer, soit dans la vie civile, soit dans la vie religieuse? En avons-nous méme autant à l'égard de la pluspart des choses dont nous croyons que nous ne devons point douter? Lors que nous lisons un Auteur ancien, ou moderne, lors qu'on nous parle en public, ou en particulier, ne nous contentons nous pas de la simple impression que ce que nous lisons, ou que nous entendons, fait dans nôtre esprit? Et nous avisons nous de former des doutes metaphysiques sur la possibilité qu'il y auroit que nous vinssions à nous tromper?

Lors que l'Eglise propose ses decisions, les explique-t-elle plus clairement? & a-t-on d'autres moyens pour s'asseurer qu'on comprend

prend sa veritable pensée? Pourquoi donc une partie de ce que j'ai indiqué suffisant presque par tout, tout ensemble ne suffiroit-il pas dans cette occasion?

On dira peut-être que ceci suffit pour un homme qui entend les langues originalles, dans lesquelles l'Ecriture sainte a été composée, mais qu'il n'en est pas de même des ignorans, qui ne savent que la langue de leur païs, & qui n'ont aucune voie pour s'asseurer que la version dont ils se servent est fidelle.

Mais tout ceci ne nous doit pas arrêter. Lors que les plus simples reçoivent les lettres écrites en une langue qu'ils n'entendent point, ils trouvent le moyen de se les faire expliquer par des personnes qui les entendent; & ils ne manquent pas de voies pour s'asseurer que le sens qu'on leur donne est le veritable. Pourquoi n'en auroient-ils pas pour savoir si une version de l'Ecriture est fidelle?

Peuvent ils par exemple en douter lors qu'ils voient que les versions de diverses sectes & de divers Auteurs s'accordent à rendre un passage de la même maniere, soit en se servant des mêmes termes, soit en employant d'equivalens. Cette conformité ne leur donne-t-elle pas lieu de s'asseurer que c'est en effet ainsi qu'il faut traduire le texte sacré?

Cette sorte de difficultés ne viennent que d'une fausse supposition. On s'imagine qu'il faut avoir une certitude metaphysique de tout ce qui a quelque relation à la foi. Rien n'est plus faux que cette imagination, comme j'es-

pere

pere de le faire voir en son lieu. Il suffit sans difficulté qu'on ait une certitude morale, & ceux qui nous font ces objections savent bien le dire lors qu'on leur en fait de semblables. Il faudroit s'en souvenir dans les occasions, pour ne pas donner sujet de se faire dire qu'on a un double poids, & une double mesure.

CHAPITRE XIX.

Cinquiéme proposition. Il y a diverses choses dans l'Ecriture qu'on peut s'asseurer qui y sont contenuës, se servant des moyens marqués dans le Chapitre precedent.

CEtte proposition n'est pas moins certaine que les precedentes, & je ne croi pas non plus qu'on me la conteste. Toute la terre m'avoüera qu'il y a en premier lieu dans l'Ecriture divers faits historiques si clairement enoncés, & si souvent inculqués, que si cent mille personnes venoient à les lire, tous les comprendroient d'abord, tous s'en feroient une méme idée. Je dis la méme chose de plusieurs preceptes de pieté. Enfin je n'en excepte pas quelques dogmes capitaux, tels que sont par exemple ceux qui sont compris dans le Symbole, & dont tous les Chrétiens conviennent.

Qu'on prenne quel que ce soit de ces dogmes, par exemple la resurrection de Jesus Christ, qui est une des verités capitales du Christianisme. Qu'on assemble un Juif, un

Turc, un Payen, un Deiste, & un Athée. Qu'on leur fasse lire ce que les quatre Evangelistes en disent sur la fin de leurs Evangiles. Qu'on y ajoûte le commencement du livre des Actes, & le Chapitre XV. de la I. Epître aux Corinthiens; & qu'on leur demande ensuite s'il leur semble que ce fait n'est pas enoncé assés clairement dans tous ces endroits, & s'ils feroient aucune difficulté de le croire au cas qu'on peût les convaincre que c'est Dieu lui-méme qui est le veritable Auteur de ces livres. Je suis persuadé qu'ils feront tous la méme réponse, & diront tous d'une voix qu'ils ne sont pas assés fous pour le niër.

Il y a donc dans l'Ecriture des verités qu'on peut s'asseurer qui y sont contenuës. Aussi l'Eglise Romaine qui soûtient que cette Ecriture est obscure, ne pretend pas que cette obscurité soit si generale, & si universellement répanduë, qu'il n'y ait absolûment rien de clair. Voici ce que quelques-uns de ses Auteurs en ont dit.

Bellarmin *de verbo Dei lib. 3. cap. 2. On entend facilement les preceptes du Decalogue, parce qu'ils sont naturels.* Et plus bas. *L'Ecriture dit que les commandemens du Seigneur sont une lumiere, non à cause qu'on les entend facilement, quoi que ceci méme est veritable, car qu'y a-t-il de plus clair que ces paroles, Tu aimeras ton prochain, &c.*

Joseph à Costa *de Christo revel. lib. 2. cap. 2. Il y a dans l'Ecriture quantité de choses claires, historiques, aisées, consolantes, & qui nous conviennent admirablement, soit que nous lisions la loi, les Prophetes, les Evangiles, ou les Epîtres. Et ceci est admirable dans l'Ecriture qu'il n'y a personne si grossier & si ignorant, qui la lisant avec humilité n'y comprenne quantité de choses utiles & veritables.* Le méme *lib.* 3. *cap.* 20. *Il y a des endroits obscurs dans l'Ecriture, il y en a de clairs. Tout ce qui est necessaire au salut est clair.*

Coster *Enchir. cap.* I. *Nous ne nions pas que les principaux points de la foi, que tous les Chrétiens doivent savoir pour étre sauvés, ne soient compris assés clairement dans les écrits des Apôtres.*

Les Auteurs de la preface du Nouveau Testament de Mons. *Ce qui nous doit consoler dans cette obscurité, c'est que selon S. Augustin l'Ecriture sainte nous propose d'une maniere aisée & intelligible tout ce qui est necessaire pour la conduite de nôtre vie; qu'elle s'explique & s'éclaircit elle-même en disant clairement en quelques endroits ce qu'elle dit obscurement en d'autres, & que cette obscurité même qui s'y trouve, nous est tres utile si nous la considerons avec l'œil de la foi & de la pieté.*

Noel Alexandre dans son Histoire Ecclesiastique, *sec. II. pag.* 948. *L'Ecriture est claire à l'égard de quelques histoires, & des preceptes des mœurs, je l'avoue.* Et pag. 1001. *On trouve clairement dans l'Ecriture tout ce que châque Chrétien doit croire de foi explicite.*

CHAPITRE XX.

Utilités de la methode qu'on a proposée dans les Chapitres precedens.

VOilà en peu de mots la methode qui me paroît la meilleure, soit pour amener à la foi ceux qui en sont les plus éloignés; soit pour en découvrir les veritables fondemens à ceux qui la possedent déja. Rien ne leur est plus aisé que de la resoudre de cette maniere en ses veritables principes.

Qu'on leur demande en effet pourquoi ils croient par exemple que Jesus Christ est ressuscité. Ils répondront que c'est parce que Dieu, qui ne peut mentir, le leur a revelé.

Si on leur demande d'où c'est qu'ils savent que Dieu l'a revelé, ils répondront que c'est parce qu'ils trouvent ce fait clairement, nettement, & formellement enoncé dans l'Ecriture, qui est la parole de Dieu.

Si on leur demande d'où ils savent que l'Ecriture est la parole de Dieu, ils répondront qu'ils n'en peuvent douter, voyant avec la derniere evidence que c'est là l'un des dogmes que la Religion Chrétienne enseigne le plus constamment, & sachant d'ailleurs que cette sainte Religion est non seulement veritable, mais encore emanée de Dieu.

Enfin si on leur demande d'où ils savent que la Religion Chrétienne est veritable & emanée de Dieu, ils produiront les preuves que

que j'en ai indiquées dans deux des Chapitres precedens, & les autres semblables, qu'il est facile d'y ajoûter.

De toutes les analyses qu'on fait de la foi celle-ci est à mon sens la plus naturelle, la plus seure, & la plus aisée. Sur tout elle est tres-commode dans les controverses que nous avons avec l'Eglise Romaine. Ceux qui en ont quelque conoissance savent que selon nos Adversaires c'est ici l'endroit foible de nôtre Religion. Ils tiennent communement que c'est par-là qu'on peut nous attaquer avec le plus de succés, & personne peut-être n'ignore ce que l'Auteur de l'avis aux Refugiés en a dit. Il a soûtenu qu'on peut nous pousser là-dessus d'une telle force, qu'il est aisé à une femme mediocrement instruite de fermer la bouche sur ce sujet à nos plus savans Docteurs. De-là vient aussi qu'on ne nous attaque presque plus que de ce côté, & qu'on nous laisse repos à l'égard du reste.

Mais qu'a-t-on à opposer à l'analyse que j'ai proposée? De cinq propositions qui la composent, les quatre dernieres sont evidentes, & la premiere est avoüée & reconuë de tous les Chrétiens. Peut-on faire assés d'état de cet avantage? Et faut-il beaucoup de penetration pour s'appercevoir de quelle utilité il est dans la dispute d'avoir des principes dont on convient.

D'ailleurs ceci démonte absolûment la plus-part des objections qu'on nous fait. Bien loin d'avoir quelque force contre cette methode, il est impossible de les y appliquer.

Par exemple l'une des plus ordinaires c'est de nous demander d'où nous savons que l'Ecriture est la parole de Dieu. On veut nous forcer à dire que nous tenons ceci de l'Eglise, pour avoir lieu de nous dire qu'il est étrange que croyant cette grande verité sur le témoignage de l'Eglise, nous refusions opiniâtrement de croire les autres dogmes qu'elle nous propose, & sur lesquels elle n'est pas moins croyable que sur celui-ci.

Dans ce dessein on fait extremement valoir cette parole celebre de S. Augustin, *Ego verò Evangelio non crederem, nisi me Ecclesiæ Catholicæ commoveret autoritas. Je ne croirois point à l'Evangile, si l'autorité de l'Eglise Catholique ne m'émouvoit.*

Et parce que nous disons que ce qui nous persuade que l'Ecriture est la parole de Dieu, n'est pas l'autorité de l'Eglise, mais les caracteres de divinité que nous remarquons dans ce sacré livre, on nous fait là-dessus une infinité de chicanes. On tâche méme de faire voir que ces caracteres sont chimeriques, & peu de gens ignorent ce que les Cardinaux du Perron & de Richelieu, & depuis peu M. Arnaud dans son Apologie pour les Catholiques, ont dit là-dessus.

Quoi qu'il en soit voilà une discussion assés fâcheuse, dans laquelle il faut necessairement entrer si on suit la methode commune & ordinaire, au lieu qu'on l'evite dans celle que je propose. Car enfin nos Adversaires peuvent-ils nier, ni qu'on ne puisse prouver la verité de la Religion Chrétienne independamment

ment de l'autorité de l'Eglise, ni que la verité de la Religion Chrétienne étant une fois prouvée, la divinité de l'Ecriture ne soit hors de doute?

Mais voici une seconde difficulté beaucoup plus fâcheuse que la premiere. On nous dit que pour pouvoir fonder nôtre foi sur l'Ecriture, il ne suffit pas de savoir que Dieu en est l'Auteur, il faut encore savoir de quels livres elle est composée. On dit que l'Ecriture n'est pas tant un livre qu'une Bibliotheque, qu'un recueil de plusieurs ouvrages, composés en divers lieux, en divers temps, & par diverses personnes. On dit qu'il est tres-possible que Dieu soit l'Auteur de quelques-uns de ces livres, & qu'il y en ait d'autres qui soient l'ouvrage des hommes.

Qu'on sache par exemple que les quatre Evangiles ont été écrits par des Auteurs inspirés. Quelle consequence en peut on tirer en faveur des Actes, ou des Epîtres des Apôtres. Il faut donc trouver tous ces caracteres, ou du moins des caracteres suffisans, pour determiner l'esprit, & fonder la foi, il faut, dis-je, les trouver, non seulement dans tout le corps des écrits sacrés, mais dans chacun des livres qui les composent.

Voilà qui est bien long & bien fatigant. Mais ce n'est pas tout. Quelques-uns de ces livres sont si courts, & ces caracteres y ont si peu d'éclat, qu'il est difficile de les y appercevoir. Le moyen, par exemple, de les remarquer dans l'Epître de S. Jude, & dans les deux dernieres de S. Jean? Cependant si on avouë qu'on ne conoît pas la divinité de ces trois petits ouvrages par cette voie, d'un côté on s'oblige à en donner une autre, & d'ailleurs cet aveu fait un prejugé pour le reste, n'étant pas croyable qu'il faille necessairement employer deux diverses methodes pour s'asseurer de la divinité des écrits sacrés.

Voilà donc une objection qu'il n'y a presque aucun Controversiste qui ne nous fasse. On entasse là-dessus difficultés sur difficultés. On en fait méme sur chacune des réponses que nos Docteurs y opposent. Mais on est à couvert de ceci dans nôtre methode, & ce que j'en ai dit dans le chap. XVI. le fait voir suffisamment.

On nous demande encore comment nous savons d'un côté que les écrits sacrés n'ont pas été alterés par la malice, ou par la negligence des hommes, & de l'autre qui nous a dit que les versions dont nous nous servons sont fidelles. Ces deux questions ont chacune ses embarras dans la methode ordinaire, mais elles n'en ont aucun dans la nôtre, comme je l'ai fait voir dans les Chapitres precedens.

Je pourrois faire voir la méme chose sur le sujet des autres objections qu'on nous fait ordinairement. Mais comme pour le montrer il faudroit poser de certains principes que je n'ai pas encore touchés, il sera plus à propos d'attendre à le faire dans un autre endroit.

CHA-

CHAPITRE XXI.

Réponse à une objection. Si les ignorans peuvent comprendre les preuves proposées dans les Chapitres precedens.

JE ne doute pas que la plufpart de mes Lecteurs ne m'objectent qu'à la verité le moyen que je viens d'indiquer pour nous affeurer que c'eft Dieu qui a revelé ce que nous croyons eft bon, & folide: mais qu'il n'eft pas propre à amener toute forte de gens à la foi; qu'en particulier les fimples & les ignorans font abfolûment incapables de comprendre toutes ces preuves, de les penetrer, & d'en être perfuadés. D'où l'on conclurra que ce moyen n'étant pas utile pour tous, ce ne doit pas être celui que Dieu a choifi, & dont il fe fert pour faire naître la foi.

Je répons en premier lieu que ce n'eft pas là une objection que ceux qui fuivent les autres Syftemes me puiffent faire. En effet elle n'a pas moins de force contre les leurs que contre le mien. Qu'on cherche où l'on voudra les caracteres qui prouvent la divinité de la revelation: Que ce foit dans l'Eglife ou dans l'Ecriture: On aura toujours quelque péne à comprendre comment c'eft que les fimples les peuvent appercevoir. Je pretends, méme que ma methode eft la plus proportionnée à la capacité de toutes fortes d'efprits, & il paroît que d'autres en jugent de méme

 que

que moi, puis que c'est celle que suivent ceux qui travaillent à la conversion des Barbares, qui ont si peu de penetration & de lumiere.

Tous les Theologiens donc doivent tâcher de resoudre cette objection, & il est vrai aussi qu'ils ne negligent rien pour le faire. Quelques-uns se promettent d'en venir à bout par une distinction. Ils disent que les simples sont persuadés par les preuves du Christianisme, ou par les caracteres de l'Ecriture, non par voie de discussion & de reflexion, mais par voie de goût & de sentiment. Ce qu'ils disent est veritable: mais comme les expressions dont ils se servent sont metaphoriques, obscures & equivoques, elles ne peuvent étre que tres-incommodes dans une occasion comme celle-ci, où il s'agit d'éclaircir une des plus difficiles matieres de la Theologie. Mais comme la chose est faite, il faut se reduire à tâcher de bien expliquer ces expressions. C'est à quoi je vais m'appliquer en commençant par le terme de sentiment, qui est un peu moins obscur que celui de goût.

sentiment Ce terme de sentir & de sentiment designe bien des choses dans nôtre langue. On l'emploie, I. pour designer l'action de deux de nos sens, de l'attouchement, & de l'odorat. En effet, rien n'est plus ordinaire dans nôtre langue, que de dire qu'on sent quelque chose, pour dire qu'on l'apperçoit par l'un ou par l'autre de ces deux sens.

II. Les Philosophes se servent de cette expression dans un sens un peu plus general. Ils l'eml'emploient pour designer l'action de quelque ce soit des cinq sens externes. Mais il faut avouër qu'en ces occasions ils emploient plus souvent le terme de sensation que celui de sentiment.

III. Par le sentiment les nouveaux Philosophes entendent ordinairement cette science experimentale que nôtre ame à de ses propres operations, sachant qu'elle pense, qu'elle doute, qu'elle veut, &c. lors qu'elle fait quelqu'un de ces actes.

IV. Plusieurs emploient cette expression pour designer la veuë claire & evidente de certaines choses qui n'ont besoin d'aucune preuve pour étre apperceuës & pour convaincre plénement l'esprit.

V. Mais il est plus ordinaire d'entendre par-là une perception confuse d'une chose evidente, soit qu'on en demeure convaincu, soit qu'on y resiste. Ainsi on dit que quelqu'un a senti la force d'une raison, pour dire qu'il en a été frappé, & qu'elle a fait quelque impression sur son esprit, soit qu'elle le persuade, soit qu'elle ne fasse pas cet effet.

Il est clair que lors que nos Theologiens disent que les simples sont persuadés par les preuves du Christianisme, non par la voie de reflexion, ou de discussion, mais de sentiment, ils ne prennent ce mot que dans le dernier de ces sens. Ils veulent dire que bien que les simples ne penetrent pas ces preuves, ils ne laissent pas d'en étre frappés, ce qui est tres-vrai, comme j'espere de le faire voir dans la suite. Les autres sens n'ont aucun rapport au ſujet, comme chacun le comprendra de lui-méme, s'il prend la péne de les parcourir.

Cela ſuffira pour le ſentiment. Le goût eſt tout autre choſe. Je ne dirai rien du ſens propre de cette expreſſion, que chacun comprend aſſés de ſoi-méme. Le metaphorique eſt double. Goûter quelque choſe c'eſt premierement l'approuver. En ce ſens on dit qu'on goûte une raiſon, qu'on goûte un avis, ou un expedient, pour dire ſimplement qu'on l'approuve.

Chacun voit que ce premier ſens n'a aucun rapport à nôtre ſujet. Il en faut donc chercher un ſecond, & en effet goûter une verité dans le langage de tous les hommes, c'eſt non ſeulement en étre perſuadé, mais l'étre avec plaiſir, & étre bien aiſe de la croire & de la conoître.

Ce ſecond ſens vient admirablement à nôtre ſujet. En effet les verités revelées, au moins les plus importantes, ont trois grandes qualités. Elles ſont certaines, elles ſont utiles, enfin ce ſont des expreſſions vives & éclatantes de la bonté de Dieu envers nous. Lors qu'on les reçoit à tous ces égards, lors qu'on en eſt perſuadé, lors qu'on eſt charmé de leur utilité, & penetré de l'amour & de la bonté de Dieu qu'elles nous étalent, il eſt vrai de dire qu'on les goûte, & qu'elles ſont le plaiſir, la conſolation, & la joye du cœur.

Il y a encore une troiſiéme choſe que cette expreſſion inſinuë, c'eſt l'épreuve qu'on fait

fait du pouvoir & de l'efficace qu'ont ces verités pour sanctifier & pour consoler le cœur. C'est enfin la joye que cette épreuve répand dans l'ame.

Tout cela est renfermé dans cette expression. Mais il est vrai en méme temps que tout cela, quoi qu'incontestable, ne resout pas la question sur laquelle on le dit. On demande ce que c'est qui persuade *objectivement*, comme on parle, & en qualité de motif, ce qui persuade, dis-je, les simples, non de l'utilité de l'Evangile, & de ce qu'il a de propre à enflammer le cœur, mais uniquement de sa verité. C'est par-là en effet qu'il faut commencer. C'est le fondement du reste. Car chacun comprend assés de soi-méme que si l'on doutoit de la verité de l'Evangile, on ne seroit pas fort touché du reste. Mais dequoi sert-il pour répondre à cette question de dire que les simples goûtent ces verités, c'est à dire qu'ils les aiment, qu'ils en sont charmés, &c. ? En effet on demandera tousjours comment ils peuvent ni les aimer, ni en étre charmés, s'ils en doutent, & pourquoi c'est qu'ils n'en doutent point. On demandera tousjours ce que c'est qui les en convainc, & c'est ce que ces termes n'éclaircissent point. Voyons donc si nous ne pouvons pas y reüssir sans les employer.

CHAPITRE XXII.

Où l'on resout la question proposée dans le Chapitre precedent.

POur faire une persuasion solide il faut deux choses, de la clarté dans l'objet, & de la penetration dans le sujet. L'objet doit être, ou evident en soi, ou evidemment prouvé. Le sujet doit avoir assés de penetration pour être en état d'appercevoir cette evidence. Lors que ces deux choses se rencontrent ensemble, la persuasion se produit necessairement.

Rien ne sauroit suppléer la premiere de ces deux choses, & si une verité n'est ou evidente, ou bien prouvée, il est impossible qu'on la reçoive, il est impossible au moins qu'on le fasse sagement & judicieusement. Si on le pouvoit, je pourrois me persuader que le nombre des Anges est pair. Un homme né dans la Perse ou dans la Turquie pourroit se persuader que Mahomet étoit un Prophete envoyé de Dieu. En un mot il n'y auroit rien de si inevident qu'on ne se peût mettre dans l'esprit.

Je sai qu'il y a des Theologiens de grand nom qui ne conviennent pas de ce que je dis. Ils tiennent que deux choses peuvent suppléer le defaut de l'evidence, l'importance de la chose, & l'operation du S. Esprit. Mais je suis tres éloigné de leur sentiment. Car pour l'importance, j'avouë qu'elle fait souvent cet

effet;

effet : mais je soûtiens qu'elle ne devroit pas le faire. Bien des gens se persuadent ce qu'ils souhaittent, & nous n'en voyons tous les jours qu'un trop grand nombre d'exemples. Mais ils n'en sont pas pour cela plus sages. Le bon sens veut qu'on ne se persuade les choses qu'à proportion de ce qu'elles ont d'evidence, ou au moins de probabilité, & il n'y a personne qui ne se moque de ceux qui se persuadent sans raison & sans fondement de certaines choses, parce seulement qu'elles leur seroient fort avantageuses. Que diroit-on d'un homme qui se mettroit dans la téte que les Chinois, ou les Japonnois l'éliront au premier jour pour leur Empereur ?

Il importeroit infinîment à bien des gens qu'il n'y eût point d'Enfer. Il importeroit à tous de l'eviter & de se sauver. S'ensuit-il de là qu'on doive se persuader absolûment ni l'une ni l'autre de ces choses ?

L'importance donc ne peut ni ne doit suppléer le defaut d'evidence dans ce qu'il faut croire. Je ne dis pas tout à fait la méme chose du S. Esprit. Il pourroit le faire, s'il le vouloit ; mais il faut ajoûter que s'il le faisoit, ce seroit en l'une, ou en l'autre de ces deux maniéres, ou bien en proposant interieurement les motifs qui porteroient à croire ce qu'on croiroit : ou bien en determinant physiquement & invinciblement l'esprit à croire sans raison & sans motif. Le premier seroit un veritable Enthousiasme, & le second ne paroît digne, ni du S. Esprit, ni de l'excellence de la foi divine. Cette foi seroit un mouvement brute, & sans conoissance, tres-different par consequent de la foi qui est l'action du monde la plus sage, & le dernier effort de l'esprit.

Rien donc ne supplée le defaut d'evidence dans l'objet, & c'est de quoi je supplie mon Lecteur de se souvenir, parce qu'en effet ceci nous servira dans la suite pour détruire une objection que les Controversistes de l'Eglise Romaine nous font. J'ajoûte qu'il n'est pas necessaire que rien le supplée. La raison en est que les preuves qui justifient que c'est Dieu qui a revelé ce que nous croyons sont assés evidentes d'elles-mémes. Tout se reduit à savoir si les simples sont en état d'en étre frappés.

Pour s'en asseurer il faut remarquer qu'une preuve peut convaincre l'esprit en deux manieres. Elle le fait en premier lieu lors que l'esprit la penetre, & qu'elle n'a rien de fort & de convaincant qu'on n'apperçoive tres-distinctement, se faisant des idées nettes de la signification de chacun des termes, & voyant clairement & nettement la liaison de ces idées les unes avec les autres.

Elle le fait en deuxiéme lieu lors que ne comprenant la preuve que confusement, & imparfaitement, on ne laisse pas d'en étre frappé & convaincu. C'est ce qui arrive tous les jours à une infinité de personnes sur toutes sortes de sujets. Car enfin qu'y a-t-il de plus ordinaire que de voir que de bonnes raisons persuadent & font leur effet? Et qu'y a-t-il de plus rare que de voir des gens qui penevent bien les raiſons mémes qui les convainquent, & qui ſoient en état d'en faire une analyſe exacte dans leur eſprit ?

Encore donc qu'il y ait une infinité d'ignorans qui ſont incapables de penetrer toute la force des motifs qui portent à croire, il ne s'enſuit pas qu'ils ne puiſſent en étre frappés, & que le ſentiment confus que ces motifs excitent dans leur eſprit ne ſuffiſe pour faire une veritable foi. Je n'oſerois méme conteſter ce nom à une perſuaſion produite par une perception ſi confuſe & ſi imparfaite de la credibilité des verités du ſalut, que ce n'eſt autre choſe qu'une ſimple admiration de ce qu'on y trouve de grand & de beau, ce qui eſt à mon ſens le degré le plus bas auquel la conoiſſance qui precede la foi divine puiſſe deſcendre.

Si ceci ſuffit, comme je ſuis perſuadé qu'il y auroit de la temerité à le nier, on peut reſoudre fort facilement une objection qui eſt aſſés plauſible. On dit que s'il falloit neceſſairement des motifs moralement evidens pour faire naître la foi, il ſeroit impoſſible qu'une ſimple expoſition des verités du ſalut, propoſées ſans raiſonnement & ſans preuves perſuadât perſonne. On ſait pourtant que la choſe peut arriver. Témoin ce Philoſophe dont il eſt parlé dans l'hiſtoire du Concile de Nicée, qui n'ayant peu étre, je ne dirai pas perſuadé, mais ſimplement ébranlé par les raiſons des Docteurs les plus conſommés, fut converti par une nuë & ſimple expoſition de la foi Chrétienne que lui fit un Evéque fort

fort homme de bien, à la verité, mais aussi fort simple.

Il est aisé de répondre que dans ce cas, & dans les autres semblables, l'esprit éclairé par la grace, voit dans ce qu'on lui propose un certain éclat de beauté, de grandeur, & de majesté qui le frappe, & qui fait naître dans l'ame un sentiment d'admiration, qui contient, fort confusement, je l'avoue, mais fort veritablement, l'effet de quelques-uns des motifs que les autres conçoivent plus distinctement.

Mais je veux qu'il y ait des personnes assés stupides pour n'étre pas méme capables de cette admiration, ce qui paroît neantmoins assés difficile à comprendre. Dans cette supposition méme j'ai une autre réponse que je puis faire. Je puis soûtenir que dans ces sortes d'occasions, Dieu qui ne manque jamais à ce qui est veritablement necessaire, comme il ne fait jamais rien de superflu, suppléera ce defaut involontaire de capacité naturelle par une operation extraordinaire de son S. Esprit, distincte de celle qui est necessaire aux plus savans pour l'acquisition de la foi divine.

Je ne sai si on traitera ceci d'Enthousiasme & de fanatisme, comme ont fait quelques Controversistes modernes à l'égard de quelque chose de semblable que M. Claude avoit avancé. Mais qu'ils en pensent, & qu'ils en disent ce qu'il leur plaira. Ces deux choses demeureront tousjours veritables.

La premiere que rien n'est plus different

non

non ſeulement du fanatiſme, mais encore de l'Enthouſiaſme, que ce que je dis. Le fanatiſme n'eſt autre choſe qu'un Enthouſiaſme imaginaire. C'eſt par conſequent une veritable folie. Ainſi il y a de l'impieté à en donner le nom aux effets de la grace, & de l'operation de l'Eſprit de Dieu.

L'Enthouſiaſme eſt une inſpiration immediate, qui ſans qu'aucun objet externe frappe les ſens, preſente des idées à l'eſprit & lui revele interieurement des verités, qu'aucune parole ni aucun autre ſigne ne lui propoſe. Telles étoient les inſpirations des Prophetes & des Apôtres. Mais cela qu'a-t-il de commun avec ce que nous diſons?

Dans ce que je poſe, le S. Eſprit ne fait autre choſe qu'ouvrir celui des ſimples & des ignorans pour appercevoir & les verités qu'ils doivent croire, & les motifs qui peuvent les y porter, & ces motifs & ces verités leur ſont propoſés, non par le S. Eeſprit, mais par les hommes qui les inſtruiſent. Au lieu que dans les inſpirations immediates c'étoit le S. Eſprit ſeul qui faiſoit tout. Il propoſoit les objets & diſpoſoit l'eſprit à les recevoir. Quoi de plus different que ces deux choſes?

Suivant ce que je diſois tantôt, le S. Eſprit ſupplée à l'égard des ſimples, non ce qui manque à l'evidence de l'objet, parce qu'en effet cette evidence eſt telle que rien ne lui manque, mais uniquement ce qui manque à la diſpoſition du ſujet. Au lieu que dans les inſpirations immediates il ſupplée tout, ou pour mieux dire, il fait tout.

Il est donc étonnant qu'on prenne l'une de ces choses pour l'autre, puis que la difference y est si sensible. J'ajoûte en deuxiéme lieu que je ne suis pas le premier qui aie eu recours à cet effet de la grace & de la misericorde de Dieu pour les simples. Les plus celebres Scholastiques, sans en excepter méme les plus modernes, ont fait avant moi la méme chose. Je vai rapporter en peu de mots ce que quelques-uns en ont dit, car on n'auroit jamais fait si on vouloit les rapporter tous. Voici ceux qui se sont trouvés sous ma main.

Suarez de fide disp. 4. Sect. 5. § 9. *Addo denique si contingat exteriorem prædicationem fidei, & propositionem, non esse sufficientem ad formandum judicium ita firmum & evidens de credibilitate fidei.... tunc per divinam inspirationem & vocationem internam posse compleri hujusmodi credibilitatem.*

Conink de actib. supern. disp. 9 dub. 5. n. 57. *Adde Deum suâ gratiâ præveniente eorum intellectum illustrare, & juvare, ut si collaborent, facilè possint credere sicut oportet.*

Baldellus de fide disp. 1. n. 12. *Accedente præsertim internâ Dei motione, & inspiratione, quæ potest multum juvare, & supplere interiùs minùs claram atque perfectam penetrationem externæ propositionis, & facere ut res fidei etiam rudibus appareant prudenter credibiles, & absolutè credendæ.*

Amicus de fide disp. 3. sect. 2. n. 28. *Quòd si tale judicium in ipsis* (rusticis) *non sufficiat ad tollendum omne dubium & formidinem de oppositâ parte, Deus ipse internâ illuminatione sup-*

supplet id in quo externa propositio deficit, præsertim quando ex parte credentis nullum opponitur impedimentum.

Oviedo de fide cont. 4. punct. 5. n. 62. *Ad Dei providentiam specialiter spectat eos qui semel suam fidem sunt amplexati, ita regere & illuminare, ut juxta fundamenta, quæ ipsi exteriùs agnoscunt, & illustrationes sanctasque cogitationes, semper credibilior prudenter appareat vera religio aliâ quacunque falsâ religione.*

Georgius de Rhodes de fide quæst. 1. sect. 4. § 2. *Indocti homines non sunt apti ad penetrandam evidentiam motivorum, unde semper supplet Spiritus S. per instinctum internum id quod deest illorum capacitati.*

Lud. Caspensis de fide disp. 1. sect. 11. *Accedit divina gratia præveniens & illustrans corda eorum* (rusticorum) *ut clariùs ejusmodi rationes apprehendant, quàm aliàs per se possent apprehendere.*

Erbermannus Anti-Musæi quæst. III. *De ejusmodi ergo homine philosophandum videtur eodem modo, quo de rudibus inter ipsos Catholicos, præstantissimi Theologi sentiunt. Nimirum quando rudes & simplices, qui ad evidentiam credibilitatis ex motivis exteriùs propositis non pertingunt, verè credunt super omnia, & firmissimè sicut oportet, tunc Deum interiori instinctu supplere insufficientiam & debilitatem motivorum, quæ capiunt rudes illi, ita ut vi talis illuminationis extraordinariæ apprehendantur modo quodam superhumano mysteria fidei, & talis apprehensio sit quædam interna locutio Dei, de qua dici potest, nec vox hominem sonat, &c. ut eruditè prosequi-*

quitur P. Sfortia Pallavicinus in lib. de fide. cap. 4. num. 64. & seqq.

Redingius de fide quæst. 4. art. I. n. 17. *In prudentiali credibilitatis judicio formando aliud medium est materiale & instrumentarium per Spiritûs S. illustrationem obedientialiter elevabile, aliud verò est motivum formale ex lumine intelligibili per Spiritûs S. operationem efformato subsistens. Quando igitur sub instructione, vel Parochi, vel parentis, medio de se equidem fallaci ac fallibili, circa aliquod fidei dogma applicatur Ecclesiæ universalis propositio, tunc illa de se fallibilis instructio se habet solùm materialiter ac instrumentariè ad Eccelsiæ universalis infallibilem authoritatem. Hanc ergo tunc Spiritus S. sub instinctûs sui intelligibili lumine assumit tanquam motivum formale, eâ cum depuratione, ut quod in Parochi, seu parentis de se fallibili instructione se tenet errabilitatis discrimen, minimè afficiat judici credibilitatis specificationem, sed hujus purum motivum sit Ecclesiæ sanctæ authoritas infallibilis, sicque proinde judicium quoque credibilitatis habeat evidentiam practicæ infallibilitatis.*

LIVRE

LIVRE SECOND.

Des proprietés de la Foi Divine.

CHAPITRE I.

De la premiere proprieté de la foi divine, qui est sa certitude.

CE qu'on a dit jusqu'ici ne nous donne qu'une conoissance fort imparfaite de la nature de la foi divine. Il y faut joindre necessairement la consideration & la discussion de ses proprietés. Elle en a plusieurs, mais les principales sont ces quatre, sa certitude, sa pureté, sa plenitude ou son étenduë, & son efficace.

Par la certitude de la foi j'entends la fermeté de la persuasion qu'elle inspire, bannissant de l'esprit, non seulement le doute, mais aussi la crainte de se tromper.

Par sa pureté j'entends l'exemption de toute sorte d'erreurs, laquelle doit l'accompagner.

Par sa plenitude, ou son étenduë j'entends l'al'abondance & la multitude des verités qu'elle embrasse, & qui fait qu'elle ne rejette positivement aucune de celles que Dieu nous a revelées, & qu'elle en ignore méme le moins qu'elle peut.

Enfin par son efficace j'entends l'influence qu'elle a sur le cœur, & en particulier le pouvoir qu'elle a de nous sanctifier.

Il n'y a aucune de ces quatre proprietés sur laquelle il n'y ait des reflexions tres-importantes à faire. Je commence par la premiere, qui est la certitude; & je dis d'abord qu'il ne faut pas oublier la distinction que j'ai déja indiquée dans le premier livre. J'ai dit qu'il y a une double certitude, *l'objective*, & *la subjective*. La premiere est dans les choses, & la seconde dans l'esprit. La premiere est l'impossibilité qu'il y a que ce qu'on se persuade soit faux. La seconde est la veuë de cette impossibilité.

On convient que la premiere de ces deux especes de certitude se trouve dans les objets de la foi, & c'est là en effet une chose qui ne peut-étre contestée. Car premierement parmi les verités revelées il y en a plusieurs qui sont immuables de leur nature. Telles sont par exemple toutes celles qui ont pour objet les attributs & les perfections de Dieu, qui ne peuvent que convenir à cette glorieuse Essence. A cet égard rien n'est plus certain que ce que la foi nous en dit. Mais j'ajoûte que les verités mémes, qui sont les effets de la volonté libre & arbitraire de Dieu, par exemple celles qui regardent le salut des hommes,

hommes, sont certaines & immuables, si ce n'est pas de leur nature, au moins par l'impossibilité qu'il y a, d'un côté que ce qu'il a resolu ne s'execute, & de l'autre que ce qu'il atteste ne soit veritable.

Quelques-uns même pretendent que cette seconde raison fait que les objets de la foi sont beaucoup plus certains que ceux des sciences. Car, disent-ils, il est impossible d'imaginer une impossibilité plus grande que celle qui empêche que ce que Dieu dit ne soit veritable. Mais cette pensée n'est pas à beaucoup prés aussi solide, qu'elle est specieuse. En effet on ne peut contester deux choses. L'une que les verités naturelles ne soient les objets de la conoissance de Dieu, qu'il ne les sache, qu'il ne les voie, qu'il ne les penetre. L'autre qu'il ne soit aussi impossible que Dieu se trompe dans ce qu'il fait & qu'il voit que dans ce qu'il dit. Ainsi les verités du salut n'ont à cet égard aucun avantage sur le reste des verités, quelles qu'elles soient.

Mais comme ceci est peu important, je ne m'y arrête point, & je passe à la certitude subjective, qui est celle qui fait naître les plus grandes difficultés. J'ai déja dit qu'elle consiste, non dans la nature de l'objet, mais dans la disposition du sujet, dans la determination de l'esprit, & dans l'attache que cet esprit a pour ses propres jugemens, ne pouvant se resoudre à les regarder, non seulement comme faux, mais encore comme incertains.

Pour le mieux comprendre il est bon de se sou-

souvenir de ce qui a été dit dans le livre precedent. Lors qu'il s'agit de prononcer sur la verité, ou sur la fausseté d'une proposition, nôtre esprit peut se trouver en trois differens états.

Premierement il peut étre incertain & irresolu, ne sachant si la proposition dont il s'agit est vraie ou fausse, soit qu'il n'ait aucune raison pour prendre, ni l'un, ni l'autre de ces deux partis, soit qu'il n'en ait pas de suffisantes. Dans l'un & dans l'autre de ces deux cas l'esprit demeure irresolu, & indeterminé, & cette irresolution est ce qu'on appelle *doute*.

II. Il peut arriver qu'on ait des raisons plausibles & vraisemblables, mais nullement convaincantes, & demonstratives, pour prendre l'un des partis. Alors si on le prend, comme on le fait quelquefois, on pense, on estime, on juge determinement, mais on ne regarde pas le contraire comme impossible, ce qui fait que ce jugement est accompagné d'une legere crainte de se tromper, qui est le caractere de l'opinion. *Opinio est assensus cum formidine*, disent d'ordinaire les Logiciens.

III. Il peut arriver que la proposition paroisse si evidente, qu'on juge le contraire absolûment impossible, comme quand je dis, *Un & un sont deux*. En effet ceci me paroît si certain, que je tiens impossible qu'il soit autrement.

C'est seulement dans ce troisiéme cas qu'on a cette espece de certitude qu'on appelle *subjective*. En effet dans le premier on ne juge point.

point. Dans le second on juge, mais avec crainte, & par consequent avec incertitude. Dans le troisiéme on juge, mais determinément & resolûment, en bannissant de l'esprit, non seulement le doute, mais aussi la crainte & l'incertitude.

C'est de cette certitude seule qu'il s'agit presentement. C'est celle que nous regardons comme la premiere des proprietés de la foi: Et en effet c'est celle que l'Ecriture lui attribuë le plus nettement. Elle lui oppose le doute comme son contraire. *Pourquoi avés vous douté, gens de petite foi?* disoit Jesus Christ à ses Disciples. Elle veut *que chacun soit plénement resolu en son entendement.* Rom. XIV. 5. employant en cét endroit-là, & en plusieurs autres, un terme Grec, qui a beaucoup de force, & qui nous mét dans l'esprit l'idée d'un vaisseau, qui vogue à plénes voiles.

Mais pour avoir une idée encore plus nette de cette proprieté de la foi, il faut ajoûter qu'il y a deux especes d'une telle certitude. L'une est raisonnable, l'autre ne l'est pas. En effet il est ordinaire de voir qu'on est tres fortement persuadé de plusieurs choses, dont les unes sont incertaines, & les autres fausses. On n'en doute point. On ne craint pas méme de se tromper. On a donc quelque certitude, mais une certitude injuste & déraisonnable, qui n'est dans le fond que temerité, qu'opiniâtreté, & entétement.

La certitude raisonnable est tousjours proportionnée à la force, & à la solidité des motifs qui font naître la persuasion. Lors que nous voyons que ce qui nous persuade ne peut nous tromper, nôtre certitude est pléne & entiere, & telle est sans doute celle de la foi. Car enfin cette vertu est trop sage & trop judicieuse pour nous permettre de lui attribuer une certitude qui est le caractere de la temerité & de l'imprudence.

CHAPITRE II.

Si la certitude qui accompagne la foi peut & doit égaler, ou surpasser méme, celle qu'on a d'un grand nombre de verités naturelles.

VOilà en peu de mots quelle est la certitude que nous attribuons à la foi. On demande maintenant si cette certitude peut-étre aussi grande que celle qu'on a d'un grand nombre de verités qui ne sont apperceues que par la raison, par exemple de celles qu'on prouve par des demonstrations Geometriques. C'est sur quoi on est assés partagé. Mais il me semble qu'on peut facilement s'accorder, pourveu qu'on veuille admettre une distinction, dont plusieurs Scholastiques, & quelques-uns de nos Theologiens, se servent sur ce sujet.

Ils disent qu'il y a une double certitude, l'une qu'on appelle *de speculation*, l'autre *d'adherence.* La premiere consiste dans un jugement speculatif, qui porte qu'il est impossible que ce qu'on se persuade soit faux. La seconde

conde a proprement son siege dans la volonté, & consiste dans l'amour, & dans l'attache qu'on a pour ce qu'on croit, ce qui fait que non seulement on le croit, mais qu'on le veut croire. La premiere naît de l'evidence de la verité, la seconde de son importance, de son excellence, de sa beauté.

Il y a cent choses tres evidentes, dont nous ne faisons pas grand etat, parce qu'elles ne nous importent point. Tels sont une infinité de faits. Telles encore plusieurs verités que l'Arithmetique & la Geometrie nous apprennent. Comme ces verités sont de tres peu d'usage on ne s'y interesse pas beaucoup, & quoi qu'un honéte homme ne doive jamais les desavouër lors qu'il les conoît, il ne doit pas neantmoins s'empresser beaucoup à les soûtenir. Il ne doit, ni se donner beaucoup de péne pour les apprendre, ni s'affliger extremement s'il vient à les oublier.

Il n'en est pas de méme des verités du salut. Elles sont moins evidentes que celles dont j'ai parlé, mais elles sont incomparablement plus belles & plus importantes. Il est donc juste de les aimer, & d'avoir pour elles cette attache, & cette adherence qui porte, non seulement à tout souffrir plustôt que de les desavouër, mais à les étudier avec toute l'application possible, & à ne les oublier jamais volontairement.

Ce n'est pas tout. On comprend sans péne que cette attache doit étre infinie en un certain sens, c'est à dire qu'elle doit étre aussi forte qu'il est possible, en sorte que quelle qu'elle soit, il est impossible qu'elle soit jamais excessive. La raison en est que cette attache doit être proportionnée à l'importance & à la beauté de la verité qui en est l'objet. Ainsi cette beauté & cette importance n'ayant point de bornes, on ne sauroit jamais s'y attacher trop fortement.

Je ne croi pas qu'il y ait un seul Chrétien qui me nie ceci. Je crains seulement que plusieurs me disent qu'on a tort d'appeller cette attache une certitude, & que ce terme n'est nullement susceptible d'un tel sens. Mais j'ai deux réponses à faire.

La premiere que faire cette objection c'est reduire la dispute à une dispute de mots, ce que les personnes sages & judicieuses doivent eviter avec tant de soin. Car comme l'usage des termes est arbitraire chacun a droit de leur donner tel sens qu'il voudra, pourveu qu'on en avertisse ceux à qui l'on parle. Ainsi en declarant que par la certitude d'adherence on n'entend aucune autre chose que ce que j'ai dit, on ne sauroit être blâmable d'employer ce mot en ce sens.

J'ajoûte en deuxiéme lieu que l'école ayant déja donné ce sens à ce mot, & l'usage de quelques siecles l'ayant approuvé, il n'est plus temps de s'y opposer. Il faut s'y soûmettre, quand même cet usage n'auroit pas été tout à fait raisonnable dans sa naissance.

Je croi donc qu'on doit admettre ce sens, auquel on soûtient que les verités de la foi ont plus de certitude que les verités naturelles, sans en excepter les plus evidentes. Mais il il n'en est pas de méme de la certitude de speculation. Elle doit étre proportionnée à la force des preuves, qui lui servent de fondement. C'est à dire premierement qu'elle doit avoir autant de fermeté que ces preuves ont d'evidence. C'est à dire en deuxiéme lieu qu'elle n'en doit pas avoir d'avantage.

La premiere de ces deux verités est incontestable. Car si par exemple les preuves avoient trois degrés d'evidence, & que la certitude qu'elles font naître n'eût que deux degrés, nôtre esprit refuseroit aux verités que ces preuves établissent un degré de certitude qu'elles meritent, & qui leur est deu en justice. Ainsi le refus de ce degré de certitude seroit un defaut blâmable, & une espece d'incredulité.

La seconde verité n'est pas moins constante. Car comme plusieurs l'ont remarqué, on ne peut exiger raisonnablement de nous que nous croyions plus fortement que ne le demandent les raisons qui portent à croire. Et si ces raisons n'ayant que trois degrés d'evidence, nous en avions quatre de certitude, le quatriéme de ces degrés n'auroit aucun fondement. Ce ne seroit pas une persuasion sage & judicieuse, telle qu'est essentiellement la foi. Ce seroit une persuasion imprudente, & digne de blâme.

Dans cette supposition qu'est-ce que le fidelle pourroit répondre à ceux qui lui demanderoient la raison de ce degré particulier de sa foi? Sur quoi pourroit-il dire qu'il est fondé? N'exposeroit-on pas méme la Religion aux moqueries des profanes, si on soûtenoit le contraire & ne les confirmeroit-on pas dans l'opinion où ils sont que nôtre foi est une persuasion volontaire, c'est à dire un veritable entétement?

Si quelqu'un me soûtenoit le contraire, je voudrois lui demander si le fidelle est tenu d'avoir ce degré de certitude qui va au delà de ce que la force naturelle des raisons demande, ou s'il ne l'est pas. Sil ne l'est pas, voici une veritable œuvre de surerogation, & au lieu qu'on a tousjours creu parmi nous que la foi est beaucoup plus foible qu'elle ne devroit étre, elle aura plus de force & de fermeté qu'elle n'est tenuë d'en avoir.

Si au contraire on pretend que ce degré de certitude est necessaire, & d'obligation, je demanderai qu'elle est la loi qui nous y oblige. Est-ce une loi positive? Si cela est il faut la produire, & je ne sai où c'est qu'il sera possible de la trouver. Est-ce donc la loi naturelle? Mais comment est-ce que la loi naturelle peut nous obliger à nous persuader quoi que ce soit plus fortement qu'il n'est prouvé? La loi naturelle n'est autre chose que la droite raison, & la droite raison consent aussi peu à ce que la certitude excede l'evidence, qu'à ce qu'elle demeure au dessous.

Je voudrois encore savoir si posé que cet excés de certitude soit necessaire, il l'est de cette espece de necessité qu'on appelle ordinairement de moyen, je veux dire si un homme dont la foi n'aura que le degré precis de certi-

certitude que demandent les raisons qui portent à croire, aura une foi divine, & suffisante pour le salut, ou s'il doit passer pour incredule, & consequemment être damné. Je ne croi pas que personne voulût prendre ce dernier parti. On iroit directement contre le sentiment de tous les Theologiens Protestans, qui soûtiennent unanimement que la foi la plus foible, pourveu qu'elle soit sincere, suffit pour le salut, & d'ailleurs si on avançoit un tel paradoxe, on s'obligeroit à le prouver, & à marquer le degré precis de certitude qui est absolûment necessaire pour ne pas perir, ce qui me paroît impossible. Que si l'on avouë que cet excés de certitude n'est pas necessaire, on renonce à toutes les raisons par lesquelles on croit pouvoir établir ceci, & on demeure exposé à tous les inconveniens qu'on veut eviter, n'y en ayant aucun qui n'ait lieu dans ceux qui seront sauvés avec une certitude proportionnée aux motifs qui portent à croire.

Mais voici quelque chose de plus pressant. Si la certitude de la foi étoit une certitude metaphysique, comme il le faudroit necessairement afin qu'elle peût égaler celle d'un grand nombre de verités naturelles, il faudroit qu'elle jugeât que le contraire de ce qu'elle croit est metaphysiquement impossible. Car comme on l'a veu c'est en cela seul que la certitude metaphysique consiste. Mais comment est-il possible que le fidelle prononce en soi-méme un tel jugement?

S'il le fait, ou il a quelque raison de le faire, ou il n'en a aucune. S'il n'en a aucune, ce jugement eſt un pur caprice, car le caprice n'eſt proprement autre choſe qu'une perſuaſion, qu'un jugement, ſans raiſon. S'il en a quelqu'une, il faut que ce ſoient, ou les raiſons communes & ordinaires, ou quelques autres que nous ignorons. On ne dira pas que ce ſoient des raiſons ſecrettes & inconuës. Car comment pourroient-elles perſuader châque jour un ſi grand nombre de fidelles, ſi perſonne ne les conoiſſoit? On peut dire tout auſſi peu que ce ſont les raiſons communes & ordinaires. Car comme on l'a veu, ces raiſons n'ont point d'autre evidence que la morale, & des raiſons moralement evidentes ne peuvent produire qu'une certitude morale.

Si des raiſons ne ſont que moralement evidentes, on en peut bien conclurre que le contraire eſt moralement impoſſible. Mais en conclurre que le contraire eſt impoſſible metaphyſiquement, c'eſt mal raiſonner, c'eſt tirer d'un principe une conſequence qui n'y eſt nullement contenuë. C'eſt en un mot ſe tromper, car c'eſt dire qu'une choſe ſuit d'une autre d'où elle ne ſuit point. Ceci me paroît inſupportable par tout, mais ſur tout dans la foi divine, laquelle étant conſtamment l'ouvrage du S. Eſprit, ſi elle renferme un jugement faux, tel qu'eſt ſans difficulté celui dont je parle, il ſera vrai de dire que c'eſt le S. Eſprit lui-méme qui nous trompe, & qui eſt la veritable cauſe de nôtre erreur.

Il

Il n'eſt pas plus impoſſible de fonder une certitude metaphyſique ſur une evidence morale, que de fonder une certitude morale ſur de ſimples probabilités. Le premier méme me paroît plus impoſſible que le ſecond. Car cent probabilités peuvent bien faire une certitude morale, au lieu que cent mille evidences morales ne feroient jamais une certitude metaphyſique. Que diroit-on cependant d'un homme qui n'ayant pour fondement de ſes opinions que le témoignage d'un homme ſeul, ou qu'une ſeule conjecture, diroit qu'il eſt moralement impoſſible que le contraire ſoit vrai?

Enfin j'ai remarqué déja pluſieurs fois que rien ne nous donne plus de ſecours pour conoître la foi divine que la foi humaine. Ainſi l'on peut juger de l'une par l'autre. Comme donc la foi humaine n'a jamais plus de certitude qu'on n'en a, d'un côté que le témoin atteſte preciſement ce qu'on croit, & de l'autre que ce témoin eſt ſincere & éclairé, & dit ce qu'il ſait, & comme d'ailleurs on n'eſt jamais plus ſeur de ces deux choſes que de la bonté des raiſons qui portent à n'en point douter, il eſt clair que la méme choſe doit avoir lieu dans la foi divine, & qu'ainſi elle n'a jamais plus de certitude que les raiſons qui portent à croire n'ont d'evidence.

CHAPITRE III.

Où l'on confirme par de nouvelles considerations ce qu'on vient de dire dans le Chapitre precedent.

COmme ce que je viens de dire est fort contesté, il n'y aura point de mal à en donner encore de nouvelles preuves. En voici une qui me paroît decisive. Supposons un homme qui ait plus de certitude des verités du salut que les motifs qui le portent à les croire n'ont d'evidence. Je demande si cette certitude a en elle-méme, ou dans quelqu'une des circonstances qui l'accompagnent, quelque chose qui la distingue de l'entêtement que les Papistes, les Mahometans, ou les Juifs ont pour leurs erreurs.

Ce que je demande n'est pas si la premiere de ces persuasions est dans le fond plus veritable que l'autre. Je demande uniquement si posé que ces deux persuasions soient également fortes, le fidelle peut remarquer dans la sienne par les reflexions qu'il y fait, quelque chose qui le persuade qu'elle est raisonnable, & que celle de ces errans ne l'est pas.

Si on me dit qu'il n'y remarque absolûment rien de tel, je repliquerai qu'il n'a donc point de certitude. Car enfin que peut-il opposer à cette objection, qu'il ne manquera pas de se faire? Il est vrai que je suis tres-fortement persuadé de toutes les verités de l'Evangile.

Mais

Mais il eſt vrai auſſi qu'il y a tel Papiſte qui ne l'eſt pas moins de ſa Tranſſubſtantion, tel Mahometan des viſions de ſon Alcoran, tel Juif des extravagances de ſon Talmud. Quelque certitude qu'ils aient, ou qu'ils penſent avoir, de ces choſes, je ne puis douter qu'ils ne ſe trompent. Qui m'aſſeurera que la méme choſe ne m'arrive point?

Il ne faut que cette reflexion, & ce retour d'eſprit ſur une telle certitude pour la détruire. Car enfin elle ne peut qu'y ajoûter la crainte de ſe tromper, c'eſt à dire la perſuaſion qu'on a qu'il n'eſt pas impoſſible qu'on ſe trompe, & l'on voit aſſés que cette perſuaſion n'eſt pas moins opposée à la certitude que les tenebres à la lumiere.

Que ſi l'on me dit que ce fidelle peut appercevoir dans ſa certitude quelque choſe qui la diſtingue de celle de ces errans, je demanderai ce que c'eſt. Eſt-ce que la ſienne eſt fondée ſur des motifs de credibilité qui manquent aux autres? Si on me fait cette réponſe je n'ai garde de la rejetter. Elle eſt tres-ſolide. Mais auſſi elle m'accorde ce que je demande. Dans cette ſuppoſition ce fidelle n'eſt pas plus ſeur que ſa certitude eſt plus raiſonnable que celle de ces errans, qu'il ne l'eſt que les motifs qui le determinent à croire ſont bons & ſolides. Car ſi on ſuppoſoit qu'ils ne le ſont point, il ne lui reſteroit plus rien pour ſe tirer du doute que j'ai indiqué. Ainſi n'étant ſeur que moralement de la ſolidité des motifs qui le determinent à croire, il ne peut étre ſeur que moralement de la verité de ce qu'il croit.

 Eſt-ce

Est-ce donc quelque autre chose distincte de la solidité des motifs? Est-ce quelque éclat, quelque lumiere, quelque douceur, quelque impulsion du S. Esprit, ou quelque autre chose semblable, qui accompagne tousjours la verité, & jamais l'erreur? C'est là apparemment ce qu'on dira. Ainsi il faut voir s'il est possible de s'en contenter.

Je ne dirai pas en premier lieu que tous ces termes sont metaphoriques, & qu'il seroit juste d'en employer de plus simples & de plus clairs, puis qu'il s'agit d'une des plus delicates matieres de la Theologie, que l'esprit a assés de péne à comprendre lors méme qu'elle est proposée avec toute la simplicité, & toute la clarté possible.

Je ne dirai pas qu'un Papiste se vantera de sentir dans son cœur tout ce qu'on vient d'alleguer, & qu'en effet il y en a plusieurs dans la communion Romaine qui s'en vantent, comme on le peut voir dans les ouvrages de ceux qui ont écrit sur la devotion. Ainsi la question que je proposois il n'y a qu'un moment revient d'elle méme ici, & rien en effet n'est plus naturel que de se demander à soi-méme quelle certitude on a qu'on rencontre mieux que tous ces gens-là dans le discernement de ce caractere.

Je laisse, dis-je, tout cela pour ce coup à part, & je me contente de dire que si la persuasion de la verité, outre l'evidence des raisons qui nous en persuadent, est tousjours accompagnée de quelque chose qui la distingue sensiblement de la persuasion de l'erreur,

nous

nous aurons ici un nouveau caractere de la verité, au moins de la verité revelée, distinct de l'Ecriture, & dont l'usage sera incomparablement plus aisé que celui de cette grande regle de nôtre foi. Dans cette supposition un fidelle n'aura qu'à voir si cette lumiere, ou cette douceur interieure, ou telle autre chose qu'on voudra, accompagne la persuasion qu'il a de chacun des dogmes qu'il se persuade. Car si le contraire arrive, à l'égard de quelqu'un de ces dogmes, comme cela arrivera infailliblement dans cette supposition, si quelqu'un de ces dogmes est faux dans le fond, il pourra s'en asseurer par là méme, sans se donner la péne d'entrer dans aucune discussion.

Par exemple les Anciens Vaudois qui croyoient de bonne foi que le serment est defendu en toute sorte de cas, auroient peu se desabuser par-là, ce qu'ils ne firent pourtant pas, une infinité de ces bonnes gens ayant souffert le martyre pour ce dogme comme pour les autres.

Mais il ne faut pas aller si loin pour trouver des exemples de ce que je dis. On n'est que trop partagé sur diverses choses. Personne n'ignore la diversité de sentimens qu'il y a parmi nous sur ce qu'on appelle le Cocceianisme, sur la conversion des Juifs, sur le regne de mille ans, sur l'égalité de la gloire des bien-heureux, sur la grace universelle, sur l'usure, & sur quelques autres sujets. Qu'on demande aux plus gens de bien des deux partis si la persuasion qu'ils ont de ce qui leur paroît le plus veritable sur ces sujets, a quelque chose qui la distingue de celle qu'ils ont du reste des verités revelées. Je suis seur qu'ils avoueront qu'ils n'y remarquent rien de particulier.

Ce qu'ils diront tous, & qui est d'ailleurs tres-veritable, & tres-conforme à ce que je soûtiens dans ce Chapitre & dans le precedent, c'est qu'ils sont plus ou moins fortement persuadés des verités revelées, selon qu'elles leur paroissent plus ou moins clairement contenuës dans les livres saints. Le contraire pourroit arriver, ou pour mieux dire il arriveroit tousjours, si le sentiment que je combats étoit veritable. Dans cette supposition on auroit une égale certitude de tout ce qu'on croiroit de foi divine, parce que le S. Esprit l'imprimeroit également dans le cœur, & accompagneroit également cette impression de cette lumiere, & de cette douceur interieure dont on nous parle. Comme ceci est contraire à l'experience, & que la certitude des dogmes particuliers qu'on croit est tousjours proportionnée à la clarté veritable ou apparente des textes de l'Ecriture qui les contiennent, c'est une nouvelle confirmation de ce que je dis, & il paroît par-là que la certitude n'excede jamais l'evidence.

C'est pour ces raisons que M. le Blanc, ce Theologien si savant & si judicieux, ayant suivi le sentiment opposé dans ses Theses de l'autorité de l'Ecriture, s'en retracta formellement quelque temps aprés, comme on le peut

peut voir dans sa dispute, *De certitudine quæ fidei competit*, *thes.* 30. 31.

CHAPITRE IV.

Où l'on répond aux objections.

ON dira sans doute que je ne prends pas bien la chose. On soûtiendra que les motifs de credibilité ne servent pas tant à prouver que Dieu a revelé les verités du salut, qu'à rendre la chose croyable, qu'à disposer l'esprit à la croire, ou pour mieux dire encore qu'à resoudre la volonté à y consentir, & à l'ordonner. En effet les Scholastiques disent deux choses qui paroissent assés veritables. L'une que les motifs de credibilité ne prouvent pas que les mysteres sont evidemment vrais, mais seulement qu'ils sont evidemment croyables. L'autre que la foi n'est pas un acte de l'esprit seul, qu'il faut que la volonté y intervienne, & que ce qui la pousse à le faire ce sont les motifs de credibilité bien compris.

Mais il est aisé de répondre que ces choses qu'on represente comme opposées s'accordent parfaitement bien ensemble, parce qu'en effet elles sont toutes tres-veritables. Car premierement il est bien vrai que les motifs de credibilité ne prouvent pas directement & immediatement que les mysteres sont vrais, mais ils prouvent aussi directement, & aussi immediatement qu'il se puisse qu'ils ont été reve-

revelés de Dieu. Il n'y a aucun de ces motifs qui ne tende visiblement & uniquement à cela, comme on peut le voir en les parcourant tous les uns aprés les autres, tels que je les ai proposés dans les Chapitres XIII. & XIV. du I. livre.

C'est en ce sens qu'il est vrai de dire que ces motifs ne prouvent pas evidemment que les mysteres sont veritables. Car outre que ceux qui le disent l'entendent sans doute d'une evidence physique, ou metaphysique, ou quoi qu'il en soit d'une evidence qui fasse une science proprement dite, telle qu'est celle des demonstrations de Geometrie, outre cela, dis-je, ils ne sont pas destinés à prouver directement que les mysteres soient vrais, mais seulement à montrer qu'ils ont été revelés.

Or c'est en prouvant qu'ils ont été revelés qu'ils les rendent evidemment croyables. Je suppose qu'être croyable c'est non seulement pouvoir être creu, mais le devoir être, & qu'ainsi une chose est croyable lors qu'on la doit croire. Cela posé je dis qu'afin qu'une proposition soit croyable de foi divine deux choses sont necessaires. L'une qu'elle ait été revelée de Dieu; l'autre qu'il paroisse en quelque sorte qu'elle l'a été. Otés quelle que ce soit de ces choses, la proposition ne sera nullement croyable. Si Dieu ne l'a point revelée, on pourra bien en avoir opinion, science, ou foi humaine, mais on ne devra jamais la croire de foi divine. Si d'ailleurs Dieu l'a revelée, mais que rien ne fasse voir qu'il qu'il l'ait fait, on devra tout aussi peu la recevoir avec foi que s'il ne l'avoit jamais revelée, suivant la maxime du Droit, *Eorum quæ non apparent, & eorum quæ non sunt, eadem est ratio. On doit faire le même état des choses qui ne paroissent pas que de celles qui ne sont point.*

Les motifs de credibilité ne mettent pas la premiere de ces conditions dans les verités du salut, mais ils y mettent visiblement la seconde. Ils ne font pas que Dieu ait revelé ces verités saintes, mais ils font voir qu'il l'a fait. Ils le prouvent, & en le prouvant ils les rendent croyables, mettant ceux à qui on les propose dans la necessité & dans l'obligation d'y ajoûter foi.

Cette méme consideration fait voir qu'ils preparent & disposent l'esprit à la foi. Car de quelle autre maniere plus propre & plus efficace seroit-il possible de preparer l'esprit à faire les actes de cette vertu, que de celle-ci, qui est si naturellement suivie de l'effet, & sans laquelle il est impossible que cet effet soit produit?

Enfin ce qu'on dit de la volonté est tres-veritable. Il est absolûment necessaire que la volonté intervienne dans la production de la foi. Il y a même deux raisons distinctes qui le demandent. La premiere que les plus grands obstacles qui s'opposent à la production de la foi viennent de la volonté. Elle a depuis le peché une aversion horrible pour les verités du salut, au moins pour les practiques, comme j'espere de le faire voir dans la suite. Ainsi fe si quelque chose ne reforme la volonté, & ne fait cesser ses oppositions, la foi ne se formera jamais dans l'esprit.

D'un autre côté l'evidence des motifs de credibilité, quoi que tres-considerable, & suffisante pour fonder une persuasion solide, & une veritable certitude, n'est, ni parfaite, ni si grande qu'elle entraine invinciblement l'esprit, & lui enleve son consentement. La volonté y peut resister, comme elle fait tres-souvent. Mais aussi elle peut se rendre; & c'est ce qu'elle fait toutes les fois que la grace s'en rend la maîtresse, & accompagne de sa divine efficace les motifs de credibilité, qui sont destinés à vaincre nôtre obstination.

Ainsi ce qu'on nous dit est tres veritable, mais ne détruit pas ce que je soûtiens. Il est certain que les motifs de credibilité rendent les verités du salut evidemment croyables, & disposent l'esprit & le cœur à les recevoir. Mais il est vrai aussi qu'ils ne font cet effet qu'en prouvant que Dieu les a revelées, & le prouvant fortement & solidement.

On dira en deuxiéme lieu qu'une certitude proportionnée à l'evidence des motifs de credibilité ne suffit pas à la foi, parce qu'en effet cette foi doit nous porter à perdre les biens & la vie, & à renoncer à nos plus precieux interéts plustôt que de desavouër les verités qu'elle embrasse. Mais il est aisé de répondre que la certitude que l'evidence des motifs de credibilité peut produire est plus que suffisante pour cet effet, sur tout si elle est jointe à la certitude d'adherence, dont j'ai parlé au Chap. II. de ce livre. En effet on voit tous les jours que les plus sages hazardent tous ces interéts sur de simples probabilités. Je dis bien plus. On va tous les jours à une mort certaine sur des esperances assés legeres. Combien n'y en a-t-il pas que le desir de la gloire & de la reputation y conduit? Mais sont-ils aussi asseurés de l'obtenir que le Chrétien l'est de posseder la gloire des cieux en mourant pour la defense de la verité?

Enfin on dira que j'extenuë l'evidence des motifs de credibilité. On dira qu'il y en a de ceux, dont l'evidence est plus que morale, & peut passer pour physique, témoin ces quatre, les miracles de Moïse, ceux de Jesus-Christ, & de ses Apôtres, l'accord tres-parfait des propheties & de leur accomplissement, la maniere en laquelle la Religion Chrétienne s'est établie dans le monde, & la constance des Martyrs, qui l'ont scellée de leur sang.

Mais il est aisé de répondre qu'afin qu'une preuve, ait un certain degré d'evidence, il ne suffit pas qu'il y entre quelque proposition où l'on puisse la remarquer. Il faut qu'il n'y en ait aucune qui n'ait tout au moins ce même degré. Car s'il y en a une seule qui ne l'ait pas, la preuve ne sauroit l'avoir, la conclusion ne pouvant étre plus certaine que la moins certaine de ses premisses.

Je veux donc qu'il soit physiquement evident que Dieu seul peut produire tous ces quatre effets. De quoi tout cela sert-il si nous n'avons n'avons qu'une certitude morale que ces effets ont été veritablement produits? Et qui ne voit que c'est là la seule certitude que nous en ayons?

CHAPITRE V.

De la certitude de la Foi par rapport aux verités qu'elle embrasse. Cinq ordres de ces verités. Quelle certitude on a des verités des deux premiers ordres.

VOilà qu'elle est en general la certitude de la foi divine. Il faut maintenant entrer dans un plus grand detail, & considerer cette certitude, premierement par rapport à son objet, je veux dire aux verités dont elle ne permet pas de douter, & ensuite par rapport à son sujet, je veux dire par rapport aux personnes qui la possedent.

Au premier de ces deux égards je dis que la certitude de la foi est tres-inégale. La raison en est evidente, & je l'ai déja indiquée dans l'un des chapitres precedens. C'est que nous ne sommes certains de la verité des choses que nous croyons, qu'à proportion de la certitude que nous avons que Dieu les a revelées. Or il est incontestable que nous sommes plus asseurés qu'il a revelé de certaines choses, que d'autres.

Je suppose que nous ne sommes asseurés que Dieu ait revelé quelque chose, que parce que nous le trouvons dans l'Ecriture. Or il il n'est pas également seur que tout ce qu'on trouve dans l'Ecriture y soit veritablement, parce qu'en effet il y a bien des choses qui y sont contenuës beaucoup plus clairement & plus incontestablement que d'autres. A proportion donc qu'une chose est plus clairement, & plus nettement exprimée dans l'Ecriture, à proportion sommes nous asseurés de sa verité.

De cela seul je conclus que rien n'est moins raisonnable que le procedé de ceux qui ne pouvant accorder deux choses qu'ils trouvent dans l'Ecriture, & se croyant reduits à la necessité de choisir, rejettent celle qui est exprimée le plus clairement dans ce sacré Livre, pour retenir celle qui y est contenuë plus obscurement. Ce fut là le procedé de ces Moines d'Adrumete, dont parle S. Augustin, qui ne pouvant accorder le decret absolu avec la necessité de la sanctification en conclurent étourdiment que la sanctification n'est nullement necessaire. Peut on imaginer une pareille absurdité? Car pour ne pas dire que le decret absolu & la necessité de la sanctification n'ont rien d'opposé, comme S. Augustin & nos Theologiens l'ont fait voir avec la derniere evidence, je soûtiens que s'il y avoit quelque necessité de choisir entre ces deux dogmes, & si on ne pouvoit en retenir l'un qu'en rejettant l'autre, le bon sens voudroit bien plustôt qu'on sacrifiât le decret absolu à la sanctification, que la sanctification au decret absolu. En effet quoi que le decret absolu soit contenu assés nettement dans

dans l'Ecriture, il ne l'est pas à beaucoup prés aussi nettement que la necessité de la sanctification, dont on trouve des preuves incontestables dans châque page des écrits sacrés.

Cette regle est plus importante qu'on ne pense, & si on l'observoit exactement on ne feroit pas autant de faux raisonnemens qu'on en fait châque jour sur divers sujets. Mais ceci n'est pas proprement de ce lieu. Je reviens donc à mon sujet, & je dis qu'il y a cinq divers ordres de verités contenuës dans les livres saints.

Les premieres sont celles qui y sont contenuës clairement, nettement, & evidemment, en sorte qu'il faut se fermer les yeux pour ne les y pas remarquer. Telles sont celles dont tous les Chrétiens conviennent.

Les secondes y sont sans doute, & on le prouve par de bonnes & de solides raisons. Mais ces raisons quoi que bonnes & solides, ne sont pas si claires & si convaincantes, qu'il n'y en ait plusieurs qu'elles ne convainquent pas en effet. Telles sont les verités qui sont combattuës par les heretiques.

Les troisiémes sont celles qu'on ne peut prouver que l'Ecriture contienne, que par des raisons vraisemblables, que rien n'empéche qui ne soient fausses. Il y en a une infinité de cet ordre dont on dispute dans les écoles, & dont selon toutes les apparences on disputera tousjours, parce qu'on ne produit de part ni d'autre rien de convaincant.

Les quatriémes sont celles qu'on ne peut appuyer

appuyer que sur des textes de l'Ecriture également susceptibles de deux divers sens, en sorte que le texte n'a rien qui determine l'esprit à prendre l'un de ces deux sens plustôt que l'autre. Par exemple S. Paul dit qu'il a été ravi jusqu'au troisiéme ciel, mais il ne dit pas si ce fut dans le corps, ou hors du corps que ce ravissement lui arriva. Il dit même qu'il ne le sait point. Il est donc impossible de decider cette question avec certitude.

Les dernieres sont celles qui ne se trouvent pas dans l'Ecriture expressement, & en autant de mots, mais on les en tire par de bonnes consequences, & par des raisonnemens convaincans.

Le premier de ces cinq ordres ne doit pas nous arrêter. On a la même certitude de ces verités que de la divinité de la Religion Chrétienne, la seconde de ces choses n'étant pas plus incontestable que la premiere, & la premiere même ayant peut-être quelque avantage sur la seconde.

J'ai dit des verités du second ordre, qu'on peut prouver par de bonnes & de solides raisons qu'elles sont contenuës dans l'Ecriture. Cela posé je ne doute point que ceux qui voient ces raisons, & qui en comprennent la force, ne puissent s'y rendre, & consequemment embrasser ces verités avec foi.

Si on ne le pouvoit, on ne pourroit croire de foi divine aucune des verités que les heretiques contestent, car on n'a pour les appuyer que des textes de l'Ecriture que ces gens là expliquent en un autre sens. Comme on a
de

de bonnes raisons pour rejetter leurs explications, & pour faire voir que les textes ausquels ils les appliquent ne les peuvent recevoir, on est fondé à n'y avoir point d'égard, & à se persuader nonobstant leurs chicaneries les verités qu'ils refusent de confesser.

C'est ce qui paroît clairement par tout ce que Jesus Christ dit aux Sadduciens pour leur prouver la resurrection. Ces heretiques n'admettoient point cette verité capitale, & tordoient les passages du Vieux Testament, qui la contiennent. Nonobstant leurs oppositions les autres Juifs croyoient ce Mystere, & Jesus Christ fait voir qu'ils avoient raison, soûtenant que l'erreur des Sadduciens venoit, non de ce qu'ils n'avoient pas assés de respect, soit pour la Tradition, soit pour l'autorité de l'Eglise, mais de ce qu'ils n'entendoient pas l'Ecriture. Ensuite il leur prouve cette verité par un texte, où elle n'est pas exprimée en autant de mots, mais où il fait voir qu'elle est insinuée. Son procedé fait voir clairement qu'on peut, & qu'on doit croire de foi divine ce qu'on nous prouve solidement que l'Ecriture contient.

Il est rapporté au livre des Actes, XVIII. 28. qu'Appollos *étant en ferveur d'esprit convainquoit les Juifs par les Ecritures que Jesus étoit le Christ*. Il les portoit par-là à croire en ce grand Sauveur. Cependant ces Ecritures ne disoient pas en autant de mots que Jesus fils de Marie fût le Christ, car je suppose que ces Ecritures dont S. Luc parle sont celles du Vieux Testament. Il suffisoit qu'elles le dissent

ſent en ſubſtance, & qu'on peût prouver ſolidement que c'étoit là leur vrai ſens.

Je ne croi donc pas qu'aucun des quatre moyens que j'ai indiqués dans le Chapitre XVIII. du premier livre, pour s'aſſeurer qu'une verité eſt contenuë dans l'Ecriture, ſoit abſolûment neceſſaire, à la reſerve du troiſiéme.

Par exemple le dernier conſiſte à ſe perſuader qu'un dogme eſt dans l'Ecriture lors qu'on voit que toute la terre convient qu'il y eſt. J'avouë que ceci ſuffit, mais il n'eſt pas neceſſaire. Car combien n'y a-t-il pas dans l'Ecriture de verités qu'il eſt aiſé d'y appercevoir, quoi que les heretiques les nient? Doit-on par exemple s'empécher de croire la Divinité de Jeſûs Chriſt, qu'on trouve à chaque page des écrits ſacrés? & ſuffit-il pour en douter de ſavoir que les Sociniens donnent la géne à un tres-grand nombre de paſſages pour s'empécher de la reconnoître?

Je diſois de même qu'on a lieu de s'aſſeurer qu'un dogme eſt dans l'Ecriture lors qu'on le trouve exprimé clairement en divers endroits. Ceci encore n'eſt pas neceſſaire. Un paſſage clair & precis prouve ſuffiſamment une verité, quand même elle ne ſe trouveroit qu'en ce ſeul endroit. Par exemple on ne doit douter, ni de la reſurrection de Lazare, ni du combat de l'Archange Michel contre le Demon, ſur le ſujet du corps de Moïſe, ni de la prophetie d'Enoch, quoi que chacun de ces trois faits ne ſe trouve qu'en un ſeul endroit des écrits ſacrés.

Enfin quoi qu'un texte n'ait pas toute la clarté qu'on ſouhaitteroit, pourveu qu'il en ait aſſés pour convaincre l'eſprit que le ſens qu'on lui donne eſt le veritable, il n'en faut pas davantage pour fonder la foi.

Il faut ſeulement prendre garde à ne ſe pas determiner ſur un ou deux paſſages qui ſemblent contenir un dogme, ſans voir s'il y en a d'autres qui le combattent. Poſé qu'il y en ait il faut chercher les moyens de les concilier, & ce n'eſt qu'aprés avoir trouvé ces moyens qu'il eſt permis de prendre parti. C'eſt ce que j'eſpere de faire voir plus diſtinctement dans la ſuite.

Je conclus donc qu'il faut recevoir avec foi, non ſeulement cet ordre de verités qui ſont contenuës ſi evidemment & ſi conſtamment dans l'Ecriture, qu'on ne peut ne les y pas voir, mais encore celles qui n'y étant pas exprimées avec la même clarté, le ſont neantmoins de telle ſorte, qu'on peut le prouver fortement & ſolidement, quoi que les preuves qu'on en donne n'aient pas la derniere evidence.

Je ſai que quelques diſputeurs de la communion Romaine ne ſe contentent pas de ceci. Ils demandent une evidence qui ſoit au deſſus de toute exception, & ſoûtiennent qu'à moins que d'en avoir une telle on ne peut s'aſſeurer de rien. Mais pour ne pas toucher les autres conſiderations qu'on leur pourroit oppoſer, & pour me contenter d'une ſeule, n'y a-t-il pas une injuſtice viſible à pretendre que de trois ou quatre propoſitions, deſquelles ſes la foi depend, il y en ait une qui ait plus d'evidence & de certitude que les autres?

Nôtre foi depend de ces quatre propoſitions. La Religion Chrétienne eſt emanée de Dieu. Si la Religion Chrétienne eſt emanée de Dieu, l'Ecriture ſainte eſt la parole de Dieu. Si l'Ecriture eſt la parole de Dieu, il faut croire tout ce qu'elle enſeigne. L'Ecriture enſeigne tel ou tel dogme. On avouë que la premiere de ces quatre propoſitions n'a pas le plus haut degré d'evidence, & on ne le trouve point mauvais. Mais on ne peut ſouffrir que la quatriéme ne l'ait point. Quoi de plus injuſte. Car ſi le degré d'evidence qu'à la premiere de ces propoſitions ſuffit pour faire une foi ſolide, pourquoi un pareil degré d'evidence ne ſuffiroit-il pas à la quatriéme?

A quelles extremités ces gens-là ſeroient-ils reduits ſi on exigeoit d'eux ce qu'ils exigent de nous, & ſi on les obligeoit à prouver evidemment toutes les propoſitions qui entrent dans leur analyſe? Y en a-t-il une ſeule ſur laquelle il ne fût aiſé de les accrocher? C'eſt ce que j'ai fait voir clairement dans un autre Ouvrage.

CHAPITRE VI.

Si lors qu'il n'est que probable que quelque chose est contenuë dans l'Ecriture on peut la croire de foi divine.

LE troisiéme ordre des verités contenuës dans les livres saints comprend celles qu'il n'est nullement evident qui y soient contenuës, & qu'on ne peut prouver que par des passages qui peuvent recevoir commodement d'autres sens, en sorte qu'on n'ait que des probabilités & des vraisemblances pour preferer l'une de ces explications aux autres.

Par exemple S. Paul dit qu'il a été ravi jusqu'au troisiéme ciel, & ce qu'il en dit peut recevoir trois sens differens. On peut l'expliquer d'une simple extase, semblable à celle de S. Jean, lors qu'il eut les visions de l'Apocalypse. On peut l'entendre d'un transport local de toute sa personne enlevée en corps & en ame dans le paradis. Enfin on peut l'entendre d'une separation veritable de l'ame d'avec le corps, par une espece de mort, suivie d'un transport de cette ame dans le ciel. De ces trois sens le premier est à mon sens le plus vraisemblable. Mais comme les paroles de cet Apôtre les peuvent recevoir tous trois, & qu'on n'a aucune preuve demonstrative pour preferer le premier de ces sens aux autres, tout se reduit à une simple probabilité. On

On demande donc ſi une telle probabilité ſuffit pour pouvoir croire quelque choſe de foi divine. Le Jeſuite Eſtrix Profeſſeur en Theologie à Louvain, avoit ſoûtenu qu'il ne faut rien d'avantage. Mais le Pape Innocent XI. condamna cette propoſition avec quelques autres du même Auteur, & cette condamnation me paroît tres-juſte. Je ne produirai pas preſentement les raiſons que j'ai de le croire de la ſorte. On peut les voir dans le Chapitre VIII. du I. livre de ce Traité, ou j'ai prouvé fortement, ſi je ne me trompe que la ſimple probabilité ne ſuffit pas pour ſervir de fondement à la foi.

De là au reſte je conclus deux choſes. L'une qu'on ne doit jamais propoſer au peuple Chrétien, comme des verités revelées, des dogmes qu'on ne puiſſe prouver que par des paſſages de l'Ecriture, qui peuvent recevoir d'autres ſens, lors qu'on n'a que de ſimples probabilités pour appuyer celui qu'on leur donne. Agir de la ſorte c'eſt viſiblement tromper ceux à qui on parle, puis que c'eſt leur propoſer comme des objets de foi ce qui ne l'eſt pas.

Il ſeroit à ſouhaitter que les Theologiens fuſſent un peu plus precautionnés qu'ils ne ſont pour ſe garder de tomber dans ce manquement. S'ils l'étoient on ne verroit pas parmi eux autant de conteſtations qu'on en voit, & la Theologie ſeroit tout autrement ſolide, & facile à apprendre, qu'elle ne l'eſt. C'eſt ce qu'il me ſeroit facile de juſtifier par un grand nombre d'exemples. Mais il faudroit pour les proposer avoir plus d'autorité que je n'en ai.

La seconde conclusion que je tire de ce que j'ai dit, c'est que l'autorité des Peres n'est pas un fondement suffisant pour s'asseurer qu'on a le vrai sens de l'Ecriture. Ceci, je l'avouë, paroît directement opposé aux pretensions des Theologiens de la communion Romaine. Mais si on y regarde de prés, on verra qu'ils n'en sont pas fort éloignés. Il faut remarquer en effet que lors qu'on parle des Peres, il faut necessairement qu'on entende, ou quelques Peres, ou la plusspart des Peres, ou tous les Peres.

On convient dans la communion Romaine que ni l'autorité de quelques Peres, ni celle du plus grand nombre des Peres qui expliquent l'Ecriture en un certain sens, ne suffit pas pour nous asseurer que ce sens est le veritable. On convient que cette autorité ne fait qu'un argument simplement probable, à moins que l'Eglise n'en fasse un decret. On convient que pour étre entierement asseuré du vrai sens de l'Ecriture, il faut necessairement avoir, ou le jugement de l'Eglise, ou le consentement unanime de tous les Peres. C'est pourquoi la profession de foi que le Pape Pie IV. a prescrite à ceux qui entrent dans la communion Romaine, porte expressement qu'on s'oblige à n'interpreter jamais l'Ecriture que suivant le consentement unanime des Peres. *Nec eam* (scripturam) *unquam nisi juxta unanimem consensum Patrum accipiam, & interpretabor.* Voyés la même chose dans Alphonse de de Castro *de justâ hæret. punit. lib. I. cap.* 4. Melchior Canus *de locis Theol. lib. 7. cap.* 3. Bannés *in I. quæst. I. art. 8. pag.* 58.

Il faudroit donc avoir le consentement unanime de tous les Peres pour s'asseurer qu'on a le vrai sens de l'Ecriture. Mais le moyen de savoir qu'on a ce consentement? Pour cela il faudroit les avoir tous leus, & avoir remarqué exactement ce qu'ils disent sur châque passage des livres sacrés. Et la vie d'un homme suffit-elle pour ce travail?

Mais j'ajoûte en deuxiéme lieu que pour trouver ce consentement il faudroit qu'il existât, je veux dire qu'il faudroit que les Peres fussent veritablement d'accord touchant le sens qu'il faut donner à l'Ecriture. Or c'est ce qui est si rare, que je ne sai si on en pourroit donner un exemple. C'est ce que nos Adversaires eux-mêmes ne nient pas. Voici ce qu'en dit Christ. Gillius Professeur en Theologie à Conimbre, *de doct. sacrâ lib. I. Tract. 7. cap. 6. Il y a beaucoup de choses dans les saintes lettres dont on ne sauroit avoir le sens, ni par la Tradition, ni par la definition de l'Eglise, & nous ne pouvons pas sur châque chose recourir à l'exposition commune des Saints, ce qui seroit fort à souhaitter. Car on ne trouve pas tousjours quel est le sentiment commun, soit parce que les Peres ne sont pas d'accord, soit parce qu'il y en a peu qui aient expliqué le passage en question.* Et l'Auteur anonyme du traité des Libertés de l'Eglise Gallicane liv. 3. chap. 11. *Il y a peu d'endroits de l'Eciture que les saints Peres n'aient interpreté diversement.*

C'est de quoi chacun pourra s'asseurer s'il prend la péne de consulter les Commentateurs qui se sont fait un devoir de rapporter les sentimens des Peres sur châque passage, comme Maldonat, Corn. à Lapide, Estius & quelques autres. Il verra qu'il n'y a point de passage que les Peres n'expliquent diversement.

C'est ce que M. de Launoi a fait voir en particulier sur le sujet des passages de l'Ecriture que Bellarmin a produits en faveur de l'autorité & de l'infaillibilité du Pape. Il les examine dans ses lettres les uns aprés les autres, & fait voir sur chacun les diverses explications que les Peres leur ont données. On pourroit faire la même chose de tous les autres, au moins de ceux qui contiennent les verités dogmatiques, & qui sont sans difficulté les plus importans.

Ainsi n'étant pas possible d'avoir le consentement des Peres, & l'autorité, soit de quelques-uns, soit de la pluspart, ne suffisant pas, il est clair que c'est là un tres-petit secours pour s'asseurer du vrai sens des Auteurs sacrés. Il faut donc avoir recours à d'autres moyens, tels que sont l'intelligence des langues, la consideration du style des Auteurs sacrés, les endroits paralleles, le but de l'Auteur, ce qui precede & ce qui suit, & les autres moyens semblables, qu'on emploie lors qu'on veut entendre toute sorte d'Auteurs, quels qu'ils soient.

Je ne dirai rien du quatriéme ordre de verités, qui comprend celles qu'on ne peut prouver

prouver que par des passages également susceptibles de plusieurs sens. Chacun comprend assés de soi-même qu'il y auroit de la temerité à se determiner sur ces sens, & à en preferer l'un à l'autre. Ainsi je passerai au cinquiéme & dernier ordre de ces verités, qui est de celles qu'on tire de l'Ecriture par des consequences.

CHAPITRE VII.

Si on peut croire de foi divine les verités que l'Ecriture n'atteste pas expressément, & en autant de mots, mais qu'on en tire par des consequences.

IL y a un grand nombre de verités, que l'Ecriture ne contient pas expressément & formellement, mais qu'on en recueille par des consequences necessaires, & par des raisonemens convaincants. Car comme il n'y a point de verité qui ne soit liée avec plusieurs autres, il n'y en a aucune qui étant bien comprise & bien entenduë ne puisse nous en découvrir quelque autre qui en depend. On demande donc si les verités qu'on ne conoît que par cette voie peuvent étre l'objet de la foi.

Ici je ne m'arréterai pas à examiner les chicanes des Missionnaires sur ce sujet. Ils ont debité là-dessus je ne sai combien de vaines & de miserables subtilités qui ne meritent pas qu'on s'amuſe à les refuter. Il ſuffira d'expoſer en peu de mots ce que les plus celebres Scholaſtiques enſeignent ſur cette matiere, & de cette façon on verra que nous ſommes d'accord, ou avec tous, ou avec la pluspart.

Mais auparavant il faut remarquer qu'il y a quatre divers ordres de ces conſequences.

Les premieres ſont celles qui ne conſiſtent proprement qu'à dire la même choſe en des termes equivalens. C'eſt de cette maniere que nous prouvons contre les Sociniens la ſatisfaction de Jeſus Chriſt. En effet il eſt bien vrai que l'Ecriture ne ſe ſert pas de ce terme ſur ce ſujet, mais elle en emploie pluſieurs autres qui ont la même force. Elle dit que Jeſus Chriſt eſt mort pour nous, & en nôtre place, qu'il s'eſt donné ſoi-même en rançon pour nous, qu'il nous a reconciliés avec Dieu, que ſa mort eſt un ſacrifice propitiatoire, &c. ce qui revient viſiblement à la même choſe que ſi elle avoit dit expreſſement & formellement qu'il a ſatisfait pour nous.

Les ſecondes ſont celles qu'on tire d'une propoſition generale que l'Ecriture fournit, y ajoûtant une propoſition particuliere qui fait voir que le ſujet de la concluſion eſt compris dans celui de la propoſition generale, comme ſi je diſois, *Tous les hommes ſont pecheurs, Tous les hommes ſont mortels. Tous les hommes reſuſciteront. Or eſt il que Pierre eſt un homme. Donc Pierre eſt un pecheur. Donc Pierre eſt mortel. Donc Pierre reſuſcitera.*

Les

Les troisiémes sont la conclusion d'un Syllogisme, dont les deux premisses sont revelées, comme si je disois, *Si Jesus Christ est resuscité, nous resusciterons. Jesus Christ est resuscité. Donc nous resusciterons.* Ou comme si je disois; *S. Jean Baptiste étoit Fils de Zacharie. Zacharie étoit de la tribu de Levi. Donc S. Jean Baptiste étoit de la tribu de Levi.* En effet la majeure & la mineure de ces deux Syllogismes sont de l'Ecriture.

Les dernieres sont celles qu'on tire d'une proposition revelée, & d'une autre conuë par la lumiere naturelle. C'est ainsi que les Anciens disputoient contre les Monothelites, qui nioient que Jesus Christ eût une volonté humaine. Ils disoient, *Tout homme veritablement homme a une volonté humaine. Jesus Christ est veritablement homme. Donc il a une volonté humaine.* La lumiere naturelle nous apprend la premiere de ces propositions, & la seconde est de l'Ecriture.

Cela posé de la sorte je dis que selon tout ce que j'ai leu de Scholastiques les consequences du premier ordre, je veux dire celles qu'on tire en des termes equivalens, sont des verités de foi. C'est de quoi ils donnent deux raisons, qui me paroissent demonstratives. L'une que lors que Dieu nous a adressé sa revelation, il ne nous a pas seulement appris de quels termes il trouvoit à propos de se servir pour nous instruire de sa verité. Il nous a aussi découvert par le moyen de ces termes les verités mêmes qu'il nous manifestoit par-là. Ainsi la revelation a pour objet, même pour principal objet, les choses mêmes que les termes signifient. Par consequent ces choses étant tousjours les mêmes, de quelque maniere qu'on les exprime, il est clair qu'elles sont tousjours l'objet de la foi.

L'autre raison qu'ils donnent de leur sentiment, c'est que si le contraire avoit lieu il faudroit necessairement exprimer les verités de la foi en Grec ou en Hebreu, & ceux qui ne sauroient pas ces deux langues, ou qui les sachant exprimeroient ce qu'ils croient en langue vulgaire, ne le pourroient croire de foi divine. Comme ceci seroit ridicule, il faut necessairement reconoître que les verités qu'on prouve par des textes conceus en des termes equivalens sont des verités de foi.

Ils disent à peu prés la même chose des consequences du second ordre, je veux dire de celles qu'on tire d'une proposition generale contenuë dans l'Ecriture. Ils conviennent qu'elles sont de foi, & la raison qu'ils en donnent me paroît solide. C'est que dire que tous les hommes sont pecheurs, c'est dire que Pierre, Jean, Jaques, & tous les autres le sont. Ainsi Dieu ayant dit le premier c'est la même chose que s'il avoit dit le second. Par consequent l'un est aussi bien de foi que l'autre.

Ils soûtiennent encore la même chose des consequences du troisiéme ordre; je parle de celles qu'on tire de deux propositions revelées. En effet dans ces occasions la conclusion est tousjours renfermée dans l'une des pre-

premisses, & par consequent les premisses étant revelées la conclusion l'est aussi.

Ainsi toute la difficulté se reduit aux consequences du dernier ordre, je veux dire à celles qu'on tire d'une proposition revelée, & d'une autre conuë par la lumiere naturelle. C'est sur ceci que les Scholastiques sont partagés. Les uns veulent que cette sorte de consequences soient de foi, les autres le nient, & disent que ce sont de simples conclusions Theologiques, dont le contraire est une erreur, au lieu que ce qui est opposé à la foi est une heresie.

La principale raison de ces derniers est que cette sorte de conclusions ne sauroient étre plus certaines que la proposition conuë naturellement, qui est l'un des principes d'où on les tire. Car outre que c'est une maxime constante dans la Logique que la conclusion suit tousjours la partie la plus foible de l'argument, outre cela, dis-je, on comprend sans péne que si la proposition dont nous parlons étoit fausse, l'argument ne vaudroit rien, & ainsi la conclusion seroit incertaine. De là ils concluent, que cette sorte de consequences ne sauroient étre de foi. Car, disent ils, toute proposition de foi est incomparablement plus certaine que la plus certaine de celles qui ne sont apperceuës que par la raison.

Mais premierement cette raison est frivole. Si elle avoit lieu il n'y auroit point du tout de foi dans le monde. La raison en est que dans quelque hypothese que ce soit il est impospossible d'imaginer aucun acte de foi qui ne dépende d'un grand nombre de verités evidentes. Par exemple lors que Jesus Christ disoit quelque chose aux Apostres, & qu'ils le croyoient, cet acte de foy supposoit toutes ces verités, que celui qu'ils voyoient étoit Jesus Christ, qu'il leur parloit, que le son de sa voix frappoit leurs oreilles, qu'il prononçoit telles ou telles paroles, que ces paroles avoient tel ou tel sens, &c. Lors qu'aujourd'hui nous lisons quelque chose dans l'Ecriture, & que nous en sommes persuadés, cette persuasion depend de ces verités, que nous avons un livre devant les yeux, que ce livre est celui qu'on appelle l'Ecriture Sainte, qu'il contient veritablement les paroles que nous croyons lire, que ces paroles ont tel, ou tel sens, &c. Je dis la même chose de la foi de l'Eglise Romaine. Lors qu'on croit dans son sein quelque chose qu'on trouve par exemple dans le Concile de Trente, la persuasion qu'on en a depend de ces verités, qu'on a un livre devant les yeux, que ce livre contient les decrets du Concile de Trente, qu'il y a dans l'un de ces decrets telles & telles paroles, que ces paroles ont tel & tel sens, &c. S'il y avoit une seule de ces propositions qui fût fausse, ou douteuse, l'acte de la foi qui en depend, n'auroit point de fermeté. Par consequent si l'argument des Scholastiques étoit bon, il prouveroit que la foi divine est impossible, ce qui est ridicule.

J'ajoûte en deuxiéme lieu qu'il y a tout au moins une espece de ce dernier ordre de consequences, qui est incontestablement de foi. Ce sont celles qui sont renfermées dans la proposition revelée, en sorte que la proposition evidente ne sert qu'à développer ce que la proposition revelée contient. Alors il est clair que la conclusion est revelée, puis qu'elle est contenuë & renfermée dans ce qui est revelé. Par exemple quand je dis, *Jesus Christ est veritablement homme. Tout homme est composé d'une ame & d'un corps, d'une ame doüée d'entendement & de volonté, & d'un corps organisé, étendu, borné, impenetrable, &c. Donc Jesus Christ a une ame & un corps, &c.* il est clair que la conclusion est renfermée dans la majeure. Car dire que Jesus Christ est homme c'est dire qu'il a l'essence & les proprietés d'un homme, ce que la mineure explique plus distinctement.

Il y a donc au moins un grand nombre de ces consequences qui sont de foi. J'ajoûte en troisiéme lieu qu'elles le sont toutes. C'est de quoi j'ai une autre raison, qui me paroît tres-considerable. C'est que rien n'est plus essentiel à la foi que l'obscurité. C'est là ce qui la distingue de la science, qui a la clarté pour son principal caractere. Il est pourtant vrai que toutes les conclusions dont nous parlons sont obscures. Je veux dire que la liaison du sujet & de l'attribut est inevidente, & pourroit être niée, si la proposition revelée, de laquelle on la conclut, ne l'empéchoit. Ainsi la conclusion demeure tousjours obscure & inevidente. Et comme bien qu'obscure & inevidente elle est tres-certaine, il faut de toute necessité qu'elle soit de foi.

Mais

Mais voici une objection qui paroît pressante. Si toutes les consequences de cet ordre étoient de foi, il s'ensuivroit qu'on ne pourroit les nier sans heresie. Il est vrai pourtant qu'il peut n'y avoir point d'heresie à nier cette sorte de conclusions. Il y en a sans doute lors qu'on ne nie la conclusion, que parce qu'on doute de la proposition revelée, d'où on la tire. Mais il n'y en a point lors qu'on ne rejette la conclusion que parce qu'on doute de la proposition conuë par la lumiere naturelle. Dans ce cas nier la conclusion peut bien étre une erreur, mais ce ne sauroit étre une heresie.

Je réponds que ceci depend de l'idée qu'on se forme de l'heresie. Si on entend par ce terme toute proposition veritablement contraire ou contradictoire à une proposition de foi, rejetter ces consequences sera une heresie. Car rejetter la consequence c'est renverser la proposition revelée, qui la comprend d'une maniere implicite. Mais si pour faire une heresie il faut, non seulement une veritable & reelle opposition à la foi, mais une opposition evidente & manifeste, comme on le croit communement, il est tres-possible qu'il n'y ait point d'heresie à rejetter cette sorte de conclusions, parce qu'en effet il est tres-possible qu'on ne voie pas assés nettement la liaison qu'elles ont avec les propositions revelées, qui en sont les principes.

Peut-étre même que toute cette question regarde plus les mots que les choses. En effet on convient que pourveu d'un côté qu'on

ne

ne tire ces conſequences, que de deux propoſitions, d'ont l'une ſoit conſtamment & inconteſtablement revelée, & l'autre abſolûment evidente, la conclusion qu'on en tirera ſera tres-certaine. On convient encore que cette concluſion étant telle, on doit en être persuadé d'une perſuaſion qui exclut tout doute, & toute crainte de ſe tromper. Ainſi toute la queſtion ſe reduit à ſavoir ſi on doit donner à cette perſuaſion le nom de foi, ou celui de ſcience. Or cela me paroît une ſimple queſtion de mots, qui depend uniquement du ſens où l'on prend ceux-ci, & de l'idée qu'on ſe forme de la choſe même. On peut entendre telle choſe par ces deux termes, que la perſuaſion dont il s'agit ſera foi, non pas ſcience, & telle auſſi que ce ſera ſcience, non pas foi.

Laiſſant donc à part cette queſtion, je me contente de dire trois choſes qui me paroiſſent inconteſtables. La premiere que plus les deux propoſitions, ſur leſquelles on raiſonne ſont, l'une evidente, & l'autre inconteſtablement revelée, plus la conſequence qu'on en tire a de certitude.

La ſeconde que plus ces conſequences ſont immediates, plus, les autres choſes étant égales, elles ſont certaines. En effet lors qu'on ne les deduit d'une propoſition revelée que par une longue chaine de conſequences, il eſt aiſé qu'on y coule quelque propoſition qui ne ſoit pas entierement evidente, ce qui affoiblira d'autant la certitude de la concluſion.

La troisiéme qu'il y peut avoir telle consequence, qui aura plus de certitude, que telle proposition expressement revelée. Ceci peut-être paroîtra hardi, mais je ne voi pas comment il est possible de le contester. Prenons d'un côté une de ces propositions exprimées en autant de termes dans l'Ecriture, mais en sorte que les endroits où elle se trouve puissent recevoir un autre sens, sans leur faire une violence extreme. Tel est par exemple ce que l'Histoire Sainte nous dit de l'universalité du deluge. En effet quelque fortes que soient les expressions de Moïse dans la Genese, il ne seroit peut-être pas impossible de les expliquer dans le sens qu'il faut necessairement donner à ce que Daniel dit au Roi Nebucadnezar, *En quelque part qu'habitent les enfans des hommes, les bêtes des champs, & les oiseaux des cieux, il te les a donnés en ta main, & t'a fait dominer sur eux tous.* Dan. II. 38.

Prenons d'un autre côté une consequence tirée d'un texte si clair, qu'il soit impossible de l'éluder, & d'une proposition de la derniere evidence, telle que pourroit étre celle-ci; *S'il y a eu un Apôtre distinct des douze, qui receurent le S. Esprit le jour de la Pentecôte il y en a eu tréze, en tout. Or est-il qu'il y a eu un Apôtre distinct de ces douze, savoir S. Paul. Donc il y a eu jusqu'à tréze Apôtres.* Cette consequence ne se trouve point en autant de termes dans l'Ecriture, mais elle suit necessairement de ses deux premisses, dont l'une est si evidente, qu'il faudroit avoir perdu le sens

pour

pour la contester, & l'autre est si clairement exprimée en divers endroits du Nouveau Testament, qu'il est impossible de la nier, si on reçoit ces livres comme divins. Cela étant peut-on me nier que cette proposition ne soit plus certaine que celle qui porte que le deluge fut universel?

Je ne produis ces deux propositions que pour servir d'exemple. On en pourroit alleguer un grand nombre de semblables, & chacun peut les trouver de soi-même.

CHAPITRE VIII.

Si tous les fidelles ont une égale certitude des verites qu'ils croient.

IL ne nous reste plus qu'à considerer la certitude par rapport à ses sujets, je veux dire aux personnes qui la possedent. Il est certain en premier lieu qu'à cet égard la certitude de la foi est tres-inegale, les uns craignant beaucoup moins de se tromper que les autres. Il est certain encore qu'une même personne a plus de certitude en un temps qu'en un autre. C'est ce que l'experience ne justifie que trop.

On demande d'où c'est que cette inégalité peut venir. Mais avant que de répondre à cette question il faut se souvenir de la distinction que j'ai indiquée dans le Chap. I. de ce livre. J'ai dit qu'il y a une double certitude, l'ul'une raisonnable, & l'autre qui ne l'est pas. La premiere vient de la solidité des motifs par lesquels on est persuadé, & de la maniere en laquelle on les comprend. La seconde est un veritable entétement qui vient en partie de l'attache qu'on a pour ses propres jugemens, & en partie de l'erreur qui fait qu'on n'apperçoit pas la foiblesse, & le peu de solidité des raisons par lesquelles on est persuadé.

C'est ce qu'on voit dans les fausses Religions, où tant de personnes ont plus d'attache pour leurs erreurs, que plusieurs fidelles n'en ont pour les plus constantes des verités revelées. Mais il ne faut pas s'imaginer que ceci n'ait lieu que dans les fausses Religions; on ne le croit que trop souvent dans la veritable, & en effet il n'y a point de doute que les prejugés de l'enfance, l'estime excessive qu'on peut avoir pour de certaines personnes, l'interét, l'orgueil, & cent autres causes qui produisent l'entétement, n'aient la même force à l'égard de la verité, qu'à l'égard de l'erreur.

Cette espece de certitude peut faire sans doute de tres-bons effets lors qu'elle accompagne la persuasion de la verité; mais elle n'a rien de bon absolûment en elle-même, & ce n'est que par un pur hazard qu'elle produit ces effets, puisque c'est par hazard & non par lumiere, & par élection qu'elle s'attache à la verité. Elle feroit la même si on avoit été élevé dans une fausse Religion. Ainsi quelque bien qu'elle fasse, je ne la saurois estimer.

Quoi

Quoi qu'il en soit, cette observation resout en partie la question proposée. On demande pourquoi parmi les fidelles il y en a de ceux qui croient avec plus de certitude & de fermeté que d'autres. Et il est aisé de répondre que l'entêtement & les causes qui le produisent peuvent avoir quelque part, & contribuër en quelque maniere à la production de cet effet. Mais il faut aussi se garder de croire que cet effet n'ait point d'autre cause que celle-là.

Lors que la certitude est raisonnable il vient uniquement de ce que les uns d'un côté penetrent mieux les motifs de credibilité que les autres, & de l'autre de ce que les uns, ou ne sentent pas tout autant la force des objections & des difficultés qui combattent en quelque façon les verités du salut, ou que la sentant ils en comprennent plus distinctement la foiblesse & la vanité.

Mais, dira-t-on, si cela étoit, les savans douteroient tousjours, moins que les ignorans, n'y ayant point de doute que les premiers ne penetrent mieux les raisons qui portent à croire, & n'aient plus de facilité à détruire les objections que les seconds. Cependant on voit assés souvent le contraire. Car combien n'y a-t-il pas d'artisans & de laboureurs qui croient plus fermement que tel Philosophe & tel Theologien?

Cette objection est assés specieuse: mais je ne croi pas qu'il soit impossible de la lever. Je conviens du fait qui lui sert de fondement. Mais je soûtiens qu'il peut venir de deux causes. La premiere est la disposition du cœur.

Le

Le savant peut étre orgueilleux, peut étre possedé de l'amour du monde & de ses faux biens. Le simple au contraire peut étre humble & homme de bien. Lors que cela arrive faut-il s'étonner si le dernier doute moins que le premier? Car qui ne sait que l'incredulité a sa principale source dans la corruption du cœur?

La seconde cause de cet effet c'est que le savant d'un côté a assés de lumiere pour voir les difficultés qui environnent les mysteres, & de l'autre n'en a pas assés pour les dissiper. Ainsi il n'est pas surprenant qu'il doute. Mais le simple n'apperçoit point du tout ces difficultés, ou s'il les apperçoit, il les méprise. Aprés cela faut-il s'étonner s'il doute moins que le premier?

Mais pour comprendre plus distinctement cette seconde difference, il faut remarquer que la certitude peut venir de trois differentes sources. La premiere de ce qu'on n'apperçoit que les raisons qui appuient ce qu'on croit, & qu'on ne voit pas les objections qui le combattent. La seconde de ce qu'on voit ces objections, mais que bien qu'on ne puisse les resoudre, on les méprise, parce qu'on sent bien que ce ne sont que des sophismes. Par exemple on ne peut douter serieusement de l'existence du mouvement. Les sens, la raison, & la foi la prouvent invinciblement. Cependant rien n'est plus mal-aisé que de bien répondre aux raisons par lesquelles Zenon avoit entrepris de justifier le contraire. Ces raisons embarrassent, mais elles ne convainquent

quent pas, parce qu'on ſent bien que ce ne ſont que des ſophiſmes. Enfin la derniere ſource de la certitude, c'eſt que penetrant les raiſons qui appuient ce qu'on croit, on reſout evidemment les objections.

Cette derniere certitude eſt ſans difficulté la plus parfaite, & la plus à ſouhaitter: mais elle n'eſt pas la ſeule dont Dieu ſe contente, & on ne comprend pas comment M. Nicole a peu s'imaginer le contraire. Si cela étoit, dans quelque Syſteme que ce ſoit, il n'y auroit point de ſalut pour les ſimples, qui ſont viſiblement incapables d'une telle certitude, ne l'étant pas de la diſcuſſion neceſſaire pour l'aquerir, ſoit dans nos hypotheſes, ſoit dans celles de la communion Romaine.

Mais en effet il n'y a point de doute que non ſeulement la ſeconde de ces certitudes, mais la premiere ne ſuffiſe aux ſimples. C'eſt auſſi celle qu'ils ont ordinairement. Ils voient les raiſons qui les portent à croire de certaines verités. Ils ignorent les objections des heretiques & des infidelles. Ainſi leur certitude n'eſt pas moindre que celle des plus ſavans, quoi qu'elle ſoit accompagnée de moins de lumiere & de conoiſſance.

Par exemple on leur dit que Jeſus Chriſt eſt vrai Dieu benit eternellement avec ſon Pere. On le leur prouve par pluſieurs paſſages de l'Ecriture, qui le diſent fort expreſſement. Mais on ne leur parle point des objections des Ariens & des Sociniens. Cela fait qu'ils le croient auſſi fortement, que ceux qui n'ignorant pas ces objections peuvent les reſoudre.

Je dis la même chose de ceux qui ayant un peu plus de lumiere, savent ces objections, & les méprisent, non par la raison qu'on en donne ordinairement, & dont j'avouë que je ne suis pas entierement satisfait, mais par une autre que j'ai indiquée. On dit qu'Aristote même a remarqué que lors qu'on est bien convaincu d'une chose par de bonnes & de solides raisons, on doit mépriser les difficultés, quoi qu'on ne puisse les resoudre, & en donne pour exemple la divisibilité du continu à l'infini, qui se demontre, & dont on ne laisse pas de se persuader, quoi qu'on ne puisse répondre solidement aux objections.

Cette maxime pourroit avoir lieu pourveu qu'on fût bien seur que ce qui porte à ne pas douter de la chose est veritablement des preuves, & que les objections qu'on fait au contraire ne sont que de simples difficultés. Mais n'est-il pas tres-possible que ce qu'on prend pour de simples difficultés, soient des preuves; & que ce qu'on regarde comme des preuves, ne soient que des difficultés?

Pour moi je suis persuadé que si les raisons des deux côtés paroissent d'une égale force, il faut suspendre son jugement, & que si l'un a quelque inégalité, on ne doit se rendre aux plus fortes qu'avec cette crainte de se tromper, qui fait le caractere de l'opinion.

Il n'en est pas de même lors qu'on a lieu de se persuader que les objections qui combattent des verités solidement appuiées ne sont que des sophismes, comme il arrive assés souvent. Alors il est permis de les mépriser

priser, & il est bon même de le faire.

CHAPITRE IX.

Où l'on répond à deux questions.

CEla posé de la sorte il est aisé de resoudre quelques questions qu'on peut faire sur ce sujet. On demande en premier lieu si la certitude qui accompagne la foi est jamais parfaite ici sur la terre, ou ce qui revient à la même chose, si elle égale jamais l'evidence des motifs qui portent à croire.

Avant que de répondre à cette question il faut remarquer deux choses. La premiere qu'il ne s'agit pas ici d'une certitude d'entêtement, qui peut venir des prejugés de l'enfance, de l'interét, des passions, de la vanité, &c. mais d'une certitude sage, éclairée, & raisonnable. En effet il n'y a point de doute que la premiere ne puisse, je ne dirai pas égaler, mais exceder l'evidence des motifs de credibilité. Pourquoi ceci seroit-il impossible à l'égard des verités revelées, puis qu'on le voit tous les jours à l'égard des plus grossieres erreurs?

La seconde remarque qu'il est bon de faire c'est qu'on peut entendre cette question, & de la certitude de speculation, & de la certitude d'adherence. Mais comme ces deux certitudes n'ont pas le même fondement, leur perfection n'est pas la même. Le fon-

 dement

dement de la premiere c'eſt l'evidence. Le fondement de la ſeconde c'eſt la beauté, l'utilité, & l'excellence. Ainſi la premiere eſt parfaite lors qu'elle égale l'evidence des motifs de credibilité: & la ſeconde l'eſt, lors qu'elle égale la beauté, l'utilité, & l'excellence de ce qu'on croit.

Cela ſuppoſé je dis que quelle que ce ſoit de ces certitudes eſt tousjours imparfaite pendant cette vie. C'eſt ce que tous nos Theologiens ſoûtiennent, & ils le prouvent par la demande des Apôtres, *Seigneur augmente nous la foi*, & par celle du pere de cet enfant lunatique que Jeſus guerit, *Je croi Seigneur, mais ſubvien à mon incredulité.* Ils le prouvent encore par l'exemple des autres vertus, qui ſont tousjours imparfaites pendant cette vie. Ils le prouvent enfin par cette conſideration, que la foi étant le principe & la ſource de la ſanctification, ſi la foi étoit parfaite, la ſainteté le ſeroit. Tout cela eſt aſſés aiſé, & ne demande pas que l'on s'y arréte.

On demande en deuxiéme lieu ſi cette certitude que nous attribuons à la foi eſt incompatible avec le doute. Il eſt aiſé de répondre que ſi on prend ce terme de doute dans ſa propre & naturelle ſignification, entendant par-là la ſuſpenſion de l'eſprit, qui n'oſe ſe determiner ſoit à affirmer, ſoit à nier, le doute eſt incompatible, non ſeulement avec la certitude, mais même avec la foi, ſoit divine, ſoit humaine, comme on l'a fait voir dés l'entrée de ce Traité. Mais ſi par le doute on entend la crainte de ſe tromper qui

qui fait le caractere essentiel de l'opinion, il en faut juger autrement. Il faut dire qu'un tel doute est bien opposé à la certitude, mais qu'il n'est pas incompatible avec la nature de la foi en general, comme il paroît par l'exemple de la foi humaine, qu'une telle crainte accompagne ordinairement.

Pour ce qui regarde la foi divine, je croi qu'on peut admettre la distinction de M. Arnaud, & la maniere en laquelle il l'applique. Voici ce qu'il dit dans son renversement de la Morale pag. 901. *Nous distinguons deux sortes de doutes, dont l'un peut être appellé un doute d'adherence, & l'autre un doute de tentation. Le premier est en ceux qui adherent & consentent aux pensées qu'ils ont que ce qu'ils lisent dans les livres n'est point tel qu'ils y puissent ajoûter une entiere & parfaite creance, & c'est en cette maniere que les Catholiques peuvent douter sans peché de beaucoup d'histoires qui sont dans la vie des Saints. Or il est clair que cette sorte de doute est incompatible avec la foi divine, qui enferme essentiellement une pléne & entiere persuasion de ce que l'on croit de cette sorte, & par consequent une exemption de doute & d'incertitude. L'autre sorte de doute que nous avons appellé un doute de tentation, est quand il nous vient des pensées qui nous portent à remettre en doute ce qu'on nous propose à croire, ou que nous croyons déja, mais nous les regardons comme des tentations que nous sommes obligés de combattre, & que nous combatons en effet, en les rejettant autant qu'il nous est possible, & n'y donnant point de consentement. Et c'est le seul doute qui est compatible avec la foi, non seulement foible, mais quelquefois même tres forte, parce que Dieu permet quelquesfois, que de grands Saints soient tentés par le Demon en cette maniere, qui est la plus rude épreuve où il puisse mettre leur fidelité. Mais comme ces doutes ne sont point volontaires, il seroit ridicule d'y avoir égard pour faire difficulté d'avouër que tous les vrais Chrétiens, par exemple, ont une certitude de foi divine que Jesus Christ est Dieu.*

Tout cela me paroît tres-vrai, pourveu qu'on y ajoûte une restriction, que je croi absolûment necessaire. Il y a deux sortes de doutes d'adherence. Les uns passent assés vîte, & aprés avoir sejourné dans l'ame pendant quelques momens, se dissipent, & laissent revenir la certitude, qui convient si bien à la foi. Les autres durent fort long-temps, quelques-uns même durent tousjours, & celui qui en est travaillé ne vient jamais à s'en affranchir. Je croi les derniers incompatibles avec la foi, mais je ne voudrois pas dire la même chose des premiers. Ceux-ci ébranlent la foi, & l'affoiblissent, mais ne la ruinent pas tout à fait.

Que si on me demande jusqu'où cela peut aller, je répondrai que Dieu le sait, mais que pour moi je l'ignore, & ne doute point que les plus savans ne l'ignorent aussi bien que moi.

Il ne sera peut-être pas inutile d'ajoûter que ces doutes peuvent venir de trois sources. On peut douter d'un article, ou parce qu'on ne croit pas que tout ce que Dieu a reve-

revelé soit veritable, ou parce qu'on doute qu'il ait revelé aucune des choses que nous croyons, ou parce qu'on doute que cet article particulier soit compris dans l'ordre de ceux que Dieu a revelés, les endroits de l'Ecriture sur lesquels on l'appuie ne paroissant pas assés exprés, &c. On comprend sans péne que les deux premiers de ces doutes sont tout autrement criminels, & tout autrement incompatibles avec la foi que le troisiéme. Les premiers conduisent à l'incredulité, & le troisiéme ne jette que dans l'heresie.

CHAPITRE X.

Où l'on répond à quelques objections de M. Nicole.

APrés ce que je viens de dire rien n'est plus aisé que de faire voir la foiblesse de quelques-unes des objections de M. Nicole. Il pretend qu'il est impossible que nos simples aient aucune certitude des verités du salut, & le prouve par cette raison, qu'il n'y a que deux voyes pour s'asseurer de quoi que ce soit, celle de l'examen, & celle de l'autorité. Il dit que nous rejettons la seconde, voulant que châque fidelle se conduise par ses propres lumieres, & ne se repose pas sur celles de l'Eglise. Il en conclut qu'il ne nous reste que l'examen. Et il soûtient que cet examen excede la portée des simples, ce qu'il prouve ensuite fort au long, soit dans ses prejugés, soit dans son livre intitulé, *Les Calvinistes convaincus de schisme*.

On lui a répondu qu'il y a un double examen, l'un qu'on appelle *d'attention*, ou *d'application*, l'autre *de discussion*. On lui a avoüé que les simples sont incapables du second, mais on lui a soûtenu qu'ils ne le sont pas du premier.

Je ne rejette pas absolûment cette réponse, je croi seulement que la distinction qui en est le fondement n'est pas assés nettement exprimée, ce qui peut faire quelque embarras. A parler exactement l'attention n'est pas une espece particuliere d'examen, mais une condition absolûment necessaire à tout examen, de quelque nature qu'il soit.

J'aimerois mieux dire qu'il y a une double certitude, l'une qu'on peut appeller une certitude *simple*, & dont les plus ignorans sont capables, l'autre qu'on peut appeller une certitude *de reflexion*, & qui n'appartient qu'à un fort petit nombre de savans.

J'appelle une certitude simple celle qui à la verité exclut tout doute, mais n'est accompagnée d'aucune reflexion sur les raisons qu'on a de ne point douter. J'appelle une certitude de reflexion celle qui ne se contente point de ne pas douter, mais examine les raisons qu'elle a de ne le pas faire, & en fait une exacte analyse en remontrant depuis les conclusions jusqu'aux premiers principes de nos conoissances.

Par exemple, je voi qu'il est jour, j'en suis persuadé, je n'en doute point. Mais aussi

auſſi c'eſt tout. En effet je n'examine point s'il eſt poſſible que je me trompe, ſi je veille, ſi les ſenſations qui m'en aſſeurent ſont de la nature de celles qui peuvent nous jetter dans l'erreur, s'il eſt juſte de ſi fier, &c. Sans entrer dans aucune de ces diſcuſſions, ſans même que la penſée m'en vienne dans l'eſprit, je ne laiſſe pas d'étre perſuadé qu'il eſt jour, & d'en avoir une certitude qui exclut tout doute.

On me demande ſi un & un ſont deux. Je réponds qu'il n'en faut point douter, parce qu'en effet la choſe me paroît de la derniere evidence. Il reſteroit à examiner ſi l'evidence eſt le caractere certain & infaillible de la verité. Il faudroit voir ſi les raiſons des Pyrrhoniens qui le nient ont quelque force. Mais ſans faire ces reflexions, & ſans penſer ni aux Pyrrhoniens, ni à leurs raiſons, je dis ſans heſiter qu'un & un ſont deux.

C'eſt là ce que j'appelle une certitude ſimple. Mais lors qu'en donnant mon conſentement à ces deux propoſitions, *Il eſt jour*, & *un & un ſont deux*, je fais toutes les reflexions que j'ai indiquées, & les examine les unes aprés les autres, juſqu'à-ce que je m'arréte aux premieres ſources de la certitude, j'ai cette eſpece de certitude que j'appelle de reflexion.

Cela poſé j'avoue à M. Nicole que nos ſimples n'ont pas cette ſeconde eſpece de certitude. Il l'a prouvé ſolidement, il faut l'avouër. Mais il eût bien peu s'épargner cette péne, puis qu'en effet c'eſt une choſe que personne ne lui conteste. Mais il y a deux questions que je voudrois faire à ceux qui admirent son Livre.

La premiere si les simples de la communion Romaine ont une telle certitude des propositions suivantes, qui composent leur analyse, qu'il y a un Dieu, que ce Dieu prend garde à ce qui se fait dans le monde, qu'il veut être servi & adoré par les hommes, qu'il veut l'être d'une certaine maniere, que pour savoir comment il veut l'être le meilleur est de le demander à ce qu'on appelle l'Eglise, que cette Eglise qu'il faut consulter est la Romaine, que cette Eglise Romaine enseigne qu'il faut croire telle & telle chose, &c.

La seconde question que je voudrois faire à ces Messieurs, c'est s'il n'est pas vrai que generalement tous ceux qui ne sont pas Philosophes, & les trois quarts & demi de ceux qui le croient être, n'ont pas une telle certitude, je ne dis pas des dogmes de la Religion, mais absolûment de quoi que ce soit.

S'il y a quelque pudeur & quelque bonne foi dans le monde on m'avouëra qu'on ne peut dire ni l'une ni l'autre de ces deux choses. On m'avouëra que rien n'est plus rare qu'une telle certitude, & que de cent mille personnes à péne y en a-t-il une seule qui soit en état de s'en vanter.

Est ce donc qu'il n'y a presque point de certitude dans le monde? Est-ce que la plus part des hommes n'en ont aucune? Point du tout. Mais c'eſt que n'ayant, ni ne pouvant avoir la certitude de reflexion, ils ſe contentent de la ſimple, ſoit ſur la Religion, ſoit ſur le reſte des choſes. Mais ſi cela eſt pourquoi trouve-t-on ſi mauvais que nos ſimples n'en aient point d'autre ?

On les inſtruit des myſteres de la Religion. On les leur fait voir dans l'Ecriture. On leur dit que cette Ecriture eſt la parole de Dieu. On le leur prouve le mieux que l'on peut. Ils le croient. Ils n'en doutent point. Ils pratiquent ce qu'on leur apprend. Pourquoi celà ne leur ſuffiroit-il pas pour les amener au ſalut ?

CHAPITRE XI.

Réponſe à une objection.

ON dira ſans doute que la voie que je propoſe pour conduire à la certitude n'eſt pas moins propre à produire une certitude d'erreur qu'une certitude de verité. On dira que pour s'en convaincre il ne faut que ſe figurer deux hommes également groſſiers & ignorans, mais avec cette difference que l'un étant né parmi les Proteſtans on l'inſtruiſe de la verité, & que par exemple on lui propoſe à croire la divinité eternelle du Fils de Dieu, la lui prouvant par quelques-uns des endroits de l'Ecriture où cette verité eſt ſi clairement exprimée, & que l'autre étant Socinien de naissance on l'instruise dans les principes de cette secte, & on lui prouve par les textes de l'Ecriture, dont ces heretiques abusent, que Jesus-Christ n'étoit qu'un simple homme. Il est tres-probable qu'ils croiront tous deux ce qu'on leur dira. L'un en doutera aussi peu que l'autre. Ainsi voilà une égale certitude produite par le moyen que je propose. Donc ce moyen est également propre à faire naître une certitude d'erreur, & une certitude de verité.

Cette objection paroît fort pressante: mais j'ai quatre reflexions à lui opposer. La premiere qu'on se trompe grossierement si l'on s'imagine que nous soyons les seuls à qui cette difficulté fasse de la péne. Il n'y a point de systeme qui n'ait le même interét que nous à s'en affranchir. Et en effet elle est également pressante contre tous.

C'est ce qui paroît en particulier à l'égard des hypotheses de l'Eglise Romaine. Les Scholastiques sont si éloignés de nier que ce qu'on nous oppose ne puisse arriver dans leur communion qu'ils le regardent comme une preuve demonstrative qui justifie cette these, qui est tres-constante parmi eux, *Qu'il ne faut pas s'imaginer qu'on ne puisse, ou qu'on ne doive croire de foi divine, que ce qui est proposé d'une maniere qui ne puisse tomber sur un objet faux.* Voici l'une des raisons dont le Jesuite Tanner se sert pour prouver cette these.

Si le contraire, dit-il, *avoit lieu, il s'ensuivroit que plusieurs du peuple fidelle ne croiroient pas de foi divine les verités revelées, y en ayant plusieurs*

plusieurs parmi les simples qui ne sont portés à croire que par des motifs qu'on peut trouver dans les sectes fausses, tels que sont l'autorité de leurs ancétres & des Pasteurs qu'ils conoissent, ce qu'on leur dit des miracles qu'ils croient sans les avoir veus eux-mêmes, mais en étant persuadés par l'autorité humaine de ceux qu'ils jugent dignes de foi dans les conjonctures où ils se trouvent. Que s'il faloit, outre cela qu'ils seussent evidemment qu'on croit la même chose dans toute l'Eglise qui est répanduë dans le monde, premierement combien se passeroit-il d'années avant qu'ils peussent avoir une telle evidence, que les plus habiles même n'ont pas tousjours? D'ailleurs si on n'y ajoûte rien de quoi tout cela sert il pour établir cette certitude & cette infaillibilité de la proposition, puis que rien n'empéche que l'erreur ne se répande tout autant que la verité, &c. Tanner. de fide disp. I. quæst. 2. Dub. 5.

Les autres Scholastiques disent à peu prés la même chose, particulierement *Arriaga de fide disp. 4. Sect. 5. & Platelius de fide cap. I. §. 2. n. 61.* Par où l'on peut voir quelle est la sincerité de ces disputeurs qui nous font de ces objections, comme si elles n'avoient pas la même force contre ceux qui nous les opposent. En particulier les premiers Chapitres du Livre de M. Nicole qui a pour titre, *Les Calvinistes convaincus de Schisme*, ne tirent que de cette fausse supposition tout ce qu'ils ont de plus éblouïssant, & cette seule observation suffit pour en découvrir l'illusion.

Nous pourrions donc laisser passer cette objection & recevoir tout ce qu'elle semble prouver, ſans que nos Adverſaires en peuſſent tirer aucun avantage, puis que tous ceux qui ont quelque ſincerité parmi eux avouënt que cet inconvenient eſt inevitable dans leurs hypotheſes. Mais en effet je n'ai garde d'admettre ceci, & d'abandonner de cette maniere la defenſe de la foi des ſimples.

Je dis donc en deuxiéme lieu qu'il y a bien de la difference entredire qu'une voie eſt de ſoi, & de ſa nature également propre à jetter dans l'erreur, & à conduire à la verité, & dire qu'une voie n'étant propre de ſa nature qu'à conduire à la verité, & y conduiſant infailliblement tous ceux qui ſavent en faire un bon uſage, jette dans l'erreur ceux qui n'en uſent pas comme il faut. Il faut ſans doute ſe contenter du ſecond, & il y auroit une injuſtice viſible à demander une voie qui quelque uſage qu'on en peût faire conduiſit infailliblement à la verité. J'avouë que nous n'en avons point de telle: mais auſſi il n'y a perſonne qui ne faſſe le même aveu.

Il eſt pourtant vrai qu'on peut dire la premiere de ces deux choſes de la voie que nos Adverſaires propoſent, & qu'on ne peut dire de la nôtre que la ſeconde. L'autorité d'un Curé, ou d'un Evêque, eſt de ſoi auſſi propre à jetter un ignorant dans l'erreur, qu'à lui faire conoître la verité. Au lieu que l'Ecriture n'eſt propre de ſa nature qu'à inſtruire de la verité. Il y a donc une difference ſenſible entre la voie que nous propoſons, & celle de nos Adverſaires.

En troiſiéme lieu je dis que dans le cas de l'obl'objection, il y aura une tres-grande difference entre la certitude de l'heretique, & celle de l'Orthodoxe. La premiere ne sera qu'une certitude de fait, & la seconde sera une certitude de droit. La premiere aura un fondement trompeur & incertain, je veux dire une fausse interpretation de l'Ecriture, au lieu que la seconde aura un fondement solide, savoir des passages de l'Ecriture bien expliqués, & bien entendus.

Enfin je dis que si on suppose ces deux ignorans absolûment égaux & semblables en tout ce qu'ils ont d'eux-mêmes, il y aura une tres-grande diversité dans leur persuasion. En effet l'heretique n'agira que par les seules forces de la nature, au lieu que l'Orthodoxe sera secouru par la grace qui ouvrira son esprit, & l'élevera en quelque façon au dessus de lui-même, conformement à ce que j'ai dit sur ce sujet dans le Chapitre dernier du premier livre. Par consequent la persuasion qu'il aura sera plus vive & plus forte que celle de l'heretique.

C'est là à peu prés le sentiment de Tanner dans l'endroit que j'ai allegué n. 133. Il dit que la lumiere & le secours de la grace fait que l'homme donne son consentement à l'objet de la foi avec plus de fermeté & de certitude qu'aucune force naturelle de cette même puissance ne sauroit la porter à consentir à ce qui est faux. *Quin etiam hoc ipsum lumen, seu gratiæ auxilium facit ut homo certiùs aliquomodo, etiam ex parte potentiæ assentiatur objecto vero fidei, quàm quævis naturalis vis ejusdem*

po-

potentiæ, id facere possit circa falsum assensum.

Il y a seulement deux petites differences entre ma pensée & celle de ce Jesuite. L'une qu'il ne parle que des secours ordinaires de la grace, qui sont communs à tous les fidelles, au lieu que je parle d'un secours extraordinaire & particulier aux simples, lequel est destiné à suppléer ce defaut de capacité, & de penetration naturelle, qui les empéche de comprendre ce qui leur est proposé.

L'autre que le secours dont Tanner parle, supplée ce qui manque à l'objet, ce qui selon moi approche du fanatisme, au lieu que celui dont je parle ne sert qu'à corriger & à reformer la mauvaise disposition du sujet, ce qui n'a rien qui puisse avoir la moindre ombre de difficulté.

Il paroît au reste par-là que l'operation du S. Esprit que je pose, soit dans les ignorans, soit dans les savans, & que je croi necessaire pour la production de la foi, n'en est point le fondement. Afin qu'elle le fût trois choses seroient necessaires. La premiere que le fidelle sentît tousjours cette operation. La seconde qu'il seût avec certitude qu'elle vient du S. Esprit. La troisiéme qu'il seût avec une certitude semblable que le S. Esprit ne determine jamais à rien croire qui ne soit vrai.

Je ne sai si on oseroit asseurer que la premiere de ces trois choses soit perpetuelle: Pour moi je la croi tout au moins fort rare. La seconde & la troisiéme supposent la foi, & par consequent ne sauroient avoir lieu dans le premier acte de la foi. Dans cette suppo-

sition

fition je croi qu'il seroit impossible de répondre solidement à l'objection de ceux qui nous accusent de faire cette espece de faux raisonnement qu'on appelle un cercle vicieux. Nous recevrions l'Ecriture sur le témoignage du S. Esprit, & nous croirions qu'il y a un S. Esprit sur le témoignage de l'Ecriture.

Je croi donc que cette operation du S. Esprit n'est nullement le fondement de la foi, & ne doit point étre alleguée à ceux qui nous demandent ce que c'est qui nous persuade des verités du salut.

Mais pour démêler tout ceci un peu davantage, il faut rappeller ce que nous avons remarqué dans un autre endroit, savoir qu'il y a une double analyse de nôtre foi. L'une consiste à rechercher quelle en est la cause physique & efficiente, comme on parle dans les écoles. L'autre consiste à rechercher quelle en est la cause morale & objective. On demande dans la premiere ce que c'est qui produit la foi dans nos cœurs. On demande dans la seconde quel est le motif qui nous porte à croire.

Lors qu'on nous fait la premiere de ces deux questions, il faut répondre que c'est le S. Esprit qui nous donne la force de croire. Mais lors qu'on nous fait la seconde, il ne faut rien dire du S. Esprit. Il faut dire que ce qui nous porte à croire c'est l'autorité ou le témoignage de Dieu, qui nous a revelé ce que nous croyons. Si on continuë à nous presser d'où c'est que nous savons que Dieu a revelé ce que nous croyons, nous devons alleguer

alleguer les motifs de credibilité qui le prouvent.

Si lors que Jesus Christ eût rendu la veuë à l'aveugle né quelqu'un lui eût demandé d'où il savoit qu'il étoit jour, il auroit répondu sans doute que ses yeux ne lui permettoient pas d'en douter. Mais si on lui eût demandé d'où lui venoit la liberté qu'il avoit de se servir de ses yeux, & de recevoir l'impression de la clarté du Soleil, il auroit répondu sans doute que c'étoit un effet de la bonté & de la puissance de Jesus Christ qui l'avoit gueri.

Lors qu'on nous demande de même ce que c'est qui nous persuade que Dieu a revelé les verités du salut, nous répondons en produisant les motifs de credibilité, qui ne sont autre chose que les caracteres de divinité qui paroissent visiblement dans la revelation que Dieu nous a adressée. Mais si on nous demande qui c'est qui nous a rendus assés clair-voyans pour appercevoir ces caracteres de divinité que tant d'incredules n'apperçoivent pas, nous répondons que c'est un effet de la grace. Et en tout cela il est clair qu'il n'y a pas l'ombre même & l'apparence d'un cercle.

Nos Adversaires ne doivent faire aucune difficulté d'admettre cette réponse, & la distinction qui lui sert de fondement, puis qu'ils s'en servent eux-mêmes dans les occasions, comme on peut le voir dans Suarés *de fide disp.* 3. *sect.* 3. & dans Tannerus *de fide quæst.* 1. *dub.* 3. n. 53.

CHA-

CHAPITRE XII.

Deux conſequences qu'on peut, & qu'on doit tirer de ce qui vient d'être dit dans les Chapitres precedens.

CE que je viens de dire fait voir clairement que ni la foi, ni les motifs de credibilité, n'ont point d'autre certitude que la morale, & n'en ont pas même le plus haut degré. Cela poſé deux verités me paroiſſent inconteſtables.

La premiere qu'il étoit abſolûment impoſſible que Dieu nous ordonnât de croire aucun dogme qui parût evidemment faux, ſoit aux ſens, ſoit à la raiſon, aprés que ces ſens & cette raiſon auroient pris les precautions dont les ſages ont convenu, & qui ſont neceſſaires dans toute ſorte d'occaſions, & ſur toute ſorte de ſujets.

Cette verité eſt tres-certaine, & je ne crois pas qu'on puiſſe me la conteſter. En effet ſi Dieu reveloit un dogme qui parût evidemment faux aux ſens, & à la raiſon, il arriveroit de deux choſes l'une. Ou ce dogme ſeroit auſſi faux qu'il le paroîtroit, ou paroiſſant faux il ne laiſſeroit pas d'être veritable.

On convient que le premier eſt impoſſible, rien n'étant plus viſiblement oppoſé à la *veracité* eſſentielle à l'être ſouverainement parfait,

fait, que d'attester quelque fausseté.

Le second banniroit la certitude du monde, & établiroit sans reserve le Pyrrhonisme. En effet toute la dispute qu'il y a entre les Pyrrhoniens & les Dogmatiques, se reduit uniquement à savoir si l'evidence est le caractere certain & infaillible de la verité. Les Dogmatiques l'asseurent, & les Pyrrhoniens le nient. Ces derniers soûtiennent que la verité n'a aucun caractere qui la distingue certainement de la fausseté, que l'evidence peut nous tromper, & nous jetter dans l'erreur, qu'ainsi on ne doit nullement conter, ni sur ce caractere, ni sur aucun autre. Au contraire les Dogmatiques pretendent que la verité a des caracteres certains & infaillibles, & que ces caracteres se reduisent tous à l'evidence. Par consequent dire que l'evidence peut nous tromper c'est donner gain de cause aux Pyrrhoniens, & ruiner sans reserve la certitude. C'est pourtant le dire que de soûtenir qu'il y peut avoir des dogmes, qui bien que veritables, paroîtront evidemment faux. C'est associer la fausseté & l'evidence, & par consequent faire de l'evidence un caractere trompeur, qui pourra également se trouver joint à la verité & à la fausseté.

Cela au reste posé qui ne voit en premier lieu que ce seroit fort vainement qu'on s'amuseroit, soit à raisonner sur quoi que ce soit, soit en particulier à chercher des preuves pour établir ce qu'on veut persuader aux autres? Quelque convaincantes qu'elles peussent être, l'Adversaire auroit tousjours une réponse

réponse préte pour les éluder. Il n'auroit qu'à dire, *Il est vrai que vos preuves sont evidentes. Mais qu'importe ? Quelque evidentes qu'elles soient elles peuvent être fausses, car l'evidence n'est pas la marque certaine de la verité. Ainsi j'agirois imprudemment si j'y deferois.*

En particulier il seroit fort inutile de prouver la verité de la Religion Chrétienne. Les infidelles n'auroient que ce même mot à dire pour renverser le travail de ceux qui leur auroient prouvé avec toute la force possible que le Christianisme est la production de Dieu. Et si les raisons qui prouvent la verité de la Religion Chrétienne, ou pour m'expliquer d'une maniere plus generale, si les motifs de credibilité n'ont aucune force, dequoi sert-il de les alleguer ? Comment même sera-t-il possible de croire ?

Premierement on convient qu'il est impossible de croire ce qui est obscur en tout sens, & que rien ne porte plustôt à regarder comme vrai que comme faux. Imaginons-nous par exemple qu'un homme qui n'auroit aucune marque d'une mission extraordinaire, nous asseurât que Dieu lui a revelé une verité obsolûment obscure, par exemple qu'il y a precisement un tel nombre d'Anges dans le ciel. On m'avouëra qu'il y auroit de la temerité & de l'imprudence à le croire.

Peut-on d'un autre côté me nier qu'on ne doive faire le même jugement d'une verité prouvée par des raisons qui peuvent être aussi bien

bien fausses, que solides, que d'une verité qui n'est appuyée d'aucune preuve? Peut-on me nier qu'une verité mal prouvée ne soit aussi obscure qu'une verité non prouvée? N'est-il pas vrai même que ce n'est pas veritablement prouver que de prouver mal? Si donc il y a de la temerité à se persuader une verité non prouvée, il n'y en a pas moins à s'en persuader une qui n'est prouvée que par de mauvaises raisons.

D'ailleurs on convient qu'on ne sauroit croire sagement, si ce qu'on croit ne paroît evidemment croyable. Et quelle credibilité pourroient avoir les verités du salut, si on n'avoit aucune bonne raison pour s'asseurer que Dieu les a revelées? Et quelle bonne raison peut-on avoir de s'asseurer, ni de ceci, ni de quoi que ce soit, si l'evidence n'est pas le caractere de la verité?

Mais je veux que cette hypothese laisse aux motifs de credibilité toute l'evidence, & toute la certitude qu'ils ont naturellement. Ne la perdront-ils pas par une autre voie? N'est-il pas vrai qu'une evidence plus petite s'évanouït lors qu'elle est combattuë par une plus grande? Ou pour parler plus juste, n'est il pas vrai que c'est ce qui arriveroit si le cas étoit possible, car je ne conviens pas qu'il le soit. Figurons-nous donc que Dieu nous revele un dogme dont la fausseté paroisse metaphysiquement evidente. De quoi servira-t-il de prouver par des raisons qui n'aient point d'autre evidence que la morale, que c'est Dieu qui l'a revelé? Ne sera-t-il pas plus evi-

dent:

dent que le dogme eſt faux, & conſequemment que Dieu ne l'a point revelé, qu'il ne le ſera qu'il l'a revelé? En effet ce dernier n'aura qu'une evidence morale, & le contraire aura l'evidence metaphyſique.

D'un autre côté dira-t on qu'un dogme evidemment faux eſt evidemment croyable? N'y auroit-il pas de la contradiction à le dire? Dans cette ſuppoſition donc il y auroit de la temerité à croire un tel dogme, puis qu'il y en a tousjours à croire ce qui bien loin de paroître evidemment croyable, paroît evidemment incroyable.

Il étoit donc impoſſible que Dieu nous revelât rien qui fût directement oppoſé au rapport des ſens, & aux lumieres de la raiſon. Mais ſi cela eſt, ne devons nous pas en deuxiéme lieu tenir pour conſtant qu'il n'a jamais revelé le dogme de la Tranſſubſtantiation, qui eſt ſi viſiblement oppoſé, & à ce rapport, & à ces lumieres? C'eſt ce que je croi avoir demonſtré, & dans mon Traité de l'autorité des ſens, & dans mes Entretiens ſur l'Eucariſtie. C'eſt pourquoi je ne m'y arréterai pas preſentement.

CHAPITRE XIII.

De la seconde proprieté de la foi, qui est sa pureté.

LA revelation n'est pas seulement le fondement de la foi, elle en est encore la regle & la mesure. Nous ne devons croire que ce que Dieu nous a revelé. Nous devons croire tout ce qu'il nous a revelé. Si nous remplissons le premier de ces deux devoirs nôtre foi sera une foi pure, & si nous nous aquittons du second, elle sera pléne & étenduë. La pureté est la seconde de ses proprietés, & la plenitude est la troisiéme.

Quand je dis que nous ne devons rien croire que ce que Dieu nous a revelé, mon sens n'est pas que nous ne devions nous persuader que cela seul. Mon sens est qu'il n'y a que cela seul que nous devions croire de foi divine, ce qui n'empéche point qu'il n'y ait cent choses que Dieu n'a point revelées, & dont il nous est permis d'avoir quelque autre espece de persuasion, science, opinion, foi humaine, lors qu'effectivement ces choses sont, ou evidentes, ou vraisemblables, ou attestées par des personnes dignes de foi.

Je dis donc seulement que quelque evidentes, quelque vraisemblables, ou quelque attestées qu'elles puissent étre, nous ne devons point

point les croire de foi divine, si Dieu ne les a revelées. La raison en est que la foi divine est uniquement appuyée sur le témoignage de Dieu. Ainsi lors qu'un dogme n'est point attesté de Dieu, il ne sauroit étre l'objet de la foi, quelque evident, ou quelque vraisemblable qu'il soit d'ailleurs.

C'est pourquoi Dieu nous a defendu expressément de rien ajoûter aux verités qu'il a revelées. *Vous n'ajoûterés rien à la parole que je vous commande*, disoit Moïse à l'Ancien peuple. Deut. IV. 20. *Vous ne vous en détournerés, ni à droite, ni à gauche*. Deut. V. 32. *N'ajoûte point à ses paroles, de peur qu'il ne t'en redarguë, & que tu ne sois trouvé menteur*, disoit le Sage, Prover. XXX. 6. *Que personne*, disoit S. Paul, I. Cor. IV. 6. *que personne ne presume outre ce qui est écrit. Si nous-mêmes*, disoit-il ailleurs. Gal. I. 8. 9. *ou un Ange du ciel vous evangelisoit outre ce qui vous a été evangelisé, qu'il soit anatheme.*

Pour comprendre plus distinctement tout ceci, il faut remarquer que le defaut opposé à cette perfection de la foi, est susceptible de plusieurs degrés élevés les uns au dessus des autres.

Le premier, & le plus bas, est de croire de foi divine un dogme qui est tres veritable en lui-même, mais que Dieu n'a point revelé. Il est certain qu'une telle foi est une foi errante & vicieuse. Car quoi qu'elle ne se trompe pas dans le jugement qu'elle fait de la verité de ce dogme, elle se trompe dans la raison sur laquelle elle fonde ce jugement, le croyant com-

comme revelé de Dieu, quoi que dans le fond il ne le soit pas.

Le second degré c'est de croire de foi divine un dogme, qui non seulement n'a pas été revelé, mais qui outre cela est faux. Cette seconde erreur est beaucoup plus grossiere que la precedente. Car dans la premiere on rencontre au moins dans le fond, quoi qu'on se trompe dans le motif. Mais ici on se trompe en tout, le dogme qu'on reçoit comme revelé non seulement ne l'étant pas, mais n'étant pas même veritable.

Le troisiéme degré c'est de croire de foi divine un dogme, qui non seulement n'est point revelé, qui non seulement est faux, mais encore est contraire à la revelation, parce qu'en effet Dieu a revelé la verité qui lui est opposée. Telles sont la plufpart des erreurs de l'Eglise Romaine, qui non seulement n'ont jamais été revelées de Dieu, mais sont opposées à plusieurs decisions formelles de l'Ecriture.

C'est ce qui arrive en deux manieres. La premiere c'est lors que ceux qui embrassent les erreurs de cet ordre ne voient pas l'opposition qui se trouve entre les erreurs qu'ils embrassent, & les verités auxquelles ces erreurs sont opposées, ce qui fait que bien qu'ils reçoivent ces erreurs, ils ne laissent pas de retenir les verités qu'elles renversent. Ceci ne fait pas un nouveau degré distinct du troisiéme.

La même chose arrive d'une autre maniere lors que cette opposition étant si visible, qu'on qu'on ne sauroit l'ignorer, on aime mieux abandonner la verité revelée que l'erreur opposée à cette verité. Lors que ceci arrive c'est le quatriéme degré d'erreur opposé à la foi, & il consiste, non seulement à embrasser une erreur contraire à la revelation, mais à joindre à cette addition vicieuse qu'on fait à la foi un retranchement criminel de quelqu'une des verités revelées.

Le cinquiéme degré a lieu lors que cette addition vicieuse, qu'on fait à la foi a des suites criminelles dans la pratique, & porte à faire des choses que Dieu a defendues. Telle est l'erreur de la Transsubstantiation, qui entraine l'adoration de l'hostie.

On comprend sans péne que les dernieres de ces additions vicieuses qu'on fait à la foi sont plus dangereuses qne les premieres. Mais on comprend aussi en même temps qu'il n'y en a aucune qui n'ait son venin, & qui ne merite qu'on prenne tout le soin possible pour l'eviter. Mais, dira-t-on, que peut-on faire pour cet effet?

Je réponds que je ne conois qu'un seul moyen propre à le produire. Il consiste à ne prononcer jamais sans evidence, & à ne rien recevoir comme revelé de Dieu, que ce qu'on verra clairement qui l'est. Si on suit cette regle on ne se trompera jamais, au lieu qu'en la negligeant on tombera infailliblement dans plusieurs erreurs. Quoi qu'il en soit, il y a trois divers ordres de personnes qui n'errent point sur la foi.

Les premiers sont ceux qui ne prononcent

qu'aprés avoir examiné la question avec tout le soin possible, aprés avoir pesé exactement les raisons du pour & du contre, & aprés avoir trouvé que le dogme en question est contenu dans l'Ecriture, ou qu'il ne l'est pas.

Les seconds sont ceux qui suspendent leur jugement soit parce qu'ils se sentent incapables d'entrer dans une discussion exacte du fond de la question, soit qu'y étant entrés ils n'y voient pas assés clair pour prendre parti. Ainsi ils demeurent indeterminés, & laissent la chose indecise, demeurant tousjours également préts, & à recevoir le dogme au cas qu'ils puissent s'appercevoir qu'il est revelé, & à le rejetter au cas qu'ils puissent s'asseurer qu'il n'a point été revelé.

Les derniers sont les ignorans, qui n'ont garde de decider des questions dont ils n'ont jamais entendu parler, & sur lesquelles ils n'ont point d'idée. Combien par exemple n'y a-t-il pas de simples qui n'ont jamais entendu parler des fantaisies des Gnostiques, & qui par consequent ne peuvent les rejetter? Leur foi neantmoins est aussi pure de ces erreurs, que celle des plus savans.

On dira peut-étre que ni ces ignorans, ni ces indeterminés ue remplissent pas absolûment leur devoir, qui consiste, non seulement à ne pas embrasser les erreurs qu'on leur propose, mais à les rejetter, & à les detester, ce qu'ils ne font pas. Je réponds qu'à la verité ils le devroient, s'ils conoissoient la fausseté & le venin de ces dogmes pernicieux

cieux; mais que ne l'appercevant pas ils feroient fort mal s'ils prononçoient, puis que c'est tousjours agir temerairement que de juger sans lumiere & sans conoissance, soit qu'on rencontre, soit qu'on se trompe.

Tout donc se reduit à savoir s'ils ont tort de ne se pas appercevoir de la fausseté de ces dogmes. C'est ce qui depend de la consideration de leurs talens naturels, des secours exterieurs, qu'ils ont eus pour s'instruire de la verité, des soins qu'ils en ont pris, & des autres choses semblables, qui peuvent faire qu'ils aient tort, & qu'ils n'en aient point.

J'ajoûte qu'il y a bien de la difference entre avoir tort de n'avoir pas pris assés de soin pour s'instruire, & mettre un obstacle invincible à son salut. Je veux qu'on puisse dire la premiere de ces deux choses de ceux dont il s'agit. J'ai de la péne à croire que personne voulût leur imputer la seconde. J'ai de la péne à croire que qui que ce soit s'imagine qu'il est impossible de se sauver si on ne rejette expressement & formellement toutes les erreurs contraires à la veritable foi. Etre en état de les rejetter est sans doute une perfection à laquelle on doit aspirer, mais ce n'est pas une perfection absolûment necessaire.

CHAPITRE XIV.

Que ce qu'on vient de remarquer dans le Chapitre precedent détruit absolûment les principales objections de M. Nicole.

CE que je viens de dire est evident, & je ne pense pas qu'on me le conteste. Cependant il n'en faut pas davantage pour détruire la pluspart des sophismes de M. Nicole. Les plus specieuses objections qu'il fait contre la methode de discussion roulent sur cette fausse supposition, que selon nous les simples & les ignorans doivent decider expressement & formellement toutes les controverses que nous avons, soit avec l'Eglise Romaine, soit avec les heretiques anciens & modernes, disantl en autant de mots sur chacune de ces controverses, *Ceci est vrai*, ou *Ceci est faux*. *Ceci est revelé*, ou, *Il ne l'est point*. Comme pour decider de cette maniere ce grand nombre de controverses, il faudroit avoir des lumieres que tout le monde n'a pas, on pretend que la pluspart sont visiblement incapables de cette sorte de jugemens, & qu'ainsi nôtre sentiment qui les y adstreint, à ce qu'ils pretendent, est non seulement faux, mais absurde, mais ridicule.

C'est la matiere de je ne sai combien de volumes qu'on publie châque jour sur cette

matiere.

matiere. On peut les détruire tous par un ſeul mot. On n'a qu'à dire qu'ils ſuppoſent faux, & que nous ne croyons point du tout ce qu'ils nous imputent. Nous ne croyons pas que les ſimples & les ignorans doivent decider toutes ces queſtions. Nous croyons qu'ils ont deux differentes voies pour s'en diſpenſer, celle de l'ignorance, & celle de la ſuſpenſion de l'eſprit.

Imaginons-nous qu'ils n'aient jamais entendu parler de la pluſpart de ces queſtions, ce qui en effet eſt certain de preſque tous ces ignorans. Cela leur ſuffit. Ce prodigieux nombre d'erreurs, où l'on eſt tombé, & qui leur ſont toutes inconuës, n'empéchent pas que leur foi ne puiſſe étre pure, & par conſequent ſuffiſante pour leur ſalut.

Imaginons-nous d'un autre côté qu'on leur propoſe quelqu'une de ces erreurs comme une verité revelée de Dieu. Imaginons-nous qu'on tâche de la leur perſuader, mais qu'on ne puiſſe en venir à bout, parce qu'en effet on ne leur prouve pas aſſés clairement qu'elle a été revelée. Imaginons-nous que ſans rejetter poſitivemennt cette erreur ils ſe contentent de ne la pas croire. Leur foi encore demeurera pure, & rien n'empéchera qu'elle ne les ſauve.

Où eſt donc cette neceſſité de decider poſitivement toutes les queſtions dont on diſpute, & dont on a diſputé? Et de quoi ſert-il d'exaggerer les difficultés de la diſcuſſion qui doit preceder cette deciſion, comme on fait ordinairement? Ne ſont-ce pas là autant de discours en l'air?

Pour expliquer tout ceci plus distinctement il ne sera pas inutile de remarquer que sans parler des ignorans, qui ne jugent point, & que leur ignorance dispense de la necessité de juger, ceux qui ont quelque lumiere, & à qui on propose un dogme comme revelé de Dieu, peuvent prononcer quatre divers jugemens sur ce dogme qu'on leur propose.

Le premier est un jugement affirmatif, qui peut être conceu en ces termes, *Ce dogme a été revelé de Dieu, & par consequent je dois le croire de foi divine.*

Le second est en partie affirmatif, en partie negatif, affirmatif en soi, & negatif en son objet, & peut être exprimé en ces termes: *Ce dogme est contraire à la revelation*, ou, *Dieu a revelé que ce dogme est faux. Je dois donc le rejetter positivement, & me persuader qu'il est faux.*

Le troisiéme est absolûment negatif, & peut être conceu en ces mots, *Ce dogme n'a point été revelé de Dieu, par consequent personne ne doit le croire de foi divine.*

Le quatriéme encore est negatif, & peut être exprimé de cette maniere: *Il ne me paroît pas que ce dogme ait été revelé de Dieu. Par consequent quoi qu'il en soit des autres, qui peuvent avoir des lumieres que je n'ai pas, je ne doi point le croire de foi divine.*

Il est evident que pour prononcer le premier de ces jugemens, il faut voir clairement & distinctement la conformité du dogme en question avec l'Ecriture.

Pour

Pour prononcer le ſecond il faut voir avec une ſemblable evidence l'oppoſition de ce dogme & de l'Ecriture.

Le troiſiéme paroît le plus difficile des quatre. Car il ſemble que pour pouvoir dire qu'un dogme n'a point été revelé il faut être aſſeuré que la revelation ne contient rien qu'on ignore, de quoi perſonne peut-être ne peut ſe vanter. Neantmoins on ne manque pas de voies pour s'aſſeurer de ceci. On en a deux principales. La premiere conſiſte à être bien ſeur que ce dogme n'eſt point contenu dans les endroits de l'Ecriture que produiſent ceux qui le ſoûtiennent. Car il n'eſt pas croyable que ceux qui le ſoûtiennent produiſant les endroits où il n'eſt point, ne s'aviſent pas de produire ceux où il eſt veritablement. La ſeconde conſiſte à avoir de bonnes raiſons de s'aſſeurer que ce dogme eſt faux. Car comme on ſait qu'il eſt impoſſible que Dieu revele rien de faux, on a lieu d'être perſuadé qu'il n'a jamais revelé un dogme dont la fauſſeté eſt evidente. Ainſi mes ſens m'aſſeurant de la fauſſeté de la Tranſſubſtantiation, j'ai lieu de me perſuader que Dieu ne l'a jamais revelée.

Mais quoi qu'il en ſoit de ce troiſiéme jugement, rien n'eſt plus aiſé que d'être en état de prononcer le quatriéme. Il ſuffit pour cela de faire attention aux preuves qu'on nous propoſe pour nous perſuader qu'un dogme a été revelé de Dieu, de les conſiderer de bonne foi & ſans prevention, & de n'en être pas convaincu. Il n'en faut pas davantage pour pouvoir dire, *Il ne me paroît pas que ce dogme ait été revelé de Dieu. Par consequent je ne dois pas le croire de foi divine.*

Voilà donc deux voies, qui dispensent de la necessité de la discussion, l'ignorance, & la suspension de l'esprit. Ainsi on a tort de nous imputer de croire que nous y engageons les plus simples, & que dans nos principes elle leur est absolûment necessaire.

L'Auteur des Prejugés a entreveu ceci, & il a tâché de le détruire. Voici ce qu'il dit dans ce dessein. *On peut être en deux sortes de dispositions bien differentes touchant les articles qu'ils appellent negatifs. L'une seroit de ne les croire pas par voie de negation, en doutant s'ils sont vrais, parce que l'on pretendroit qu'on n'a pas des motifs suffisans pour s'en tenir asseuré. L'autre est de ne les pas croire par voie d'improbation & de rejection positive, en les condamnant comme des erreurs pernicieuses. On demeure d'accord que si les Calvinistes n'étoient que dans la premiere de ces dispositions il y auroit quelque apparence à ce qu'ils disent, que ce n'est pas à eux à les prouver. Mais ils n'en sont pas demeurés là. Ils ont condamné positivement presque tout ce qu'ils ont rejetté de la doctrine de l'Eglise comme des impietés qui renversent le fondement de la foi, comme des abus & fallaces de Satan*, &c. Prej. chap. 16.

Cette objection a quelque couleur, mais il y a deux réponses à lui opposer. La premiere que si la Confession de foi des Eglises Reformées de France a improuvé positivement, & avec des termes extremement forts, les

les erreurs de Rome, les autres n'en ont pas usé de même, & se sont expliquées avec plus de retenuë.

La seconde que ceux qui ont dressé cette Confession de foi ont dit ce qu'ils pensoient eux-mêmes, & ce que tous les savans du même parti pensoient avec eux. Mais ils n'ont jamais pretendu qu'il fût impossible d'étre Reformé sans croire de foi explicite tout ce que cette Confession contient. S'ils l'avoient creu ils n'auroient jamais receu personne, soit dans leur communion, soit à la participation de la Sainte Cene, sans lui avoir fait lire ou reciter cette Confession de foi, ce qu'ils n'ont point fait.

Mais sans avoir recours à tous ces raisonnemens, on n'a qu'à lire le Livre de M. Daillé, qui a pour titre, *La foi fondée en l'Ecriture*, & particulierement le Chapitre III. de la premiere partie. On verra qu'il y soûtient expressement, & en autant de mots, qu'il n'est nullement necessaire que châque particulier conoisse & rejette formellement ces erreurs, les condamnant en la maniere en laquelle elles sont condamnées dans la Confession de foi. Il dit même que si on y a inseré cette condamnation ce n'a pas été pour confondre les articles affirmatifs avec les negatifs, ou pour obliger les particuliers à les recevoir tous également, mais seulement pour justifier nôtre separation d'avec l'Eglise Romaine.

Mais, dit-on, ceux au moins qui se sont separés de la communion Romaine, ont

 deu

deu rejetter positivement ces erreurs; & ils n'ont peu le faire sans les avoir discutées bien exactement. Cependant en étoient-ils tous capables? C'est à quoi je réponds trois choses.

La premiere que quoi que pour s'appercevoir de soi-même de toutes les erreurs, & de tous les faux cultes de la communion Romaine, il falût avoir des lumieres que les simples n'avoient pas, il n'en faloit pas avoir de fort grandes pour se laisser persuader par les raisons de ceux qui s'en étant apperceus les faisoient conoître aux autres.

La seconde que pour quitter sagement & judicieusement la communion Romaine il n'étoit pas necessaire de conoître tout ce qu'il y avoit de faux dans ses dogmes, & de criminel dans son culte. Il suffisoit de voir le venin d'un de ces cultes, ou d'une de ces erreurs. Il suffisoit par exemple de savoir qu'il n'est pas permis d'adorer les creatures, comme l'Eglise Romaine l'ordonne. Il n'en faloit pas davantage pour se trouver dans l'obligation de s'en separer. Or ceci ne demande pas de grandes lumieres pour être apperceu.

Je réponds enfin qu'on se trompe si on s'imagine que la suspension de l'esprit ne suffisoit pas pour justifier l'abandonnement de la communion Romaine. Rome ne souffroit dans sa communion que ceux qui confessoient expressement tout ce qu'elle enseigne, & qui pratiquoient actuellement ce qu'elle prescrit. Ceux qui n'étoient persuadés, ni de de la verité de ses dogmes, ni de la pureté de son culte, étoient donc forcés de faire l'une ou l'autre de ces deux choses, ou de confesser ces dogmes sans en étre persuadés, & de pratiquer ces cultes, sans les croire legitimes, ou d'abandonner sa communion. Ils ne pouvoient faire innocemment le premier, cela est visible. Ils devoient donc faire le second.

CHAPITRE XV.

De la troisiéme proprieté de la foi, qui est son étenduë.

ON a veu dans les Chapitres precedens qu'il ne faut rien croire que ce que Dieu a revelé. J'ajoûte maintenant qu'il faut croire tout ce qu'il a revelé, & que parmi ce grand nombre de verités qu'il nous propose dans sa parole, il n'y en a aucune à laquelle il nous soit permis de refuser nôtre creance. C'est là ce que j'appelle l'étenduë, la plenitude, & l'universalité de la foi; & c'est ce que je considere comme la troisiéme proprieté de cette vertu.

Ce qui en fait la necessité, c'est que la foi nous persuadant ce que nous croyons, non parce qu'il est croyable & evident en soi même, mais uniquement parce que Dieu, qui est la premiere verité, nous l'atteste, il est evident que tout ce qu'il nous atteste, doit être creu. Dés-là il est marqué de son seau. Dés-là il est non seulement veritable, mais necessairement veritable, n'étant pas possible que ce que la premiere verité, la verité immuable, nous certifie, soit jamais faux. Comme donc le consentement est l'hommage que nôtre esprit doit à la verité, il est clair que nous ne pouvons refuser ce consentement à ce que Dieu atteste sans pecher contre l'une des plus inviolables loix de la nature, & contre l'un des plus indispensables de nos devoirs.

Rien donc n'est plus irregulier, rien n'est plus contraire à toutes les lumieres de la raison, que de vouloir choisir parmi les verités que Dieu nous propose, & de prendre les unes en laissant les autres. Il faut les recevoir toutes sans exception, la même raison qui nous porte à recevoir les unes, étant plus que suffisante pour nous porter à recevoir les autres.

C'est en cela proprement que le crime de l'heresie consiste. Ce terme est un terme Grec, qui signifie un choix, ou une élection, parce qu'en effet c'est le propre de l'heresie de choisir parmi les verités que Dieu nous revele celles qui sont le plus à son goût, sans prejudice de laisser les autres, au lieu que nôtre devoir est de les embrasser toutes sans distinction.

Nôtre devoir à cet égard consiste en deux choses. L'une de recevoir universellement, & sans exception, tout ce qu'on nous fera voir que Dieu nous a revelé. L'autre de rechercher de nous-mêmes ce que c'eſt que Dieu nous a revelé.

La juſtice du ſecond de ces devoirs eſt evidente, & ce n'eſt preſque pas la péne de la prouver. Imaginons-nous en effet que ceux que leur devoir obligeoit à nous inſtruire des verités du ſalut le negligent. Imaginons-nous qu'ils nous laiſſent ſans inſtruction. Ne devons-nous pas en chercher ? Et n'eſt-il pas juſte que nous faſſions pour nôtre ame ce que la nature nous porte à faire pour nôtre corps? Lors que ce corps manque de l'aliment qui lui eſt néceſſaire, ſi perſonne ne nous le donne, nous tâchons de nous le procurer nous-mêmes. Pourquoi ne ferions nous pas la même choſe pour l'ame? Pourquoi ne rechercherions nous pas les verités celeſtes qui doivent nous nourrir ſpirituellement?

Trois choſes principalement nous engagent à la pratique de ce devoir. La premiere eſt le commandement de Dieu reiteré tres-ſouvent dans les livres ſaints. Un Prophete nous ordonne de chercher au Livre de l'Eternel, & d'y lire. Jeſus Chriſt nous commande de ſonder les Ecritures, & de tâcher d'en penetrer la profondeur. S. Paul ſouhaitte que la parole de Dieu habite richement & abondamment en nous en toute ſageſſe. Il ſe plaint de ce que les Corinthiens avoient encore beſoin de lait, au lieu qu'ils devoient étre en état de digerer la viande ſolide. Il fait le même reproche aux Hebreux, & il trouve fort mauvais qu'ils euſſent beſoin qu'on leur apprît les premiers elemens de la science du salut. Ainsi Dieu nous commandant de nous instruire, nous ne pouvons, ni refuser, ni negliger de le faire sans lui desobeïr, & par consequent sans pecher.

D'ailleurs la foi faisant une partie considerable de l'hommage que nous devons à Dieu, plus cette foi embrassera de verités revelées, plus cet hommage sera universel & absolu, plus par consequent lui sera-t-il agreable. Ainsi nous devons nous informer de ces verités, & les rechercher avec soin, pour avoir le moyen & l'occasion de nous aquitter de nôtre devoir.

Enfin toutes les verités que Dieu nous a revelées sont utiles à nôtre instruction, à nôtre sanctification, à nôtre consolation, & par consequent à nôtre salut, & il est en effet inconcevable que si elles n'eussent été d'aucun usage pour ce salut Dieu se fût resolu à les reveler. Mais si elles nous sont utiles, comme nous ne pouvons en douter, nôtre propre interét ne nous oblige-t-il pas à tâcher de les conoître pour en pouvoir profiter?

Il est donc juste de rechercher avec soin ce que c'est que Dieu nous a revelé. Mais ce n'est pas tout. Aprés l'avoir trouvé il faut le croire, & parmi les verités que Dieu nous a revelées il n'y en a aucune qu'il nous soit permis, je ne dirai pas de rejetter, mais de ne pas recevoir.

Les Scholastiques sont si persuadés de ceci, qu'ils regardent comme une chose impossible & contradictoire, qu'un homme croie de foi divi-

divine & surnaturelle aucune des verités dont il paroît le plus persuadé, s'il en rejette une seule. Ils soûtiennent que les heretiques ne croient point de foi divine les verités sur lesquelles ils n'errent point. Ils en donnent cette raison. C'est que la foi divine s'appuie uniquement sur le témoignage de Dieu, & que regardant Dieu comme la premiere verité, elle suppose qu'il est absolûment impossible que ce qu'il atteste soit faux. Ils ajoûtent que si les heretiques étoient dans cette disposition ils croiroient tout ce que Dieu nous a revelé. Car disent-ils, si Dieu est la premiere verité lors qu'il nous atteste un dogme, pourquoi ne le seroit-il pas lors qu'il en atteste un autre? Si son témoignage est une raison suffisante pour nous persuader le premier, pourquoi ne le seroit-il pas pour nous persuader le second? Si donc on ne croit pas ce second, il paroît par-là qu'on ne regarde pas Dieu comme la premiere verité, comme la verité immuable, & necessaire. On fait voir qu'on a d'autres sentimens lors qu'on refuse de croire ce qu'il a attesté.

Cette raison seroit convaincante si les heretiques étoient persuadés que Dieu a revelé les verités qu'ils rejettent. Dans cette supposition il seroit certain & incontestable que ce n'est que par caprice, & non par une veritable foi, qu'ils se persuadent les verités dont il leur plaît de ne pas douter. Mais comme j'ai de la péne à croire qu'il y ait jamais eu un seul heretique qui ait été capable d'une telle extravagance, comme il est certain au contrai-

contraire que les heretiques sont persuadés que Dieu n'a jamais revelé ce qu'ils refusent de croire, il est evident que cette raison n'a du tout point de solidité.

Plusieurs en donnent une seconde, qui n'est pas meilleure. Ils disent que Dieu nous ayant donné l'Eglise pour principale regle de la foi, dés-là qu'on refuse de croire quelqu'une des verités que cette regle propose, on rejette la regle même, & par consequent on n'a point de foi.

Mais d'autres repliquent que cette raison n'est pas bonne. Car, disent-ils, quoi que l'Eglise soit l'une des regles de la foi, ce n'est pas la seule que Dieu nous ait donnée. Cela fait que son autorité est bien selon eux un moyen suffisant pour faire naître la foi, mais ce n'est pas un moyen absolûment necessaire. Il y en a d'autres qui peuvent faire le même effet, & il le faut bien, disent-ils, puis que la foi par laquelle nous croyons que l'Eglise est la regle de la foi ne sauroit être fondée sur l'autorité de l'Eglise. Si donc, disent-ils, nous pouvons croire ceci sans que l'autorité de l'Eglise nous y determine, pourquoi ne pourrions nous pas croire le reste des choses sans ce secours?

Cette raison est demonstrative. C'est pourquoi aussi quelques Scholastiques, & particulierement Oviedo, disent qu'à la verité les heretiques peuvent croire de foi divine les verités qu'ils retiennent, mais ils soûtiennent que cette foi sera naturelle dans sa substance, quoi que surnaturelle dans son motif.

tif. Le ſens eſt que bien-que les heretiques ſoient portés à croire par l'autorité de Dieu, qui eſt un motif ſurnaturel, leur foi eſt proprement naturelle, parce que c'eſt un acte de leur eſprit, où la grace n'a point de part.

Mais ce ſentiment ne peut avoir que de trés-fâcheuſes conſequences. Car s'il n'y a point de verité revelée qu'on ne puiſſe croire ſur le témoignage de Dieu par les ſeules forces de la nature, & ſans aucun ſecours de la grace, & le croire auſſi fortement qu'avec ce ſecours, on ne ſauroit donner aucune raiſon ſolide de la neceſſité de la grace pour la production de la foi, & ainſi ce que S. Paul dit que la foi eſt un don de Dieu ne ſe trouveroit pas neceſſairement veritable.

Rien ne me paroît plus bizarre que cette Theologie. Selon ces gens-là Dieu ne nous donnera un ſecours ſurnaturel, que pour nous mettre en état de faire ce que nous ferions auſſi facilement de nous-mêmes. Selon eux encore il pourra arriver qu'un homme croira tout ce qu'il faut croire, & que ſa foi lui ſera inutile, parce qu'il croira ſans aucun ſecours ſurnaturel. Tout au contraire s'il croyoit de lui-même, & ſans ſecours, il en ſeroit plus loüable, & plus digne que Dieu l'en recompenſât.

Cela fait auſſi que ce ſentiment eſt communement rejetté, & qu'on ſe reduit à l'un ou à l'autre des deux premiers, qui comme on vient de le voir, ne ſont pas plus raiſonnables

nables. Il y a seulement deux Scholastiques, Durand & Estius qui tiennent absolûment que les heretiques peuvent avoir une foi divine & surnaturelle des verités qu'ils retiennent, mais qui leur est inutile parce qu'ils rejettent les autres.

Mais je ne puis admettre ceci, non plus que le reste, parce qu'en effet je suis persuadé qu'il est impossible de croire de foi divine, non seulement sans une grace surnaturelle, mais sans la grace sanctifiante & regenerante. C'est ce que j'espere de faire voir dans la suite. Je croi d'ailleurs que rien n'est plus essentiel à l'heresie que l'opiniâtreté qui fait qu'on se roidît malicieusement contre des verités suffisamment revelées. C'est là encore ce que j'espere de faire voir en son lieu. Ainsi cette disposition étant visiblement incompatible avec une veritable regeneration, il est clair que les heretiques, en qui elle se trouve, ne peuvent croire de foi divine les verités mêmes qu'ils admettent. Ils peuvent bien en avoir quelque legere opinion. Ils peuvent les croire de foi humaine. Ils peuvent s'en entéter. Mais ils ne les croient jamais veritablement, & avec cette pléne & entiere soûmission d'esprit & de cœur, qui fait l'essence de la foi divine.

CHA-

CHAPITRE XVI.

D'où vient qu'on ne croit pas des verités que Dieu a revelées.

IL faut rappeller ici la distinction qu'on a faite dans l'un des Chapitres precedens. Il peut arriver en trois manieres qu'on ne croie point des vérités que Dieu a revelées. I. En les rejettant positivement, soit qu'on se persuade simplement que Dieu ne les a point revelées, soit qu'on les regarde comme des erreurs, & qu'on se persuade le contraire. II. En suspendant son jugement, & n'osant, ni les recevoir, ni les rejetter, parce qu'on n'a pas des motifs suffisans pour se determiner sur leur sujet. III. N'en ayant point d'idée, & n'en ayant jamais entendu parler.

Chacune de ces trois manieres de ne pas croire peut avoir diverses causes, les unes plus criminelles, les autres plus innocentes.

L'ignorance peut venir de ce qu'on n'a jamais eu aucun moyen de conoître la verité. Tel est le malheur de ces peuples barbares, à qui l'Evangile n'a jamais été annoncé. Tel est encore parmi les Chrétiens celui d'une infinité de particuliers, de l'instruction desquels personne ne prend aucun soin, ou du moins dont on n'en prend pas assés. On peut dire

dire de tous ce que S. Paul disoit aux Romains, *Comment croiront-ils en celui dont ils n'ont point entendu parler? Et comment en entendront-ils parler, s'il n'y a quelqu'un qui leur prêche?* Rom. X.

Elle peut venir d'une grossiereté & d'une incapacité naturelle & insurmontable, qui fait qu'on ne sauroit concevoir les choses les plus aisées.

Elle peut venir d'une certaine legereté d'esprit, soit aquise, soit naturelle, qui fait qu'on ne peut s'appliquer fortement à quoi que ce soit, & qu'on laisse courir sans cesse l'imagination d'objet en objet, & de chimere en chimere.

Elle peut venir de negligence, & la negligence peut être l'effet d'un mépris profane pour la verité, ou d'un attachement excessif à d'autres objets, aux plaisirs, aux divertissemens, aux affaires, &c. Mais elle peut aussi venir d'une lenteur naturelle, qui fait qu'on ne sauroit s'appliquer à rien.

La suspension d'esprit peut aussi venir de diverses causes. Elle peut être l'effet de l'obscurité de l'objet. Il ne sera pas bien evident que la verité dont il s'agit soit contenuë dans la parole de Dieu. C'est ce qui arrive en deux manieres.

Il arrive quelquefois que les endroits où cette verité est contenuë, ne sont pas assés precis, soit parce qu'on ne voit pas bien nettement le sens du texte sacré, soit parce que ce texte peut recevoir presque également plusieurs sens, sans qu'on ait aucune raison con-

vain-

vaincante & demonstrative pour preferer l'un de ces sens à l'autre.

Il peut arriver aussi qu'il y ait à la verité des endroits qui paroissent precis & formels pour un sentiment, mais aussi qu'on y en trouve d'autres, qui ne paroissent pas moins forts pour le sentiment opposé. C'est ce que plusieurs ont creu remarquer sur le sujet de cette question celebre, s'il y aura de la diversité & de l'inégalité dans la gloire des bienheureux? En effet la parabole des talens semble dire formellement qu'il y aura de l'inégalité, & celle du pere de famille, qui loüe des ouvriers pour sa vigne, semble dire expressement le contraire.

Souvent cette suspension vient d'un defaut de lumiere dans l'esprit. Tantôt on ne voit pas toutes les raisons qui prouvent que le dogme dont il s'agit est dans l'Ecriture. On n'en apperçoit qu'une partie, & celles qu'on apperçoit ne sont pas les plus convaincantes. Tantôt on les voit toutes, mais on n'en comprend pas la force. Tantôt on est retenu par de méchantes raisons, dont on ne devroit faire aucun état, mais on n'est pas assés éclairé pour en découvrir les defauts.

Il y a même de certains esprits naturellement incapables de prendre parti, même sur les choses les plus aisées. Ils craignent tousjours de se tromper, & cela fait qu'ils sont tousjours indeterminés, tant sur les choses du ciel que sur celles de la terre.

Les erreurs positives viennent aussi de diverses sources. La premiere est une aversion injuste

injuste qu'on a contre la verité, & qui vient de l'opposition qui se trouve entre cette verité, & les penchans de nôtre cœur, comme lors qu'on ne peut souffrir de certaines verités practiques, parce qu'on voit bien que si on en étoit convaincu on seroit contraint d'avouër qu'on est dans un tres-mauvais état, n'y ayant rien de plus opposé que ces verités, & ce qu'on pratique. Elle peut aussi venir des traverses auxquelles la profession de cette verité nous expose, ou des obstacles qu'elle met à nôtre repos, ou à nôtre avancement temporel.

La seconde est un mépris profane qu'on a pour cette verité, & qui fait qu'on ne daigne, ni s'en instruire, ni s'appliquer à en considerer attentivement les preuves & les fondemens.

La troisiéme est une attache injuste à nos jugemens. Nous avons vieilli dans une erreur. Nous l'avons soûtenuë avec chaleur, croyant que c'étoit une verité. On nous fait voir que nous nous sommes trompés. C'est de quoi nôtre orgueil ne nous permet pas de convenir. Ainsi nous aimons mieux persister dans nos erreurs, que d'en revenir en avouant que nous avons eu tort de nous en laisser prevenir.

La quatriéme est le prejugé. Nous sommes si accoûtumés à regarder un certain sentiment comme veritable, que quoi qu'il soit assés evident qu'il est faux, nôtre esprit ne peut se persuader qu'il le soit.

La derniere est nôtre ignorance, & la foiblesse

blesse de nôtre esprit, qui font que nous nous laissons éblouïr par de mauvaises raisons, qui nous paroissent demonstratives, quoi que dans le fond ce ne soient que de miserables sophismes.

On peut ranger en trois classes ces divers obstacles qui nous empéchent de croire des choses que Dieu a revelées.

Les premiers sont involontaires, & ne dependent nullement de nous. Telle est la mauvaise instruction, telle l'obscurité des endroits de l'Ecriture, où de certaines verités nous sont proposées, telle la grossiereté naturelle de l'esprit, &c.

Les seconds sont volontaires, & auroient peu être evités ou surmontés si nous y avions travaillé comme nous devions. Telle est la negligence qui nous empéche de prendre les soins necessaires pour nous instruire. Telle est la legereté d'esprit, au moins en ce qu'elle a d'aquis, & quelques autres semblables.

Les derniers non seulement sont volontaires, mais outre cela encore ont quelque autre chose de tres-criminel. Telle est la haine de la verité, tel le mépris qu'on a pour cette même verité, l'attachement à la terre, & à nos passions, &c.

On comprend sans péne que les premiers de ces obstacles excusent ceux qu'ils empéchent d'embrasser quelques-unes des verités que Dieu nous a revelées, & font que Dieu ne leur impute pas cette omission. Les seconds ne font nullement cet effet. L'incredudulité qui en est la suite est tres-criminelle, & merite que Dieu l'impute, & qu'il la punisse. Les dernieres bien loin d'excuser l'incredulité, l'aggravent, & la rendent plus insupportable.

Il paroît par-là que plus une erreur, ou une ignorance est volontaire, plus elle est criminelle, & qu'au contraire plus elle est involontaire, moins elle a de crime, ce qui est d'ailleurs si évident, que qui que ce soit ne peut en douter.

Il paroît encore par-là qu'il est rare que les erreurs soient aussi criminelles que les actions. La raison en est qu'ordinairement les actions sont beaucoup plus volontaires que les erreurs. Lors qu'on commet un larcin, un homicide, ou un adultere, on le commet parce qu'on veut le commettre. Souvent même on en a formé le dessein avant que de venir à l'execution. On sait que c'est un peché, que Dieu a defendu. Qu'y peut-il avoir par consequent de plus volontaire? Mais la plus-part de ceux qui se trompent, se trompent en quelque façon malgré eux. Ils ne savent pas que les erreurs où ils tombent soient des erreurs. Ils ne croient pas qu'elles soient contraires à la parole de Dieu. S'ils le savoient ils les rejetteroient, & les regarderoient avec horreur. Ils s'imaginent au contraire que ce sont des verités que Dieu a revelées, & pensent les voir dans les livres saints. Ainsi ces erreurs ne sont pas à beaucoup prés aussi volontaires, ni par consequent aussi criminelles, que les actions.

J'avouë

J'avouë qu'elles peuvent étre & assés volontaires, & tres-criminelles, comme il arrive lors qu'on ne se trompe que parce qu'on a une aversion injuste pour la verité. Rien n'est plus criminel qu'une telle disposition. Mais il est vrai aussi qu'elle est assés rare, & quoi qu'il en soit il ne faut pas l'imputer à la plusspart des errans. Il y en a une infinité qui se trompent en quelque sorte de bonne foi, qui cherchent la verité, & qui ne la trouvent point, parce qu'en effet ils ne la cherchent pas avec assés de soin & d'application. Qui oseroit dire que l'erreur de ceux-ci soit aussi volontaire, & par consequent aussi criminelle, que l'action de ceux, qui dérobent, qui tuent, ou qui commettent quelque autre semblable peché?

Enfin j'espere qu'on m'avouëra qu'il y a peu d'erreurs plus criminelles en elles-mêmes, plus incompatibles avec la veritable foi, que celle qui auroit les caracteres suivans. On refuse de croire des verités que la lumiere naturelle a découvertes aux Payens, que Dieu a inserées dans son Ecriture, qui s'y trouvent à chaque page, qui y sont exprimées de la maniere du monde la plus nette & la plus expresse, qui ont une liaison visible avec le corps de la Religion Chrétienne, & ne peuvent étre fausses sans que toute cette Religion tombe à terre. On n'oseroit nier ouvertement ces verités. Cependant on ne les croit point. On se persuade même le contraire, & on agit conformement à cette persuasion. Est-ce avoir une foi divine & surnaturelle, que d'être engagé dans quelqu'une de ces erreurs?

Ceci est clair, mais il paroît assés inutile. Il ne l'est pourtant pas, & on en verra les suites & les usages lors que nous parlerons de l'efficace de la foi.

CHAPITRE XVII.

S'il y a des verités revelées qu'il suffit de croire de foi implicite.

CE que je viens de dire fait voir ce qu'on doit penser de cette distinction si commune dans les écrits des Theologiens. On distingue une double foi, *l'explicite*, & *l'implicite*. On appelle foi *explicite* celle qui a pour objet des verités qu'on entend, ayant actuellement dans l'esprit l'idée du sujet & de l'attribut de la proposition qu'on se persuade. Par exemple je croi de foi explicite que les morts ressusciteront, parce que sachant ce que c'est qu'être mort, & ce que c'est que ressusciter, je joins ensemble ces deux idées par l'affirmation. C'est ce qu'on appelle une foi *explicite*, ou *développée*.

On appelle une foi *implicite*, ou *enveloppée*, celle qui a pour objet une verité inconuë en elle-même, ce qui fait qu'on ne sauroit l'embrasser immediatement & directement, mais seulement dans le principe où elle est contenuë. Ainsi je croi de foi implicite tout ce qui est

est contenu dans l'Ecriture, quoi qu'il y ait dans cette Ecriture diverses choses que j'ignore, n'entendant pas les endroits où elles sont contenuës. Ainsi un Papiste ignorant croit de foi implicite tout ce que l'Eglise enseigne, quoi qu'il ne sache pas ce que c'est que l'Eglise enseigne.

Cette distinction est bonne, & nos meilleurs Theologiens l'admettent, témoin Davenantius, Rob. Baronius, & M. Le Blanc. En effet je ne comprends pas comment il est possible de la rejetter. Qu'on suppose ce que je viens de dire que la foi implicite est une persuasion generale, confuse, & indirecte, d'une verité inconuë, mais contenuë dans un principe que l'on admet, ce qui est en effet l'idée que tous ceux qui parlent de la foi implicite s'en forment.

Ceci posé peut on nier I. qu'il ne soit possible de croire de cette maniere des verités revelées? Que faut-il pour cela qu'être persuadé, par exemple, de la divinité de l'Ecriture? Cela étant n'est-il pas vrai qu'on croit de foi implicite tout ce qui est contenu dans ce sacré livre, encore qu'on ne sache pas distinctement & en détail tout ce qui y est contenu?

II. Peut-on nier que plusieurs n'aient une telle foi, y en ayant une infinité qui reçoivent l'Ecriture comme la pure parole de Dieu, & par consequent comme la regle infaillible de leur creance, quoi qu'ils ignorent cent choses qui y sont contenuës?

III. Peut-on nier que ceci n'arrive, non

ſeulement aux ignorans, mais aux plus ſavans? En effet y a-t-il perſonne qui oſât ſe vanter de conoître diſtinctement toutes les verités contenuës dans ce ſacré livre? N'y découvre-t-on pas tous les jours cent choſes qu'on n'y avoit point remarquées? Et ne pourra-t-on pas faire la même choſe juſqu'à la conſommation du monde?

IV. Peut-on nier par conſequent que la foi implicite ne ſoit commune à tous les fidelles ſans exception? Et n'eſt-il pas vrai que toute la difference qu'il y a à cet égard entre les ſavans & les ignorans, c'eſt que les premiers croient de foi explicite plus de choſes que les ſeconds, & que les ſeconds au contraire en croient davantage de foi implicite?

V. Peut-on nier que cette foi implicite ne ſoit abſolûment neceſſaire? Car enfin quelle ſeroit la diſpoſition d'un homme qui ſeroit fortement reſolu à ne croire de foi explicite que ce qu'il croit, avec quelque clarté qu'on lui en fît voir davantage dans l'Ecriture? Ne feroit-il pas voir par-là qu'il n'eſt pas perſuadé de la divinité de ce ſacré livre, & par conſequent qu'il n'eſt pas Chrétien?

VI. Peut-on nier enfin qu'une telle foi ne ſuffiſe à l'égard d'un grand nombre de verités revelées? Car enfin s'il faloit croire de foi explicite toutes celles que Dieu a revelées, telles que ſont toutes celles qui ſont contenuës dans l'Ecriture, & ſi on ne pouvoit autrement être ſauvé, qui eſt-ce qui le ſeroit?

A cet égard donc il n'y a point de dispute entre l'Eglise Romaine & la nôtre. Il n'y en a pas même à l'égard de la necessité de la foi explicite, comme plusieurs se l'imaginent fort mal à propos. Bien des gens accusent l'Eglise Romaine de soûtenir que la foi implicite suffit à l'égard de toutes les verités du salut sans exception. Mais il est certain qu'elle est tres-éloignée de cette pensée.

Tout ce que j'ai jamais leu de leurs Theologiens la combattent. Il y a seulement quelque Canoniste qui l'a avancée. Mais les Theologiens la traitent d'erreur dangereuse, & quelques-uns même d'heresie. Ils soûtiennent tous qu'il y a de certaines verités qu'il faut croire de foi explicite. Ce n'est pas tout. Ils soûtiennent que la foi explicite de ces verités est necessaire de necessité de moyen, en sorte que selon eux on seroit damné si on se contentoit de les croire de foi implicite.

Lors que le Cardinal Hosius rapporte l'Histoire du charbonnier, qui confondît par sa foi implicite un Docteur qui le questionnoit, il confirme manifestement la même chose. Il dit que le Docteur ayant demandé à ce bon homme ce qu'il croyoit, celui-ci lui répondit par son *Credo*, qu'il recita tout du long, & depuis le commencement jusqu'à la fin. Aprés qu'il eut achevé le Docteur lui demanda s'il ne croyoit que cela seul, & ce fut alors que le charbonnier répondit qu'il croyoit tout ce que l'Eglise croit. Ainsi il n'eût recours à la foi implicite, qu'aprés avoir confessé expressement ce qu'il croyoit de foi explicite.

A cet égard donc nous sommes d'accord. Nous ne sommes pas même en dispute sur la designation particuliere des verités qu'il faut croire de foi explicite, parce qu'en effet ni l'une, ni l'autre des deux Eglises ne s'est expliquée jamais là dessus, & que d'ailleurs les Theologiens sont assés partagés sur ce sujet dans l'une & dans l'autre de ces communions. Il y en a par tout de ceux qui posent un plus grand nombre de ces verités, & d'autres qui en posent moins. Ainsi quoi qu'il y puisse avoir des disputes de Theologien à Theologien, il n'y en a point d'Eglise à Eglise.

Nous sommes seulement opposés sur le principe, & le fondement de la foi implicite. En effet nos Adversaires veulent qu'elle soit conceuë en ces termes, *Je croi ce que l'Eglise croit*, ce qui suppose l'infaillibilité de l'Eglise; au lieu que nous voulons que cette foi se resolve en l'autorité de l'Ecriture, qui est selon nous l'unique regle de la foi. Encore y a-t-il deux remarques à faire sur ce sujet.

La premiere que l'Eglise Romaine ne rejette pas la maniere en laquelle nous concevons la foi implicite. Ceci paroît clairement de ce que Thomas lui-même, dont l'autorité est si grande parmi nos Adversaires, ne s'explique pas là-dessus autrement que nous. Voici en effet ses propres paroles. *A l'égard des verités capitales, ou des articles de foi, cha-*

cun est tenu de les croire de foi explicite, comme chacun est tenu d'avoir la foi. Mais à l'égard du reste des verités revelées, on n'est pas tenu de les croire de foi explicite, mais seulement de foi implicite, & dans la preparation de l'esprit, étant prêt de croire tout ce qui est contenu dans l'Ecriture. On est seulement tenu de croire expressement cette sorte de verités lors qu'on voit qu'elles sont contenuës dans la doctrine de la foi. Tom. 2. 2. quæst. 2. art. 5.

Il n'y a donc point de dispute sur l'idée que nous avons de la foi implicite. Nous sommes seulement divisés sur l'idée que l'Eglise Romaine en a. Encore faut-il remarquer que cette dispute depend d'une autre. C'est de savoir si la foi de l'Eglise est la regle de la nôtre. Si nous étions d'accord sur ceci, nous ne disputerions pas sur le reste. Car comme l'Eglise Romaine ne pretendroit pas que la foi implicite se resolût en l'autorité de l'Eglise, si elle ne croyoit que cette Eglise ne peut errer, nous aussi ne nous opposerions pas à ce qu'elle en dit, si nous croyions que cette Eglise fût infaillible. Ainsi il n'y a point de dispute particuliere sur ce sujet, & tout se reduit à celles de la regle de la foi, & de l'infaillibilité de l'Eglise.

CHAPITRE XVIII.

Si on peut designer le nombre precis des verités revelées, que chacun doit croire de foi explicite.

LEs Theologiens de toutes les sectes se sont donné beaucoup de péne pour determiner quelles sont les verités qu'il est necessaire de croire de foi explicite. Mais ils y ont travaillé avec tres-peu de succés, non seulement parce qu'ils n'ont rien dit dont on puisse se contenter, mais encore parce qu'ils ont tous bâti sur un faux fondement. Ils ont supposé qu'il est possible de designer la plus petite mesure de conoissance qui suffit pour le salut, & c'est ce que je croi absolûment impossible.

La raison en est que cette mesure n'est pas la même pour tous. Ce qui suffit à l'un peut ne pas suffire à l'autre. Dieu exige plus de ceux qui ont plus de secours pour faire ce qu'il nous ordonne. *Il sera plus redemandé à celui qui a plus receu*, nous dit Jesus Christ. Sur ce fondement il n'y a point de doute que la mesure de conoissance qui suffit à un Lappon élevé dans le fond du Nord, ne suffiroit pas à un homme qui a passé sa vie dans une grande ville, ou la verité est enseignée avec tout le soin, & toute l'exactitude possible. Ce qui suffit à un stupide, ne suffiroit pas à un homme d'esprit, & ainsi du reste.

Cela posé le moyen de trouver une regle fixe & uniforme pour tous? Et que peut-on imaginer de plus judicieux que ce qu'a dit sur ce sujet Holden celebre Docteur de la Faculté de Paris? *Lors*, dit-il, *que les Theologiens disputent de la necessité de la foi, ils se proposent ordinairement de designer les verités revelées, dont la foi expresse & explicite soit necessaire à tous les Chrétiens sans exception. Mais il y a tant d'incertitude dans tout ce qu'ils disent sur cette question, qu'en ceci, comme en tout autre chose, ils se partagent en diverses opinions. Ceux qui font état de cette sorte de choses, n'ont qu'à les chercher dans ces Auteurs. Pour moi je ne les conte pour rien, voyant que ceux mêmes qui les debitent declarent ouvertement qu'ils n'ont rien de certain à proposer là-dessus. Il est certain même que tout homme qui considerera la chose attentivement, & sans prejugé, verra clairement que la resolution de cette question, en la maniere qu'elle est traitée par les Theologiens, n'est pas seulement inutile, pour ne pas dire pernicieuse, mais encore vaine & impossible. Elle est inutile, car il n'en revient aucun bien aux ames Chrétiennes. Elle est pernicieuse, car les Chrétiens froids & negligens voyant que les Theologiens asseurent communement qu'il n'y a qu'un ou deux articles que tous doivent croire de foi explicite, ou même qu'il n'y en a aucun en particulier qui soit necessaire, comme quelques-uns l'ont dit, ils en prennent l'occasion de ne se pas appliquer à parvenir au degré de conoissance, auquel ils se seroient élevés fort facilement. Enfin la resolution de cette question est impossible, étant evident qu'on ne sauroit indiquer une regle, ou une mesure precise de ce qu'on doit croire, ou designer un nombre certain des articles de foi, qui soit commun & necessaire à tous les Chrétiens. Car ceci depend de la capacité naturelle de châque particulier, & des autres circonstances de la vie & de l'état de chacun, qui sont si diverses, qu'on ne sauroit en faire une regle commune à tous.* Hold. de Anal. fid. lib. 1. cap. 4. Lect. 2.

On dira sans doute que lors qu'on parle d'une mesure de conoissance absolûment necessaire, on entend la plus basse, & la plus petite mesure, on entend ce qui est necessaire à ceux qui ont le moins de talens naturels, & de secours exterieurs. Mais je soûtiens qu'il est impossible de determiner ceci même. Il faudroit pour cela savoir jusqu'où Dieu porte son indulgence à l'égard de ceux de tous les hommes qui ont le moins d'aptitude naturelle, & de secours exterieurs pour conoître la verité. Il faudroit savoir les dernieres bornes qui separent à cet égard l'exercice de sa justice de celui de sa misericorde. Et qui est celui qui le sait?

Je ne voi pas que personne excluë du salut ceux qui sont naturellement sourds & muets. La Discipline des Eglises Reformées de France les admettoit à la Sainte Cene. Chap. XII. art. 6. Voetius fait voir que plusieurs Docteurs Lutheriens ont été dans cette même pensée. Polit. Ecclef. tom. 1. pag. 649. Qui oseroit cependant determiner le degré precis de conoissance que cette sorte de personnes

ſonnes peuvent avoir?

Mais je veux qu'on ſoit en état de remarquer le plus bas degré de lumiere & de conoiſſance qui ſuffit pour le ſalut des plus abrutis. En ſera-t-on plus inſtruit de ce qui ſuffit au ſalut des autres? Ceci dependant des moyens que chacun a de s'inſtruire, & ces moyens étant ſi differens, & ſi inégalement partagés, n'eſt-il pas abſolûment impoſſible d'établir là-deſſus des regles certaines, qu'on puiſſe ſuivre ſans crainte d'y étre trompé?

Mais, dira-t-on, ſi cela eſt qui pourra s'aſſeurer de croire tout ce qui lui eſt neceſſaire pour étre ſauvé? C'eſt une objection que M. Nicole nous fait de la maniere du monde la plus inſultante. Mais premierement il n'a pas pris garde qu'on peut la lui faire à lui-même auſſi bien qu'à nous. Car enfin comment eſt ce que, ni lui, ni qui que ce ſoit dans ſa communion, peut ſavoir avec certitude qu'il croit tout ce qu'il eſt neceſſaire de croire de foi explicite? Eſt-ce que cette Egliſe s'eſt expliquée là-deſſus? A-t-elle fait un catalogue des verités que châque particulier doit croire de foi explicite? S'il y en avoit quelqu'un on le produiroit. Si cela étoit encore les Theologiens ne diſputeroient plus là-deſſus, comme ils font depuis ſi long-temps. Enfin ſi cela étoit Holden ne l'auroit pas ignoré, & n'auroit pas dit que la reſolution de cette queſtion eſt abſolûment impoſſible.

Qu'avant donc que de nous objecter ceci. M. Nicole nous aprenne ce qu'il y peut répondre lui-même. On dira peut-étre que cette objection n'a pas la même force contre M. Nicole que contre nous, parce qu'en effet M. Nicole ne croit pas qu'un fidelle doive s'asseurer que sa foi est telle qu'elle doit être, au lieu que nous voulons qu'il n'en doute point.

J'admets cette difference, mais je ne conviens pas qu'elle empéche de retorquer cette objection. Si M. Nicole ne veut pas que le fidelle sache avec certitude s'il croit tout ce qu'il doit croire, il m'avouëra bien au moins qu'il doit savoir ce qu'il doit croire. S'il ignore la maniere en laquelle il s'aquitte de son devoir, il doit au moins savoir quel est son devoir. On doit le lui marquer nettement & distinctement, & si on ne le fait pas c'est le defaut de l'Eglise qui y est obligée.

Or je soûtiens que le fidelle ne peut savoir ceci, parcë qu'en effet il n'a personne qui le lui apprenne, & personne ne peut le lui apprendre, parce que personne ne le sait. L'Eglise elle-même, qui est si savante, à ce qu'on nous dit, ne sait pas ceci. Ainsi la difficulté est la même pour tous les Chrétiens, & ils ne doivent pas se l'opposer les uns aux autres, comme s'il y avoit quelque secte à qui elle fût particuliere.

Mais, dira-t-on, que faut-il faire pour se mettre à cet égard l'esprit en repos? Je réponds qu'on n'a qu'à s'aquitter exactement d'un devoir, qui nous est d'ailleurs recommandé fort souvent dans les livres saints, je veux dire celui de prendre tout le soin que nous pourrons pour nous instruire, & de re-

cevoir

cevoir avec une entiere foi tout ce que nous trouverons clairement & nettement enoncé dans la parole de Dieu. A proportion du soin que nous y aurons apporté, à proportion serons nous asseurés de n'ignorer rien de necessaire.

Quand même il arriveroit qu'avec tout cela nous ignorerions quelque verité importante, ce que je croi impossible, ce defaut nous étant inconu il seroit compris sans difficulté dans ces fautes cachées, qui ne sont pas incompatibles avec la veritable regeneration, & dont la repentance generale obtient tousjours le pardon de Dieu.

Je ne doute pas qu'on ne m'objecte ici les erreurs des Sociniens. On me demandera si je ne croi pas que les verités combattuës par ces heretiques, particulierement la divinité de Jesus Christ, & sa satisfaction, sont du nombre de celles que chacun doit croire de foi explicite. On me demandera si les plus simples sont à mon avis en état de se determiner là-dessus par une discussion exacte de ces questions, & par la comparaison des raisons du pour & du contre. On me demandera enfin ce que je pense de ces simples, qui se trouvant hors d'état de prendre parti sur cette matiere suspendroient leur jugement, & se reduiroient à cet égard à la foi implicite.

Je réponds qu'il faut distinguer deux sortes d'ignorans. Les uns le sont à ce point qu'ils ne savent pas même qu'il y ait des Sociniens dans le monde. Les autres le savent,

& ont quelque conoissance de ces erreurs.

Ou les premiers croient ces deux articles, ou ils les ignorent. S'ils les croient, rien n'empéche qu'ils ne soient sauvés, & il importe peu qu'ils ignorent s'il y a dans le monde des heretiques qui combattent ces verités. Cette ignorance ne sauroit leur faire aucun prejudice. S'ils les ignorent, il faudroit savoir jusqu'où va cette ignorance. Mais quand même on le sauroit il seroit assés difficile de prononcer determinement là dessus. Dieu sait ce qu'il a resolu de supporter à cet égard dans les simples. Pour les hommes je suis persuadé qu'ils l'ignorent.

A l'égard des seconds je ne pense pas qu'il leur soit permis de suspendre leur jugement sur cette sorte de questions. Ma raison est que le faire seroit se mettre hors d'état de remplir des devoirs dont je croi l'observation absolûment necessaire. Si on ne croit pas positivement que Jesus Christ soit vrai Dieu, on ne sauroit l'adorer innocemment, comme il faut necessairement le faire pour étre sauvé. Que fera-t-on en effet dans cette supposition? L'adorera-t-on? Je parle de cette espece d'adoration qui n'est deuë qu'à l'Etre supreme. Si on le fait, on est idolâtre. C'est ce qu'on peut demonstrer avec la derniere evidence, ou pour mieux dire c'est ce que plusieurs ont demonstré, particulierement Franken Antitrinitaire, qui eut sur ce sujet une conference avec Socin. Si on ne l'adore point, on refuse à Jesus Christ un honneur qui

qui lui est deu, & par consequent on se rend coupable d'un grand peché.

Je dis la même chose de la satisfaction de ce grand Sauveur. Si on ne la croit pas, il est impossible qu'on se l'applique; & comme je suis persuadé que Dieu ne pardonne les pechés qu'en consideration de la satisfaction de Jesus Christ imputée, & qu'il ne l'impute qu'à ceux qui l'embrassenr avec une vive foi, comme enfin on n'a garde de l'embrasser si on ne la croit pas, je regarde la remission des pechés comme un bien qu'on ne sauroit obtenir, soit qu'on tombe dans les erreurs des Sociniens, soit qu'on suspende son jugement sans les embrasser ni les rejetter.

Il est certain aussi que ces erreurs sont si evidemment contraires à l'Ecriture, que pour peu qu'on ait l'esprit droit on ne balancera point à les rejetter. Qu'un simple lise l'Ecriture Sainte, ou qu'il se la fasse lire par quelque autre s'il ne peut la lire lui-même. Jamais il ne croira que Jesus Christ ait commencé d'exister, soit à sa conception, soit à sa naissance, voyant d'un côté ce qu'il dit lui-même, *Avant qu'Abraham fût j'étois*, & de l'autre ce que S. Peul asseure dans le chap. I. de son Epître aux Colossiens *que toutes choses ont été creées par lui, celles qui sont au ciel, & celles qui sont en la terre, les visibles & les invisibles, les Thrones, les Dominations, les Principautés & les puissances, que toutes choses sont creées par lui & pour lui, qu'il est avant toutes choses, & que toutes choses subsistent par lui.* Si on l'avertît de ce que Socin a répondu ces deux passages, il admirera qu'un homme d'esprit ait peu debiter des sottises si étudiées, & plus encore qu'il ait peu se les persuader.

Il aura peut-étre quelque péne à prouver demonstrativement la fausseté de ces evasions. Mail il sentira pourtant que ce sont des evasions, & quoi qu'il ne puisse les refuter dans les formes, il ne laissera pas de les detester, parce qu'il verra tres-distinctement qu'elles donnent la géne à l'Ecriture, & qu'il est impossible de se persuader que Dieu ait donné ce Sacré Livre aux plus simples pour leur apprendre ce qu'ils doivent croire, s'il faut aller chercher si loin le sens qu'il lui faut donner.

On ne doutera pas de ce que je viens de dire si l'on considere l'impression que les textes de l'Ecriture que nous opposons aux Sociniens, ont tousjours faite dans l'ame de ceux qui les ont leus, ou entendus lire. On leur a tousjours donné le sens que nous leur donnons, jusqu'à ce que trois ou quatre esprits libertins se sont avisés presque de nos jours de les expliquer autrement. N'est-ce pas là une preuve qui justifie que les simples qui liront l'Ecriture avec humilité, & avec un desir sincere de s'instruire, y trouveront sans aucun effort les verités que le Socinianisme combat?

Quoi qu'il en soit il y a trois choses certaines sur ce sujet, chacune desquelles suffit pour détruire, non seulement cette objection, mais encore la plusspart des autres qu'on nous oppose.

La premiere que tout homme qui aura l'esprit droit, humble, docile, & vuide de toute sorte de prejugés, trouvera dans l'Ecriture les verités que les Sociniens nous disputent. Cela suffit, car enfin nous n'avons jamais pretendu que l'Ecriture deût proposer toutes les verités du salut avec une evidence qui fût à l'épreuve de toute chicane. Nous pretendons seulement qu'elle les propose d'une maniere qui suffit pour les faire appercevoir à ceux qui la lisent avec les dipositions que j'ai indiquées.

Il est certain en deuxiéme lieu qu'il est tout au moins aussi aisé de trouver dans l'Ecriture les verités contestées par les Sociniens, qu'il est aisé à un infidelle de voir la verité de la Religion Chrétienne. Je ne croi pas qu'on me conteste ceci. Cependant si on me l'avouë, ce qu'on nous objecte n'a point de difficulté. Car de quel droit pourroit-on pretendre que l'une des propositions qui servent de fondement à la foi fût plus evidente que la moins evidente des autres? Si le degré de lumiere qu'à la verité de la Religion Chrétienne suffit pour faire naître la foi, pourquoi un semblable degré de lumiere ne suffiroit-il pas pour faire que cette foi puisse embrasser quelques-unes des verités qui en sont l'objet?

Enfin il est certain qu'il y a cent questions dans la Morale, sur lesquelles la parole de Dieu s'est expliquée avec beaucoup moins de clarté, que sur celles qui sont la matiere de nos disputes contre les Sociniens. Cependant

pendant les plus simples doivent se determiner par leurs propres lumieres sur les questions de ce premier ordre. Pourquoi ne pourroient-ils pas le faire sur les secondes? Cette preuve est demonstrative, mais comme je l'ai proposée dans toute son étenduë dans la dissertation que j'ai ajoûtée à mon Traité *de la Conscience*, je ne m'y arréterai pas presentement.

CHAPITRE XIX.

Quatriéme proprieté de la foi. Elle est incompatible avec le vice, & inseparable de la pieté.

IL ne me reste plus à considerer que la derniere des proprietés de la foi. Je la fais consister dans son opposition avec le vice, & dans la connexion qu'elle a avec la Sainteté. C'est ainsi que j'aime mieux m'expliquer, que de parler de l'efficace de cette vertu. En effet il est assés difficile de dire si cette incompatibilité de la foi, & du vice vient de l'efficace de la foi, qui détruit le vice dans ceux qu'elle éclaire, ou de l'obstacle que le vice met à la production de la foi. L'Ecriture a diverses choses qui semblent favoriser l'un & l'autre de ces sentimens, disant d'un côté que *nos cœurs sont purifiés par la foi*, & de l'autre que les Juifs *ne pouvoient croire parce qu'ils* étoient orgueilleux, & *cherchoient la gloire les uns des autres*. J'espere d'examiner cette

cette question dans la seconde partie. Ne le pouvant presentement je ne dirai pas que la foi est efficace. Je me contenterai de dire qu'elle est incompatible avec le vice, & inseparable de la pieté.

Je joins ensemble ces deux choses, parce que je les croi inseparables l'une de l'autre. Ce sont les deux parties de la sanctification, qui consiste selon David à fuir le mal, & à faire le bien, selon Esaïe à cesser de malfaire, & à apprendre à bien faire, & selon S. Paul à dépoüiller le vieil homme, & à revétir le nouveau.

Mais avant que de faire voir que cette proprieté convient à la foi, il faut remarquer qu'on peut s'appliquer par deux principes à quelle que ce soit de ces deux parties de la sanctification. On peut le faire par un principe d'interét, & par un mouvement d'amour propre, mais d'un amour propre sage & éclairé, tel qu'est celui qui nous porte à nous garder de perir, & à souhaitter au contraire de nous sauver. On peut encore le faire par un mouvement d'amour de Dieu, je parle d'un amour desinteressé, & qui nous fait souhaitter de lui plaire, & de lui obeïr, soit pour lui témoigner nôtre reconoissance pour ses bontés, soit parce que la conoissance que nous avons de ses perfections nous y engage.

Cette distinction est importante, comme on le verra dans la suite. En la supposant je reduis à trois points ce que je pense sur ce sujet. Le premier que la foi divine est incompatible avec le vice. Le second qu'elle est inseparable de ce degré de sanctification, qui consiste à faire de bonnes œuvres par un principe d'interét. Le troisiéme qu'elle est inseparable de la veritable pieté, qui consiste à faire le bien par un principe d'amour desinteressé.

Je dis donc en premier lieu que la foi divine est incompatible avec le vice. J'entends par ce vice, un vice dominant, tel qu'il est dans ceux qui ne sont pas encore regenerés. J'entends ce qu'on appelle un, ou plusieurs pechés d'habitude, soit que ce peché consiste en un acte seul, qui subsiste moralement jusqu'à-ce qu'il soit revoqué par l'acte contraire, telle qu'est par exemple l'usurpation injuste du bien d'autrui, qui fait un peché permanent jusqu'à-ce que cette injustice soit reparée; soit qu'il consiste en une disposition fixe & uniforme, telle qu'est une haine opiniâtre contre quelqu'un de nos prochains; soit enfin qu'il consiste en plusieurs actes reïterés, auxquels on se porte toutes les fois qu'on en trouve l'occasion, comme il arrive ordinairement à ceux qui sont esclaves de l'impureté, de l'yvrognerie, de la médisance, & de quelques autres pechés semblables.

Je soûtiens qu'il y a de l'incompatibilité entre un tel vice, & la veritable foi. C'est ce que l'Ecriture nous apprend fort expressément. S. Pierre asseure Act. XV. que *nos cœurs sont purifiés par la foi.* N'est-ce pas dire qu'il n'y a point de foi dans les cœurs qui demeurent tousjours remplis d'ordure & d'impureté.

S. Paul declare I. Tim. V. 8. que *celui qui n'a aucun soin de ceux de sa famille à renié la foi.* Comment cela si la foi pouvoit subsister avec la dureté qu'on a pour ses proches?

S. Jean encore s'explique plus nettement. Il dit que pour savoir si nous avons conu Dieu, c'est à dire sans difficulté si nous avons creu en lui, il ne faut que voir si nous observons ses commandemens. I. Ep. II. 3. Il passe plus avant, & soûtient que *celui qui dit, Je l'ai conu, & ne garde point ses commandemens est un menteur.* Ce n'est pas tout. Il asseure dans un autre endroit III. 6. que *celui qui peche n'a point veu Dieu, & ne l'a point conu.* N'est-ce pas dire bien expressement que la veritable foi est incompatible avec le vice.

Je ne saurois en effet me contenter de la réponse d'Episcopius. Il dit qu'on peut conoître Dieu sans l'aimer, & sans observer ses commandemens, mais qu'alors cette conoissance est inutile, & que Dieu n'en fait non plus d'état que si on ne le conoissoit point du tout. Mais qui ne voit que cette défaite est un renversement manifeste des paroles du S. Apôtre? S. Jean ne se contente pas de dire que celui qui viole les commanmens de Dieu ne le conoît point, à quoi même on ne pourroit appliquer la glose d'Episcopius qu'avec une violence extreme. Il dit qu'un tel homme seroit un menteur, si n'obn'observant point les commandemens de Dieu il se vantoit de le conoître. N'est ce pas dire formellement, non que cette conoissance separée de la sanctification est inutile, mais qu'il est impossible de l'en separer ?

L'Ecriture donne de grands eloges à la foi. Mais ces eloges ne lui conviendroient point du tout si elle pouvoit subsister avec le vice. Elle dit que *Jesus Christ habite dans nos cœurs par la foi.* Ephes. III. 17. Elle dit que la foi nous fait devenir les enfans de Dieu. *A tous ceux qui l'ont receu*, dit S. Jean. I. 12. *il leur a donné le droit d'être faits enfans de Dieu*, *savoir*, ajoûte-t-il, *à ceux qui croient en son nom.* Elle dit que la foi nous justifie. *Nous concluons donc que l'homme est justifié par la foi sans les œuvres de la loi.* Rom. III. 27. Elle dit que la foi obtient infailliblement le salut. *Celui qui croit en moi à la vie eternelle*, dit Jesus Christ Jean V. 24. Elle dit que *la foi est la victoire du monde*, I. Jean. V. 4. Elle dit que la foi est le principe de la vie spirituelle. *Ce que je vis en la chair*, dit S. Paul, Gal. II. 20. *je le vis en la foi du Fils de Dieu, qui m'a aimé, & qui s'est donné soi-même pour moi.* Comment tout cela pourroit-il être veritable, si la foi pouvoit être separée de la sanctification, puis qu'on sait d'ailleurs que sans la sanctification il est impossible de posseder aucun des avantages qu'on vient d'indiquer ?

En particulier je souhaitterois qu'on fit attention à deux choses, aux promesses que tout

tout l'Evangile fait à la foi, & aux menaces dont toute l'Ecriture est remplie contre les ouvriers de l'iniquité. Comment pourroit-on accorder ces promesses avec ces menaces si la foi pouvoit subsister avec la pratique du vice? Qu'est-ce qu'un fidelle vicieux deviendroit? Seroit il sauvé? Mais dans cette supposition, où seroit la verité des menaces que Dieu fait contre les impies? Seroit-il damné? Mais si cela étoit où seroit la verité des promesses qui sont faites en tant d'endroits à la foi? Qui ne voit que pour accorder ces contradictions il faut dire que le cas que je viens de poser n'arrive jamais, & qu'en effet il n'y a ni foi sans sanctification, ni sanctification sans foi?

Il ne faut objecter, ni l'Ecriture, ni l'experience, qui semblent insinuer en quelque façon le contraire. On n'a pour resoudre ces objections qu'à distinguer une double foi, l'une veritable, ornée des trois proprietés que j'ai indiquées, ferme, exempte d'erreur, & qui embrasse sans distinction & sans choix toutes les verités revelées, l'autre une foi fausse, vaine, confuse, incertaine, mélée d'erreurs, & qui recevant quelques-unes des verités que Dieu nous revele, en rejette positivement plusieurs autres. J'avouë que cette seconde espece de foi n'a rien d'incompatible avec le vice, & c'est là ce que l'Ecriture atteste, & que l'experience fait voir châque jour. Mais ce que je viens de dire justifie assés que le vice & la veritable foi ne peuvent subsister ensemble.

CHA-

CHAPITRE XX.

D'où vient cette incompatibilité de la foi & du vice. Si on peut faire ce qui paroît moins avantageux que ce qu'on pourroit faire, & qu'on ne fait point.

IL ne paroît pas tout d'un coup aisé d'indiquer la veritable raison de cette incompatibilité de la foi & du vice. En effet il ne suffit pas de dire que la foi nous fait voir l'horreur de ce vice, & nous porte par là à le detester. Cela seroit bon à alleguer s'il étoit certain que tout le monde se conduisît par la raison & par la justice. Comme ceci, bien loin d'étre certain, est tres certainement faux, & que nous voyons, & éprouvons même le contraire, il faut chercher quelque autre raison de cette incompatibilité, qui soit plus solide.

Je suis persuadé que la meilleure est celle qu'on peut prendre de l'opposition qui se trouve entre les faux jugemens des vicieux, & quelques unes des verités que la foi embrasse. Pour n'en point douter il faut considerer d'un côté ces jugemens, & de l'autre ces verités, aprés quoi leur opposition se découvrira d'elle même.

Je dis donc en premier lieu que lors qu'on commet un peché conu & deliberé, on ne le commet que parce qu'on juge vraiment, ou ou fauſſement, avec raiſon, ou ſans raiſon, par lumiere, par caprice, par paſſion, ou par prejugé, qu'on juge, dis je, que dans la conjoncture où l'on ſe trouve, il vaut mieux, il eſt meilleur, il eſt plus avantageux, *præſtat*, *ſatius eſt*, de faire ce qu'on fait que de ne le pas faire.

Je prie mon Lecteur de prendre bien garde à ce que je dis. Je ne dis pas que lors que nous allons pecher nous jugeons que ce que nous allons faire eſt plus juſte, plus loüable, plus honorable, plus agreable, plus utile même, que le contraire. Je dis ſeulement que nous jugeons qu'il eſt meilleur, qu'il eſt plus avantageux, & qu'il nous vaut mieux. Je m'arréte à cette idée generale, parce qu'en effet il n'y a aucune des idées particulieres que je viens d'indiquer, par laquelle tous ſe conduiſent. L'un ſe conduit par l'une, & l'autre par l'autre; l'un par l'interét, l'autre par la gloire, & un troiſiéme par le plaiſir. Mais tous ſe conduiſent par le bien réel, ou apparent. Tous penſent voir ce bien dans ce qu'ils choiſiſſent. Ils penſent même l'y voir plus grand que par tout ailleurs, & c'eſt pourquoi ils le choiſiſſent, & le preferent.

Je ne dis pas que ce qu'on prefere eſt touſjours en effet, & dans la verité de la choſe, meilleur que ce à quoi on le prefere. Je dis ſeulement qu'on penſe, qu'on juge, qu'on ſe figure qu'il l'eſt.

Je ne dis pas qu'on penſe que ce qu'on va faire eſt meilleur en ſoi, mais ſeulement qu'on pense qu'il l'est par rapport à la conjoncture, & à la disposition où l'on se trouve. En effet on comprend assés qu'on peut preferer en de certaines conjonctures ce qui n'est presque rien en soi à ce qu'on regarde comme tres-grand & tres-excellent. Témoin ce Prince pressé de la soif, qui ceda son royaume pour un verre d'eau. Il voyoit sans doute la disproportion qu'il y avoit entre ce verre d'eau, & un grand royaume. Mais il jugea, & peut-être avec raison, que dans l'état où il étoit, ce verre d'eau lui étoit plus avantageux, & plus necessaire que son royaume.

Je ne dis pas que nous jugeons que ce que nous allons faire nous sera à l'avenir plus avantageux que ce que nous ne ferons pas, mais seulement que nous jugeons qu'il l'est dans le present. En effet il arrive tous les jours qu'on prefere un bien petit, mais present, à un bien grand, mais à venir. Il y a même des occasions où le bon sens veut qu'on le fasse.

Je ne dis pas que toutes les fois qu'on juge qu'il est plus avantageux de faire une action que de ne la pas faire, on la fait. Le contraire peut arriver, parce qu'en effet on peut changer de sentiment, & qu'aprés avoir prononcé que l'action est avantageuse, une nouvelle pensée qui survient peut faire juger qu'elle ne l'est pas.

Je ne dis pas même qu'on la fait toutes les fois qu'on persiste dans ce jugement. Ce n'est pas que je ne le croie de la sorte, & que je je ne tienne, non seulement qu'on n'agit jamais d'une maniere opposée au dernier jugement qu'on a prononcé, mais encore qu'on ne demeure jamais sans action aprés avoir jugé determinement que le meilleur est d'agir. Mais c'est que bien que ceci soit vrai je puis m'en passer, n'ayant besoin qu'on m'accorde que ceci seul, que toutes les fois qu'on commet un peché conu & deliberé, il paroît par-là que le dernier jugement qu'on en a fait, c'est qu'il étoit plus avantageux de le commettre que de s'en abstenir.

C'est là tout ce que je pretends, & c'est ce que je croi qu'on peut prouver par deux sortes de raisons, les unes generales, les autres particulieres. Les generales font voir, que de quelque façon qu'on agisse, soit bien, soit mal, pourveu qu'on agisse volontairement, & avec deliberation, on ne fait jamais que ce qu'on regarde comme le meilleur. Les secondes prouvent la même chose à l'égard des pechés en particulier.

I. Il me semble que l'experience justifie assés le premier. Chacun peut le remarquer en soi même. Chacun peut voir que tout ce qu'il fait, en le voulant faire, & aprés y avoir pensé, il le fait, parce qu'il lui semble que toutes choses considerées il lui vaut mieux de le faire que de ne le pas faire.

II. S'il en étoit autrement il seroit assés inutile de deliberer. En effet la deliberation ne tend qu'à découvrir ce qui est le meilleur. Si aprés qu'on l'aura trouvé on pouvoit ne le pas preferer, de quoi cette recherche serviroit-elle?

III. Quand on entreprend de porter les autres à faire quelque chose, on ne s'amuse jamais à leur prouver qu'ils doivent faire ce qui leur paroîtra le meilleur. On tâche seulement de les convaincre que le meilleur est precisement ce qu'on leur propose. Cela fait voir qu'on suppose que chacun est disposé à preferer tousjours ce qui lui paroîtra le meilleur, à ce qui lui paroîtra le moins bon.

IV. Ce qui est moins bon, comparé à ce qui l'est davantage, est necessairement un mal. Ainsi si on pouvoit preferer un moindre bien, on prefereroit par-là même un mal, & on aimeroit le mal comme mal, ce que tout le monde regarde comme impossible.

Imaginons nous deux objets qui s'offrent ensemble à l'esprit, & dont l'un ne paroisse avoir à tout prendre qu'un seul degré de bonté, & qu'on juge que l'autre en a deux. Si on pouvoit choisir le premier, & le preferer au second, on rejetteroit ce degré de bonté que le second a par dessus le premier, & ainsi on haïroit le bien comme bien. Et comme la perte, & la privation d'un bien est tousjours un mal, on choisiroit ce mal, & de cette maniere on aimeroit le mal comme mal, ce qui constamment ne se peut.

V. Il n'est pas seulement impossible qu'on se haïsse, & qu'on se veüille du mal; il l'est encore qu'on cesse de s'aimer, & de se vouloir du bien. Ce n'est pas tout. On souhaitte tousjours necessairement le plus grand des biens, la felicité, le bonheur. Au defaut même du bonheur parfait on cherche le plus grand

grand bonheur qu'il soit possible de posseder. On veut étre le plus heureux qu'on peut. Ce seroit pourtant aller contre cette pente si naturelle que de voir un bien plus grand que tout autre bien & le rejetter.

VI. Mais voici quelque chose de bien plus pressant. L'Ecriture Sainte suppose visiblement ce que je soûtiens. Elle contient divers raisonnemens, qui ne sont fondés que sur ceci seul. Elle conclût, & de la conoissance à l'action, & de l'omission de l'action au defaut de la conoissance, ce qu'elle ne pourroit faire si la conoissance & l'omission de l'action pouvoient subsister ensemble. Voici quelques exemples de cette sorte de raisonnemens.

Si tu savois le don de Dieu, & qui est celui qui te dit, donne moi à boire, tu lui en eusses demandé toi-même, & il t'eût donné de l'eau vive. Jean. IV. 10. *O si toi aussi, voire au moins en cette tienne journée, eusses conu les choses qui appartiennent à ta paix! Mais maintenant elles sont ôtées de devant tes yeux, d'autant que tu n'as pas conu le jour de ta visitation.* Luc. XIX. 42. *Les Princes de ce siecle n'ont point conu la sagesse, car s'ils l'eussent conuë, jamais ils n'auroient crucifié le Seigneur de gloire.* I. Cor. II. 8. *Celui qui dit, Je l'ai conu, & ne garde point ses commandemens, est un menteur.* I. Jean. I. 4. *Celui qui peche n'a point veu Dieu, & ne l'a point conu.* I. Jean. III. 6.

Quelles seront ces consequences, si on peut faire le contraire de ce qu'on sait étre plus avantageux? Dans cette supposition la

Samaritaine pouvoit conoître le don de Dieu, & savoir qui étoit celui qui lui parloit, sans lui demander de l'eau vive. Jerusalem pouvoit conoître les choses qui appartenoient à sa paix, & les rejetter. Les Juifs pouvoient conoître la verité, & crucifier Jesus Christ. Les pecheurs pourroient conoître Dieu, & violer ses commandemens. Mais si tout cela se pouvoit, toutes ces consequences sont tres-mal tirées, & tous ces raisonnemens sont bien foibles, ce qu'on ne peut dire sans impieté.

VII. Ce que Jesus Christ dit Jean VI. 45. *Quiconque a oüi du Pere, & a appris vient à moi*, suppose encore la même chose. On pourroit en effet avoir oui, & avoir appris, on pourroit savoir tout, & ne pas venir; s'il n'y avoit aucune liaison entre les lumieres de l'esprit, & les actes de la volonté.

Qu'on ne me dise pas qu'on peut preferer un bien plus petit à un plus grand, par le seul dessein de faire voir qu'on le peut, & d'avoir, ou de donner cette preuve de sa liberté. Dire ceci, c'est confirmer ce que je dis. Car en usant de la sorte on juge qu'il est avantageux d'avoir, ou de donner cette preuve de sa liberté. Ainsi cet avantage joint au bien qui se trouve dans l'action, le fait paroître plus grand que le bien opposé. Par consequent alors même on fait ce qui à tout prendre paroît plus avantageux que ce qu'on ne fait pas.

Je croi donc qu'il y a tousjours de la conformité entre ce qu'on juge & ce qu'on fait.

Je

Je n'examine pas au reste d'où vient cette conformité. Je ne decide pas si c'est l'entendement qui entraîne la volonté, ou si c'est la volonté qui determine l'entendement. Je dis seulement qu'il y a tousjours du rapport & de la conformité dans leurs actes, & que ce qu'on fait est tousjours ce qui paroît le meilleur.

C'est ce qui a lieu en particulier dans les pechés conus & deliberés. S'ils sont tels, on ne les commet que parce qu'on prefere le bien temporel qu'on croit qu'ils procureront, au bien spirituel qu'il y auroit à s'en abstenir, & qu'on croit que dans la conjoncture où l'on se trouve ce bien temporel est plus avantageux que le spirituel.

Tous les Theologiens conviennent de ce que S. Augustin a dit, & inculqué si souvent, que l'amour propre est la source & la racine de tous les pechés. Voyés en particulier Jansenius *de statu nat. lapſ.* lib. 2. cap. 25. C'est ce que S. Paul insinuë assés, lors que voulant décrire la corruption extreme des derniers siecles, & en donner l'idée la plus vive, il se contente de dire que *les hommes seront amateurs d'eux-mêmes*.

Si donc les hommes ne pechent que parce qu'ils s'aiment eux-mêmes, il faut necessairement que toutes les fois qu'ils pechent ils jugent qu'il leur est plus avantageux de pecher que de ne pas pecher. S'ils en jugeoient autrement il ne seroit pas vrai de dire que l'amour propre les porte à pecher.

Voici comment la pluspart raisonnent. Il

eſt bien vrai que l'action que je vai faire eſt méchante & abominable. Il eſt vrai que Dieu me l'a defenduë. Mais n'importe. Elle me fera avantageuſe. Elle me procurera de l'eſtime, de l'utilité, du plaiſir, &c. Cette eſtime, cette utilité, ce plaiſir, valent bien que je la faſſe. Il eſt vrai que par-là j'offenſerai Dieu, mais je m'en repentirai dans la ſuite, & j'obtiendrai de ſa miſericorde infinie ſa grace & ſa paix. Ainſi je ne perdrai rien que je ne puiſſe recouvrer fort facilement. Au lieu que ſi je laiſſe paſſer cette occaſion de goûter ce plaiſir, de faire ce profit, de me procurer cette gloire, je ne ſuis pas ſeur d'en trouver une autre fois une ſemblable. Tout donc compenſé il me vaut mieux de commettre ce peché que de m'en abſtenir.

Si on ne fait pas ce raiſonnement, on en fait un autre. On dit qu'il y a cette difference entre le bien qu'on ſe procure, & le mal auquel on apprehende de s'expoſer, que le premier eſt certain, & que le ſecond ne l'eſt pas. Il eſt vrai, dit-on, qu'on nous fait peur d'un enfer, qui attend les méchans. Mais peut-étre ce qu'on en dit n'eſt pas vrai. Peut-étre n'eſt-ce là qu'une chimere. Il vaut donc mieux en courir le riſque, & jouïr du bien preſent, qu'il m'eſt ſi facile de me procurer.

Il eſt même poſſible que ne faiſant, ni le premier, ni le ſecond de ces raiſonnemens, on en faſſe un troiſiéme, qui n'eſt pas meilleur, & qu'on diſe: Il eſt vrai qu'en pechant on s'expoſe à un danger inevitable de perir eternel-

eternellement. Mais ce mal est encore bien éloigné, au lieu que le bien que le peché me va procurer est un bien present. J'en jouïrai tout à l'heure. Il ne faut donc pas perdre l'occasion de me le procurer.

Ce n'est pas que je pretende que toutes les fois qu'on commet un peché conu & deliberé, toutes ces pensées se presentent distinctement à l'esprit, & qu'on fasse ces raisonnemens en autant de mots. Je suis tres éloigné de cette pensée. Je dis seulement qu'on en fait un, qui contient en substance, & d'une maniere confuse, & enveloppée, l'une ou l'autre de ces vaines imaginations. Ce ne seroit pas autrement un peché contre la conscience. Ce seroit un simple peché d'ignorance, c'est à dire un peché dont je ne parle pas presentement.

Il ne me reste maintenant qu'à voir s'il est possible de raisonner de la sorte en ayant la foi. C'est ce que je vai tâcher d'éclaircir dans le Chapitre suivant.

CHAPITRE XXI.

Que rien n'est plus opposé à la foi que de s'imaginer qu'il puisse etre plus avantageux de pecher que de ne pecher point.

IL me seroit facile de faire voir à quel point chacun de ces trois raisonnemens est opposé à la foi. Le second par exemple est une expression assés nette d'une veritable incredulité. En effet l'incredulité ne consiste pas seulement à rejetter positivement la verité en disant que c'est une erreur. Elle consiste aussi à refuser de la croire; & par consequent à en douter, ce qu'il est visible qu'on fait en disant, *Peut-être ce qu'on dit de l'enfer n'est pas veritable.*

Le troisiéme est directement opposé à ce que Jesus Christ dit dans l'Evangile, *De quoi profitera l'homme, si en gagnant tout le monde il fait perte de son ame?* Et dans un autre endroit, *Il te vaut mieux entrer dans la vie en n'ayant qu'un œil, qu'un pié, ou une main, qu'être jetté tout entier dans l'abîme du feu qui ne s'éteint point.*

Mais il n'est pas necessaire d'entrer dans tout ce détail. Il suffit de faire voir que rien n'est plus contraire à la foi que la conclusion commune de ces trois raisonnemens, savoir que dans la conjoncture particuliere où le pecheur se trouve, il lui est plus avantageux, il lui ſui vaut mieux de pecher, que de ne pas pecher.

C'eſt ce qui n'eſt pas difficile. En effet la foi nous apprend toutes les verités ſuivantes: Que rien n'eſt plus utile que la pieté, la ſainteté, & l'innocence. Qu'il n'y a point de temps plus utilement employé que celui qu'on donne au ſervice de Dieu. Que la perte d'une bonne œuvre eſt ſi grande, que tout l'univers ne nous en ſauroit dédommager. Que l'amour de Dieu eſt le plus grand, le plus precieux, & le plus ſolide avantage qu'il ſoit poſſible de poſſeder. Que ſa haine au contraire eſt le plus effroyable de tous les maux. Qu'il nous eſt incomparablement plus avantageux d'étre aimés de Dieu que de poſſeder tous les biens du monde. Qu'il n'y a point de peché qui n'offenſe Dieu, & qui ne nous attire ſon indignation. Que cette indignation eſt le plus grand de tous les malheurs. Que par conſequent toutes choſes bien peſées il nous eſt incomparablement plus avantageux de ne pas pecher que de pecher. Que le peché eſt directement oppoſé à nôtre veritable interét. Que pecher contre Dieu c'eſt pecher contre nous-mêmes, & aller manifeſtement contre les inclinations les plus raiſonnables de l'amour propre. Que rien n'eſt plus pernicieux, rien plus lâche, rien plus honteux, rien plus bas, plus abjet, & plus infame que le peché.

Je ne penſe pas que perſonne veüille me nier que toutes ces verités ne ſe trouvent exprimées tres clairement dans les livres ſaints.

Si quelqu'un en doutoit, il n'auroit qu'à jetter les yeux sur les passages suivans.

O que bien heureux est le personnage qui ne marche point suivant le conseil des méchans, & qui ne s'arrête point au train des pecheurs, & qui ne s'assied point au banc des moqueurs, mais dont le plaisir est en la loi de l'Eternel, tellement qu'il la medite jour & nuit. Ps. I. 1. 2.

Plusieurs disent, Qui nous fera voir des biens? Leve sur nous la clarté de ta face, ô Eternel. Tu as mis plus de joie en mon cœur qu'ils n'en ont au temps que leur froment, & leur meilleur vin ont foisonné. Ps. IV. 7. 8.

Tu n'es pas un Dieu qui prennes plaisir à la méchanceté. Le méchant ne sejournera point chés toi. Les orgueilleux ne subsisteront point devant toi. Tu as tousjours haï tous les ouvriers d'iniquité. Tu feras perir ceux qui proferent des mensonges. L'Eternel a en abomination l'homme méchant & le trompeur. Ps. V. 5. 6. 7.

Voici il (le méchant) *travaille pour enfanter l'outrage. Car il a conceu le travail, mais il enfantera ce qui le trompera. Il a creusé une cisterne, mais il est tombé dans la fosse qu'il a faite. Son travail retournera sur sa tête, & sa violence lui descendra sur le sommet.* Ps. VII. 15. 16. 17.

Eternel, delivre moi par ta main de ces gens, des gens du monde, desquels le partage est en cette vie, & desquels tu remplis le ventre de tes provisions, tellement que leurs enfans en sont rassasiés. Mais moi je verrai ta face en justice, & serai rassasié de ta ressemblance quand je serai reveillé. Ps. XVII. 14. 15.

Les

Les commandemens du Seigneur sont droits rejouïssans le cœur. Le commandement du Seigneur est pur, faisant que les yeux voient. Ils sont plus desirables que l'or, voire que beaucoup de fin or, & plus doux que le miel, voire que ce qui distille des rayons de miel. Aussi ton serviteur est rendu avisé par eux, & il y a une grande recompense à les observer. Ps. XIX. 9. 11. 12.

Mieux vaut le peu au juste que l'abondance des biens à beaucoup de méchans. Ps. XXXVII. 16.

Quel autre ai je au ciel? Je n'ai pris plaisir sur la terre en aucun autre qu'en toi. Ceux qui s'éloignent de toi periront, mais quand à moi approcher de toi c'est mon bien. Ps. LXXIII. 25. 27. 28.

O que bien-heureux est l'homme duquel la force est en toi, & ceux au cœur desquels sont les chemins battus! Mieux vaut un jour en tes parvis que mille ailleurs. J'aimerois mieux me tenir à la porte en la maison de mon Dieu que demeurer dans les tabernacles des méchans. Car l'Eternel Dieu nous est un Soleil & un bouclier. L'Eternel donne grace & gloire, & n'épargne aucun bien à ceux qui marchent en integrité. Ps. LXXIV. 6. 11. 12.

O que bien-heureux sont ceux qui sont entiers en leur voie, qui marchent en la loi de l'Eternel! O que bien-heureux sont ceux qui gardent ses témoignages, & qui le recherchent de tout leur cœur! Lesquels aussi ne font point d'iniquité. J'ai conclu que ma portion étoit de garder tes paroles. La loi que tu as prononcée de ta propre bouche m'est meilleure que mille pieces d'or ou

d'argent

d'argent. O combien j'aime ta loi! Elle me rend plus sage par tes commandemens que ne sont mes ennemis. O que ton dire a été doux à mon palais! J'ai pris tes témoignages pour mon heritage perpetuel, car ils sont la joie de mon cœur. Ps. CXIX. 1. 2. 3. 57. 72. 97. 103. 111.

Le chef de la sagesse est la crainte du Seigneur. Tous ceux qui s'y adonnent sont bien sages. Ps. CXI. 10.

O que bien-heureux est l'homme qui trouve la sagesse! Car le trafic qu'on en peut faire est meilleur que le trafic de l'argent, & le revenu qu'on en peut avoir est meilleur que celui de fin or. Elle est plus precieuse que les perles, & toutes les choses desirables ne la valent pas. Ses voies sont des voies agreables, & tous ses sentiers ne sont que prosperité. Elle est l'arbre de vie à ceux qui l'empoignent, & ceux qui la tiennent sont bien-heureux. Prov. III. 13. 14. 15. 17. 18.

Les iniquités du méchant l'attrapperont, & il sera pris par les cordes de son peché. Prover. V. 22.

Mon fruit (de la sagesse) *est meilleur que le fin or, voire que l'or raffiné, & mon rapport est meilleur que l'argent d'élite. O que bien-heureux est l'homme qui m'écoute! Celui qui me trouve, trouve la vie, & attire la faveur de l'Eternel. Mais celui qui m'offense fait tort à son ame.* Prover. VIII. 19. 34. 35. 36.

Le principal point de la sagesse est la crainte de l'Eternel. Si tu es sage, tu seras sage pour toi-même. Aussi si tu es moqueur tu en souffriras. Prover. IX. 10. 12.

L'homme de gratuité fait du bien à soi-même, mais

mais le cruel trouble sa chair. Le méchant fait une œuvre qui le trompe, mais la recompense est asseurée à celui qui seme la justice. Prover. XI. 17. 18.

Crain Dieu, & garde ses commandemens, car c'est-là le tout de l'homme. Eccles. XII. 15.

La crainte de l'Eternel sera le thresor de Sion. Es. XXXIII. 6.

Il n'y a point de paix pour le méchant. Es. XLVIII. 22.

Malheur sur celui qui est convoiteux pour sa maison d'un mauvais & deshonéte profit. Tu as pris un conseil de confusion pour ta maison, & as peché contre toi même. Habac. II. 9. 10.

Si ton œil droit te fait chopper, arrache le, & le jette arriere de toi. Car il te vaut mieux qu'un de tes membres perisse, & que ton corps ne soit point jetté en la gehenne. Matt. V. 29.

Chargés mon joug sur vous, & apprenés de moi que je suis debonnaire & humble de cœur, & vous trouverés repos à vos ames. Car mon joug est aisé, & mon fardeau leger. Matt. XI. 29. 30.

Que profite-t-il à l'homme s'il gagne tout le monde, & qu'il fasse perte de son ame? Ou que donnera l'homme pour recompense de son ame? Matt. XVI. 26.

Quiconque scandalise un de ces petits qui croient en moi, il lui vaudroit mieux qu'on lui pendît une meule d'âne au col, & qu'il fût plongé au fond de la mer. Malheur à celui par qui le scandale arrive. Matt. XVIII. 6. 7.

Quel fruit donc aviés vous alors des choses dont maintenant vous avés honte? Rom. VI. 21.

La pieté est utile à toutes choses, ayant les promesses de la vie presente, & celles de la vie à venir. I. Tim. IV. 8.

La pieté avec le contentement de l'esprit est un grand gain. Car nous n'avons rien apporté au monde, & il est evident que nous n'en remporterons rien. Mais ayant la nourriture, & de quoi nous puissions être couverts, cela nous suffit. Or ceux qui veulent devenir riches tombent dans la tentation, & au piege, & en plusieurs desirs fous & nuisibles, qui plongent les hommes en destruction & perdition. Car la racine de tous les maux c'est la convoitise des richesses, de laquelle quelques uns ayant envie se sont devoyés de la foi, & se sont eux-mêmes enserrés en plusieurs douleurs. I. Tim. VI. 6. 7. 8. 9. 10.

Tu dis, je suis riche, & je ne manque de rien, & tu ne conois point que tu es malheureux, & miserable, & povre, & aveugle, & nu. Apoc. III. 17.

Parmi ce grand nombre de passages, sans parler des autres qu'on y pourroit ajoûter, il y les verités dont j'ai fait le denombrement dés l'entrée de ce Chapitre. Par consequent on ne peut nier que ce ne soient des verités revelées.

Il est d'ailleurs certain qu'elles ont toutes une liaison necessaire & indissolube avec les fondemens de la Religion Chrétienne. Car enfin si on pose que Dieu prend garde aux actions des hommes, qu'il approuve les bonnes & deteste les mauvaises, qu'il aime les gens de bien & qu'il hait les ouvriers de l'iniquité, qu'il y aura une autre vie aprés celle-

ci,

ci, un jugement, un Paradis, un enfer, toutes ces verités sont incontestables, & il n'y en a pas une qui souffre la moindre difficulté.

Ce sont d'ailleurs des verités que personne ne peut ignorer. On les entend tous les jours, & il y a tres-peu de sermons où l'on n'en propose quelqu'une.

De là je conclus que tout homme qui commet un peché conu & deliberé peche visiblement contre la foi, & tombe dans une heresie actuelle. Je ne dis pas encore qu'il est lui-même heretique. C'est ce que j'examinerai dans un moment. Je dis seulement qu'il fait un jugement qui est une heresie.

On convient qu'il faut plus de choses pour faire un homme heretique, que pour faire une proposition heretique. Afin qu'une proposition soit heretique, il suffit selon l'Eglise Romaine qu'elle soit contradictoirement opposée à une verité revelée clairement & nettement. Les nôtres y ajoûtent communement que cette verité clairement & nettement revelée doit être importante. Je ne croi pas ceci necessaire, & j'espere de faire voir dans la suite qu'il ne l'est pas. Posons pourtant qu'il le soit. Peut-on nier que ces deux conditions ne se trouvent dans l'erreur contenue dans le jugement dont nous parlons ?

Les verités opposées à cette erreur ne sont-elles pas revelées de la maniere du monde la plus nette & la plus expresse ? Ne sont elles pas d'ailleurs de la derniere importance ? Les erreurs contraires ne renversent-elles pas, au moins

moins indirectement, tous les fondemens de la foi, & directement tous ceux de la Morale de Jesus Christ? Si elles avoient lieu que resteroit-il de ferme & d'inébranlable dans cette discipline sainte?

L'erreur donc qui les renverse est une veritable heresie. Je sai qu'Estius n'admet pas ceci. Il nie que l'erreur contenue dans ce jugement soit une heresie. Mais la raison qu'il en donne est pitoyable, & il est étonnant qu'un homme aussi judicieux que lui ait peu s'en payer. Il dit que ce jugement seroit heretique, s'il étoit conceu en ces termes, *Toutes choses bien considerées il m'est permis de commettre ce peché*, ou, *Je ne pecherai point en faisant ceci.* Mais, dit-il, ce n'est pas en ces termes que ce jugement est conceu. C'est seulement en ceux-ci. *Toutes choses bien considerées il faut que je commette ce peché*, ce qui selon ce Theologien n'est pas heretique. Est. in. 2. dist. 22. § 20.

Mais Conink replique judicieusement qu'Estius se trompe, parce qu'en effet ce jugement, *Toutes choses bien considerées il faut que je commette ce peché*, est au fond le même que celui-ci, *Toutes choses bien considerées il m'est plus avantageux de commettre ce peché que de ne le pas commettre.* Cependant celui-ci n'est pas moins contraire à la foi, que cet autre, *Il m'est permis de commettre ce peché.* Car, dit ce Jesuite, c'est une proposition heretique, que de soûtenir que le peché est absolûment parlant plus avantageux que l'innocence. Con. de act. sup. disp. 2. dub. 5. n. 58.

Il a raison de le dire, & je suis persuadé en effet que s'il y avoit, dans quelque communion Chrétienne que ce soit, un Theologien assés effronté pour soûtenir une proposition aussi impie, & aussi detestable que celle-ci, toute la terre se soûleveroit contre lui, & on le condamneroit comme un heretique.

C'est donc là une veritable heresie. C'est même une heresie beaucoup plus insupportable que la pluspart de celles que l'on deteste le plus. De celles-ci les unes ne choquent que des verités speculatives, & tout le monde avoüe que les verités purement speculatives ne sont pas à beaucoup prés aussi importantes que les practiques. La pluspart même des erreurs qui choquent les verités practiques, ne les choquent qu'indirectement, & par des consequences desavoüées. Mais celle ci est actuellement & effectivement suivie d'un tres-grand nombre de pechés enormes, qui font perir une infinité de personnes. Les autres sont presque tousjours beaucoup plus involontaires. Les verités qu'elles combattent ne sont pas à beaucoup prés aussi clairement revelées que celles-ci, & n'ont pas une liaison aussi manifeste, & aussi sensible avec tout le corps de la Religion Chrétienne. Enfin les heresies ordinaires sont appuyées par des raisons, fausses à la verité, mais plausibles; mais specieuses, & qui sont tres-propres à éblouir des esprits aussi foibles, & aussi superficiels que les nôtres: Au lieu qu'on ne peut produire en faveur de l'erreur opposée aux verités dont je parle que des raisons vaines, absurdes & ridicules. Tout

Tout cela fait que cette heresie me paroît incomparablement plus horrible, plus criminelle, & plus dangereuse que toutes celles qu'on regarde avec le plus d'aversion.

CHAPITRE XXII.

Si on peut dire que tous les pecheurs sont heretiques.

IL est donc certain qu'il n'y eut jamais d'heresie plus detestable que celle dont tous les pecheurs sont imbus. Mais, dira-t-on, faut-il donc se persuader que tous les pecheurs sont des heretiques? Ce n'est nullement ma pensée. La raison que j'ai de ne pas admettre cette consequence, c'est que, comme je l'ai déja insinué, pour faire un heretique il faut quelque chose de plus qu'un jugement heretique. Afin qu'un jugement soit heretique il suffit qu'il soit contraire à de certaines verités de foi. Mais afin qu'un homme le soit il ne suffit pas qu'il prononce un tel jugement. Il faut qu'il s'y opiniâtre. Car enfin l'opiniâtreté est selon tous les Theologiens une condition essentiellement necessaire à l'heresie personnelle.

Or on fait consister cette opiniâtreté en deux choses, l'une qu'on resiste à la clarté avec laquelle la revelation est proposée, d'où l'on conclut que lors que la revelation n'est pas proposée assés clairement on peut la rejetter ſans être heretique. L'autre eſt l'attache qu'on a pour cette hereſie, & qui fait qu'on y perſiſte pendant quelque temps, malgré tout ce qui en devroit éloigner.

Avant donc que de decider ſi un pecheur eſt heretique, il faut prendre garde à deux choſes. La premiere ſi les verités practiques, qui ſont contraires à ſes erreurs, lui ont été ſuffiſamment propoſées. La ſeconde ſi ces erreurs, dont il paroît prevenu, ſont des diſpoſitions fixes, durables, & permanentes, ou des éblouïſſemens paſſagers, qui ſe diſſipent avec la paſſion qui les a produits.

A l'égard du premier, il eſt aſſés rare que cette condition manque aux pecheurs. Car comme je l'ai déja remarqué les verités qu'ils rejettent ſont tres-ſenſibles, & tres-manifeſtes à tous ceux qui ont quelque legere teinture du Chriſtianiſme, & d'ailleurs il y a tres-peu de ſermons, où l'on n'en propoſe quelqu'une, quoi que peut-être il y en ait de ceux, où l'on ne les propoſe pas auſſi diſtinctement, & auſſi fortement, qu'il ſeroit à ſouhaitter.

Mais il n'en eſt pas de même de la ſeconde. Il eſt ordinaire de voir que ces jugemens ſont les effets d'une paſſion violente, qui trouble l'eſprit, & fait paroître le bien ou le mal qui l'excite, beaucoup plus grand qu'il n'eſt en effet, & qu'il ne paroît lors qu'on vient à le conſiderer de ſang froid. C'eſt ce qui arrive aux gens de bien, & c'eſt en particulier ce qu'on peut remarquer dans le procedé de S. Pierre. Avant la tentation, &

aprés,

aprés, il étoit persuadé qu'il lui étoit plus avantageux de mourir que de renier Jesus Christ. Mais dans le moment de la tentation la crainte lui grossit de telle sorte l'idée du mal, qu'il apprehendoit, qu'il en jugea autrement. S'il avoit persisté pendant un espace considerable de temps à en faire ce jugement, sans doute qu'il auroit été heretique. Mais comme cette erreur se dissipa un moment aprés, on ne peut l'accuser de ce peché sans lui faire tort.

Il n'en est pas de même des pecheurs d'habitude, qui non seulement tombent dans cette sorte d'erreurs, mais y persistent, & s'y opiniâtrent. Ce sont tous à mon sens de veritables heretiques, & je ne voi pas comment il est possible de les excuser.

Qu'on applique donc ici ce que nous disons d'ordinaire lors qu'il s'agit de la perseverance des Saints. Nous soûtenons qu'à la verité une habitude peut subsister avec un acte contraire, mais que deux habitudes contraires ne peuvent subsister ensemble. Suivant cette regle l'habitude de la foi peut bien se trouver avec un acte d'incredulité, & tout ce qu'on peut dire, c'est que cet acte, sur tout s'il est vehement, affoiblit, & ébranle l'habitude de la foi, à laquelle il est opposé. Mais une longue suite de tels actes, & sur tout une disposition perpetuelle à les produire, est absolûment incompatible avec l'habitude de la foi, & le moins qu'elle fasse c'est une heresie personnelle.

Tous les pecheurs d'habitude sont donc heretiques

rètiques, & ceci est d'autant plus vrai, qu'outre l'erreur generale qui leur est commune à tous, & qui consiste à se persuader qu'il y a des occasions, où il est plus avantageux de pecher que de ne pas pecher, ils en ont d'autres particulieres, & qui sont en même temps tres-grossieres & tres-dangereuses.

Par exemple un detenteur injuste du bien d'autrui, qui sait en sa conscience qu'il ne l'a aquis que par de mauvaises voies, & qui ne pense point à le rendre, fait voir clairement par-là qu'il ne croit pas que ce devoir soit d'une necessité indispensable, ce qui cependant est si certain, & si clairement decidé par la parole de Dieu, comme je l'ai justifié dans le Traité que j'ai publié sur cette matiere.

Un vindicatif, qui refuse opiniâtrement de se reconcilier avec son ennemi, & qui cependant ne laisse pas de communier, & de prier Dieu, fait voir par-là même qu'il n'est nullement persuadé de ce que S. Jean dit avec tant de force en divers endroits de sa Catholique, que tout homme qui hait son prochain est dans un état de peché, de condamnation, & de mort.

Un yvrogne engagé depuis long-temps dans cette sale & malheureuse habitude, & qui ne doute pas qu'il ne soit tousjours en état de grace, fait voir par-là même qu'il n'est nullement persuadé de ce que S. Paul atteste si formellement, que les yvrognes n'entreront point dans le royaume des cieux. I. Cor. VI.

On

On pourroit dire la même chose de la plus-part des pecheurs, qui ont contracté des habitudes semblables. J'ajoûte que, ni l'erreur generale dont j'ai parlé, ni ces erreurs particulieres dont ils sont prevenus, ne sont pas les seules qu'on puisse leur reprocher. Ils en ont encore un grand nombre d'autres tres-dangereuses, & directement contraires aux decisions les plus formelles de l'Ecriture.

Combien peu y en a t il qui soient bien persuadés de ce que Jesus Christ dit dans l'Evangile, que nul ne peut servir deux maîtres. Ces deux maîtres, dont Jesus Christ parle, sont sans difficulté Dieu & le monde; & il n'y a personne qui l'entende autrement. Mais la plus-part des pecheurs s'imaginent de pouvoir faire ce que Jesus Christ represente comme impossible. Ils veulent servir en même temps Dieu & le monde, & se flattent de l'esperance d'y reüssir: C'est à dire qu'ils s'imaginent le contraire de ce que Jesus Christ leur a dit.

Combien peu y en a-t-il qui croient que l'amendement est essentiel à la repentance, comme toute l'Ecriture Sainte nous l'apprend si formellement? Ils s'imaginent que pour faire leur paix avec Dieu ils n'ont qu'à implorer sa misericorde avec une legere douleur de lui avoir dépleu, & sans prejudice de retomber dés la premiere occasion dans les mêmes fautes, selon eux il n'en faut pas davantage pour obtenir la remission des plus grands pechés.

Combien peu qui croient qu'il est absolûment

ment necessaire d'aimer Dieu souverainement, & par dessus tout, quoi que Jesus Christ ait dit avec tant de force, *Si quelqu'un vient à moi, & ne hait son pere, & sa mere, sa femme & ses enfans, ses freres & ses sœurs, même sa propre ame, il ne peut étre mon Disciple.* Luc. XIV.

Combien peu qui soient bien persuadés de ce que S. Paul a dit d'une maniere si nette, & qui est confirmé par tant d'autres endroits des écrits sacrés, qu'il ne faut jamais faire du mal afin qu'il en arrive du bien? Combien peu qui ne s'imaginent que les bonnes intentions peuvent rectifier les actions les plus criminelles, & les rendre, ou simplement innocentes, ou même loüables?

Rien donc n'est plus rare qu'une foi qui embrasse absolûment, & sans exception, je ne dirai pas tout ce que Dieu a revelé, mais tout ce qu'il est evident qu'il a revelé. Rien au contraire n'est plus commun parmi ceux qui sont d'ailleurs les plus Orthodoxes, que les erreurs, d'un côté les plus grossieres, & de l'autre les plus dangereuses.

Quoi qu'il en soit ceux qui en sont imbus, & qui d'ailleurs y persistent opiniâtrement, comme font une infinité de pecheurs, font voir clairement par là qu'ils sont veritablement heretiques. Je ne sai même si on ne peut pas aller un peu plus loin, & soûtenir qu'ils sont, non seulement heretiques, mais infidelles. En effet les plus grands heretiques sont persuadés que leurs heresies n'ont rien d'opposé à la parole de Dieu. Mais les pecheurs dont je parle voient clairement & distinctement à quel point ce qu'ils pensent est opposé aux decisions de l'Ecriture que j'ai rapportées, & ne laissent pas de s'obstiner dans leurs vaines imaginations. Ceci est à mon sens tout autre chose que simple heresie. C'est une incredulité, & une infidelité, qui approche fort de celle des Deistes & des Athées.

Sur tout ceci a lieu lors que l'attache que ces miserables ont pour les objets de leurs passions les porte à douter positivement de la verité de la Religion Chrétienne, & à dire que peut être ce qu'on leur préche n'est pas trop vrai. Alors rien n'est plus certain que la maxime du Droit Canonique, *Dubius in fide infidelis est. Celui qui doute sur la foi est un infidelle.*

Plusieurs de nos Theologiens vont encore plus loin. Ils soûtiennent que tous ces gens là sont des Athées, non à la verité des Athées *speculatifs*, mais des Athées *practiques*, parce, disent-ils, que ces miserables agissent de même qu'ils agiroient s'ils croyoient positivement qu'il n'y a point de Dieu, ou même parce que bien qu'ils ne puissent venir à bout d'éteindre absolûment les lumieres de leur conscience, qui les convainquent de l'existence de Dieu, ils les combattent par des doutes volontaires, & par des efforts qu'ils font pour se persuader le contraire. Ceci paroît assés conforme à ce que dit le Prophete au Ps. X. où parlant de l'injuste il dit que *toutes ses pensées sont qu'il n'y a point de Dieu.*

Mais

Mais comme ce n'eſt pas ici le lieu de traiter à fond cette queſtion, je me contente de dire que ces gens-là n'ont point de foi, & par conſequent que rien n'eſt, ni plus vrai, ni plus aiſé à comprendre, que ce que je ſoûtiens dans ce Chapitre, & dans les trois precedens, que la veritable foi eſt incompatible avec le vice.

CHAPITRE XXIII.

Que la foi eſt inſeparable de ce que le premier degré de la ſanctification a de poſitif.

IL eſt donc vrai que la foi eſt incompatible avec le vice. J'ajoûte qu'elle eſt inſeparable de ce que la ſanctification a de poſitif, je veux dire du ſoin qu'elle nous fait prendre de nous appliquer au moins par un principe d'interêt, à la pratique des bonnes œuvres.

En effet tout homme qui ſera perſuadé fortement de tout ce que Dieu a revelé, & qui n'abandonnera pas cette perſuaſion, mais y perſiſtera pendant quelque temps, ne negligera pendant ce temps-là rien de ce qu'il jugera propre & neceſſaire à lui faire eviter l'enfer, & à lui procurer la gloire des cieux, & par conſequent pratiquera toute ſorte de bonnes œuvres.

Je dis qu'il le fera pendant ce temps-là, & j'ajoûte cette reſtriction, parce que je ne pretends pas nier qu'un homme qui croiroit actuellement tout ce qu'il faut croire, & qui un moment aprés changeroit de sentiment, & se persuaderoit le contraire de ce qu'il croit, ne peût s'empécher de faire tout ce qui est renfermé dans ce degré de sanctification. Laissant donc cette discussion je me borne à ce que je viens de dire, & qui me suffit presentement.

Je dis donc qu'un homme qui croit fermement tout ce que Dieu nous a revelé, ne peut en premier lieu que souhaitter fortement d'eviter l'enfer, & de se sauver. La raison en est qu'une des choses que Dieu nous a le plus clairement, & le plus expressement revelées, c'est que la damnation est le plus grand de tous les malheurs, & le salut au contraire le bien le plus grand, le plus precieux, & le plus solide qu'il soit possible de concevoir. Ainsi l'amour propre nous portant également à ne pas vouloir étre miserables, & à souhaitter d'étre heureux, un homme qui d'un côté s'aimera fortement, comme font tous les hommes sans exception, & qui d'ailleurs sera persuadé de la verité de ce que Dieu nous a revelé, ne peut que souhaitter d'eviter la damnation, & de posseder le bonheur.

J'ajoûte en deuxiéme lieu que la foi l'asseurant qu'il est pecheur, que ses pechés meritent l'enfer, & qu'ils le lui feront souffrir infailliblement, s'il n'en obstient la remission de la misericorde de Dieu, il souhaittera cette grace, & ne negligera rien pour l'obtenir.

III.

III. La foi l'asseurant qu'il n'y a point d'autre voie de salut que Jesus Christ seul, & que pour parvenir à ce salut il faut necessairement accepter l'offre que Dieu nous fait de son Fils, il acceptera cet offre, & s'attachera à Jesus Christ.

IV. La foi l'asseurant que cet offre que Dieu nous fait de son Fils, est un offre conditionnel, & exige de nous que nous renoncions à nos vices, & que nous prenions la resolution de nous appliquer à l'étude de la sainteté, il acceptera cette condition, & se soûmettra à la remplir.

V. Il y travaillera même effectivement dans la suite, s'il demeure tousjours persuadé des verités du salut, comme je le suppose presentement. Car enfin s'il ne prenoit pas cette resolution, ou si l'ayant prise il l'abandonnoit, il faudroit de necessité, ou qu'il ne se souciât pas de perir, ou que voulant se sauver il cessât de croire que cette resolution & son execution sont necessaires. Le premier est impossible, étant opposé à l'amour propre, & le second détruit la supposition. En effet je suppose que cet homme, non seulement a creu, mais qu'il continuë de croire, & qu'il persiste en la foi. Par consequent dire qu'il peut changer de sentiment, c'est changer ma supposition, & non pas contredire ce que je dis.

Je n'examine pas au reste si un homme qui croit veritablement peut cesser de croire. C'est là une question qui n'a rien de commun avec celle que je traite presentement. Il me suffit de prouver que la foi pendant tout le temps qu'elle ſubſiſte eſt inſeparable du premier degré de la ſanctification.

Qu'on ne me diſe pas qu'il eſt tres-poſſible que cet homme ne doutant point de la verité de ce que l'Evangile nous dit, trouve que Dieu demande trop, lors qu'il demande que nous renoncions à nos vices, & que nous nous appliquions à l'étude de la pieté. J'avouë que pluſieurs en font ce jugement, mais je ſoûtiens que ce jugement eſt directement contraire à la foi. Ainſi c'eſt une pure contradiction que de l'attribuer à un homme qui croit tout ce que Dieu nous a revelé, puis qu'une des choſes que Dieu nous a revelées, c'eſt qu'il n'exige rien d'exceſſif en exigeant que nous renoncions à nos vices, & que nous nous attachions à l'étude de la pieté.

Enfin qu'on ne me diſe pas qu'il eſt tres-poſſible qu'on demeure perſuadé de la verité, & que ſans renoncer au ſalut, ni au deſir, ni même au deſſein de ſe convertir, on en renvoie l'execution à une autre fois. J'avouë qu'on peut prendre ce parti, & qu'on le prend même tres-ſouvent. Mais je ſoûtiens qu'en le prenant on peche contre la foi. En effet on n'en uſe de la ſorte, que parce qu'on s'imagine qu'il eſt plus avantageux de differer ainſi ſa converſion, que de ſe convertir ſur l'heure. Et ceci n'eſt-il pas directement contraire à la foi? Et ne l'ai-je pas fait voir dans le Chapitre precedent?

Qu'on poſe donc une foi telle que je l'ai dé-

décrite dans ce Livre, & dans le Livre precedent, une foi ferme, une foi pure & exempte d'erreur, une foi pléne, & étenduë, qui embrasse tout ce qu'il est evident que Dieu nous a revelé. Qu'on pose qu'une telle foi dure & subsiste pendant quelque temps. Je soûtiens qu'il est impossible, d'un côté que le peché subsiste pendant tout ce temps dans l'ame qui possede une telle foi, & de l'autre que cette ame refuse, ou neglige de s'appliquer la pratique des bonnes œuvres.

CHAPITRE XXIV.

Que la foi est inseparable du second degré de santification.

IL est donc vrai que la foi est tousjours accompagnée du premier degré de sanctification. Mais il est vrai aussi que ce premier degré est tres-peu de chose. En effet ne faire que par interét les œuvres les plus excellentes en elles-mêmes, c'est les faire mal, & par consequent les faire inutilement. Ne les faire que par ce principe c'est ne les rapporter qu'à soi-même. C'est faire de soi même sa derniere fin, ce qui ne peut & ne doit passer que pour une veritable idolâtrie. Pour faire veritablement & utilement le bien il faut le faire par amour pour Dieu, & par reconoissance pour ses bontés. Ainsi il faut voir si la foi est aussi inseparable de ce second degré de sanctification que du premier.

Pour moi je n'en doute point. Ce qui me le persuade c'est premierement ce que dit S. Jean, que celui qui se vante qu'il a conu Dieu, & ne garde point ses commandemens est un menteur. Garder les commandemens de Dieu, c'est sans difficulté l'aimer, car le premier & le plus grand de tous les commandemens, le centre de la Loi & des Prophetes, c'est d'aimer Dieu de tout nôtre cœur. Ce n'est pas tout. C'est l'aimer d'un amour desinteressé, car comme je viens de le dire, ne l'aimer que d'un amour d'interêt, c'est, non garder ses commandemens, mais pecher. Il est pourtant vrai que si on ne s'aquitte point de ce devoir on ne conoît point Dieu selon cet Apôtre, c'est à dire qu'on ne croit point en Dieu, car c'est ici la seule conoissance qui peut nous porter à l'aimer. Ainsi il est impossible de croire en Dieu sans l'aimer d'un amour desinteressé, & par consequent sans avoir ce second degré de sanctification.

Ce même Apôtre asseure que quiconque croit que Jesus est le Christ, est né de Dieu, à quoi se rapporte ce qu'il dit ailleurs qu'il a donné le droit d'être enfans de Dieu à tous ceux qui ont receu ce grand Redempteur, & qui croient en son nom. La dignité donc d'enfans de Dieu, & par consequent l'adoption, & la regeneration, qui nous la conferent, sont inseparables de la foi. Mais peut-on être enfant de Dieu? peut-on être, ni adopté, ni regeneré, sans aimer Dieu d'un amour desinteressé? D'ailleurs

D'ailleurs s'il étoit possible que la foi se trouvât actuellement separée de cet amour desinteressé, & des bonnes œuvres qui en sont les fruits, elle seroit inutile, puis que l'amour de Dieu, & la pratique des bonnes œuvres sont d'une necessité absoluë & indispensable. Et si cela étoit que deviendroient tant de promesses que Dieu fait à la foi, disant si souvent, & en tant de manieres, que si nous croyons nous serons sauvés?

Que deviendroit encore ce que dit S. Paul, d'un côté que la foi est operante par la charité, & de l'autre que la fin du commandement est la charité qui procede d'un cœur pur, d'une bonne conscience, & d'une foi non feinte?

Je tiens donc pour certain que la veritable foi, & la veritable pieté, qui ne consiste qu'en cet amour desinteressé dont je parle, vont tousjours ensemble, & qu'il est impossible de les separer. Mais d'où cela vient-il, & qu'elle est la veritable cause de cet effet?

La plupart des Theologiens Protestans n'en alleguent point d'autre que la connexion qu'il y a naturellement entre les jugemens de l'esprit, & les actes de la volonté. Ils disent que la foi nous persuadant de l'amour que Dieu a eu pour nous, & qui l'a porté à nous donner son Fils, il est impossible que nous ne l'aimions à nôtre tour, n'y ayant rien de plus naturel que d'aimer ceux dont on sait qu'on est aimé.

Mais je ne saurois me payer de cette raison. En effet ce qu'on dit que rien n'est plus naturel que d'aimer ceux dont on est aimé, est fort equivoque. On peut l'entendre en deux sens ; l'un que cela est juste, raisonnable, & conforme à la loi, & à l'equité naturelle ; l'autre que cela arrive tousjours necessairement & infailliblement. Le premier de ces deux sens est tres-veritable, mais ne fait rien à nôtre sujet. Le second decideroit la question, mais il est faux, & tellement faux, que je ne comprends pas comment il est possible de le supposer.

N'a t-on pas tous les jours des exemples du contraire devant les yeux ? Combien n'y a-t-il pas de peres extremement tendres, qui le sont même jusqu'à l'excés, & qui ont le malheur d'aimer des enfans rebelles & dénaturés ? Combien de maris idolâtres de leurs femmes, sans que ces femmes répondent à leur affection ? Combien de femmes qui ont le même sujet de se plaindre de leurs maris ?

Si ce qu'on suppose étoit veritable il n'y auroit point d'ingrats dans le monde. Il seroit même impossible qu'il y en eût. En effet l'ingratitude ne consiste qu'à manquer de reconoissance pour ceux de qui on sait qu'on a receu quelque bien. Car si on l'ignore, quand même la chose seroit veritable, on ne doit pas passer pour ingrat.

Je veux donc que la foi nous persuade de l'amour de Dieu. S'il n'y a que cela seul, & si cette persuasion n'est jointe à une bonne disposition du cœur, tout ce qui en naîtra c'est c'est une simple & nuë persuasion qu'on aura, qu'il seroit juste d'aimer un Dieu si bon & si bienfaisant. Mais de là il ne s'ensuivra pas qu'on l'aime actuellement, parce qu'en effet pour être determiné à faire actuellement quelque chose, il ne suffit pas de savoir qu'elle est juste & raisonnable, il faut necessairement de deux choses l'une, ou savoir avec certitude que cette chose juste & raisonnable, est encore outre celá utile & avantageuse, ou aimer la justice, & avoir le cœur droit.

On ne doit pas supposer tousjours le premier. Car combien ne voit-on pas de pecheurs, qui bien loin d'être persuadés que rien ne leur est plus avantageux que d'aimer Dieu, & de faire ce qu'il ordonne, s'imaginent au contraire que leur plus pressant interét ne consiste qu'à assouvir leurs plus injustes passions? J'ajoûte que quand même on supposeroit une telle persuasion, on n'avanceroit pas beaucoup. En effet cette persuasion, qui suffit à nous porter à toute autre action, ne suffit pas pour nous porter à celle-ci. Il y auroit même de la contradiction à le penser. Car enfin si on n'aimoit Dieu que parce qu'on est persuadé qu'il est utile & avantageux de l'aimer, on ne l'aimeroit que d'un amour d'interét. Et si on ne l'aimoit que d'un amour d'interét, comment pourroit-on se vanter de l'aimer d'un amour desinteressé?

Il ne suffit donc pas de savoir qu'il est avantageux d'aimer Dieu de cette maniere pour faire qu'on l'aime actuellement de la sorte. Il suffit aussi peu de savoir que cela est juste

juste & raisonnable. Car combien n'y a-t-il pas de gens dans le monde, qui sont tres-fortement convaincus, & de la justice de cent choses qu'ils ne font pas, & de l'injustice de celles qu'ils font? Il faut outre cela avoir le cœur droit. Il faut aimer la justice, & étre fortement resolu à en faire la regle constante de ses actions.

Si on suppose une telle disposition, si on me donne un homme veritablement genereux, & qui ait le cœur noble, & bien placé, j'avouë qu'il ne faut que le convaincre qu'on l'aime, pour le porter à aimer. Mais si on suppose une ame basse, ingrate, & interessée, on pourra bien la toucher par l'esperance de l'avenir, mais elle sera insensible à la consideration du passé. Elle pourra étre convaincuë qu'on l'aime, & qu'on lui a fait du bien, mais elle n'aimera pas pour cela, & rien n'empéche qu'elle ne demeure sans reconoissance.

Par consequent si on pose une ame déja reformée, & regenerée par l'efficace toute puissante du S. Esprit, j'avouë qu'il ne faut que lui découvrir l'excés de l'amour de Dieu pour le genre humain, pour lui inspirer une vive & profonde reconoissance. Mais si on suppose une ame uniquement possedée de son amour propre, tels que sont naturellement tous les hommes depuis le peché, la persuasion la plus forte de l'amour de Dieu, ne la portera pas à l'aimer.

Sur tout elle ne la portera pas à l'aimer en la maniere en laquelle Dieu veut qu'on l'aime, me, je veux dire ſouverainement & par deſſus tout, en ſorte qu'on ſoit prêt à lui ſacrifier ſes plus chers & plus precieux interêts. Il faut pour cela une droiture de cœur, & une nobleſſe de ſentimens que la grace ſeule peut nous donner.

Tout cela me perſuade qu'il ne faut pas chercher dans la nature des choſes mêmes la veritable cauſe de l'inſeparabilité, s'il m'eſt permis d'employer ce mot, de la foi, & de la pieté. Il faut, ſi je ne me trompe, la chercher uniquement dans la volonté de Dieu. Il faut dire que cet effet vient de ce que ni la foi, ni la pieté ne pouvant ſe former dans l'ame que par une operation ſurnaturelle du S. Eſprit, il plaît à cet Eſprit Saint de ne produire jamais l'une de ces choſes ſans l'autre.

Ainſi il y a une difference tres-conſiderable entre la ſanctification intereſſée, & celle qui ne l'eſt pas. Pour produire la premiere il ne faut autre choſe que de la lumiere. Il ne faut que nous convaincre qu'il y va de nôtre interêt à faire ce que Dieu commande. Cela poſé l'amour propre nous portera infailliblement à le pratiquer. Mais la ſanctification deſintereſſée demande quelque choſe de plus. Il faut outre la lumiere une diſpoſition qui ſoit à ſon égard ce que l'amour propre eſt à légard de la ſanctification intereſſée. Et par malheur cette diſpoſition n'eſt ni generale, ni naturelle, comme la premiere. Elle eſt tres-particuliere, & ne peut venir que d'un principe ſurnaturel.

LIVRE

LIVRE TROISIEME.

Où l'on compare la Foi, dont il a été parlé dans les livres precedens, avec la foi historique, la foi à temps, la foi justifiante, & la raison.

CHAPITRE I.

Que la foi historique n'est pas une veritable foi.

CE qu'on vient de dire suffit sans doute pour conoître la nature, & de la foi divine en general, & en particulier celle de cette espece de foi, que nous avons appellée la foi commune & ordinaire, qui est aujourd'hui la seule qu'il nous importe de bien conoître, parce que c'est la seule que Dieu exige de nous, & qui peut être de quelque usage pour nôtre salut.

Il n'en faut pas davantage pour nous apprendre

prendre à distinguer cette foi des autres choses, avec lesquelles on la confond ordinairement. Plusieurs prennent pour elle ce que nos Theologiens appellent la foi historique, ou dogmatique, & les Scholastiques la foi informe. D'autres la confondent avec la foi à temps, & d'autres enfin avec ce qu'on appelle la foi justifiante.

Mais comme rien ne distingue si seurement châque chose de toutes les autres que son essence, ce que nous avons dit pour faire voir en quoi la foi consiste, nous donnera le moyen de la discerner de tout ce avec quoi on la confond.

Il est certain que ni la foi justifiante, ni la foi historique, ni la foi à temps, ne sont, ni cette foi divine dont nous avons parlé jusqu'ici, ni même des especes de cette foi. La foi historique, & la foi à temps n'ont que le seul nom de foi. Elles n'en ont point la nature & la verité. Et pour ce qui regarde la foi justifiante, elle est quelque chose de plus qu'une simple foi. C'est un composé de la veritable foi, & d'un autre acte qu'on designera dans la suite.

Par la foi historique, ou dogmatique, on entend une persuasion purement speculative des verités que Dieu nous revele dans sa parole, & absolûment separée de l'amour de ces verités, & du soin de les observer, & d'en faire les regles de nôtre conduite.

On suppose que ceux qui ont une telle foi reçoivent de cette maniere toutes les verités revelées, & les regardent au moins comme

des

des verités. Mais j'ai fait voir le contraire dans le Livre precedent. J'ai fait voir que ces gens-là ne reçoivent qu'un certain nombre de verités revelées, savoir celles qui sont les moins opposées à leurs passions, & qu'ils rejettent opiniâtrement les autres

Je ne croi donc pas que ce soit ici une espece particuliere de foi. Je croi seulement que c'est une ébauche grossiere, & un commencement foible & imparfait de cette vertu, qui s'éleve tres-peu au dessus de l'incredulité totale & absoluë, & qui lui est même inferieur en un certain sens. Il s'éleve un peu au dessus de l'incredulité, parce qu'au lieu que l'incredulité rejette tout, ce commencement de foi reçoit quelque chose. Mais il lui est inferieur à un autre égard, parce qu'il est facile d'y remarquer une ridicule & grossiere contradiction. Car si le témoignage de Dieu merite qu'on reçoive une partie de ce qu'il atteste, pourquoi ce même témoignage ne meritoit-il pas qu'on reçoive le reste, qu'il n'a pas confirmé moins expressement? Ou Dieu merite d'en être creu, ou il ne le merite point. S'il ne le merite point, pourquoi le croit-on en quelque chose? Et s'il le merite, pourquoi fait-on difficulté de le croire en tout?

Il est certain aussi qu'une foi qui demeureroit tousjours dans cet état d'imperfection, seroit absolûment inutile pour le salut. Ce seroit une foi morte, & par consequent incapable de faire vivre. On peut dire même qu'elle seroit en quelque sorte pernicieuse.

Cette

Cette foible lueur ne serviroit qu'à rendre ceux qui la possederoient plus inexcusables. Elle aggraveroit leur condamnation, & feroit qu'ils seroient punis avec bien plus de rigueur que s'ils n'avoient jamais eu aucune conoissance de la verité. *Il leur auroit mieux valu*, dit S. Pierre, *n'avoir jamais conu la voie de justice, qu'aprés l'avoir conuë se détourner du Saint Commandement qui leur avoit été donné.*

Elle peut neantmoins avoir quelque utilité en un autre sens. Ce qu'on a, peut servir à l'acquisition de ce qui manque. Comme on croit, quoi que foiblement, que tout ce que Dieu dit est veritable, il n'est pas impossible qu'on vienne à considerer le tort qu'on a de choisir parmi ce qu'il nous revele, & qu'on prenne la resolution de le croire tout sans exception. Il n'est pas aussi impossible que ce commencement de foi soit un effet de la grace preparante, qui nous dispose peu à peu à la foi à temps, comme la foi à temps peut étre une preparation à la foi justifiante.

Mais ceux qui n'ajoûtent rien à ces foibles commencemens, sont dans un état deplorable, & rien n'est plus étonnant que de voir qu'ils puissent s'imaginer que ceci suffit pour mettre en état de grace. Il faut avoir une étrange idée de la Religion & de la pieté pour s'imaginer qu'elle ne consiste qu'en si peu de chose.

Si la foi à temps, qui va beaucoup plus loin que celle-ci, n'est rien, comme on le verra

verra dans le Chapitre ſuivant, que doit-on penſer de celle-ci, qui demeure beaucoup au deſſous ?

CHAPITRE II.

Que la foi à temps n'eſt pas une veritable foi.

ON peut dire de la foi à temps ce que je viens de dire de la foi hiſtorique. Ce n'eſt qu'un commencement de foi. Elle ne differe en effet de l'hiſtorique que parce qu'elle embraſſe un peu plus de verités. Mais elles ont l'une & l'autre ceci de commun, qu'il y en a un aſſés grand nombre qu'elles rejettent.

Pour le voir plus diſtinctement il faut remarquer que ce qui a donné lieu aux Theologiens de parler d'une foi à temps, c'eſt ce que le Sauveur du monde dit dans l'Evangile, lors qu'il explique la parabole de la ſemence. Il repreſente la predication de ſa parole ſous l'idée d'un grain ſemé dans un champ, en ſorte qu'une partie de ce grain tombe ſur le chemin; une autre en des lieux pierreux, une troiſiéme parmi les épines, & une quatriéme enfin dans une bonne terre, où elle rapporte du fruit.

Expliquant la ſeconde partie de cette image il dit que *celui qui a receu la ſemence en des lieux pierreux, c'eſt celui qui entend la parole, & incontinent la reçoit avec joie. Mais il n'a point*

point de racine en ſoi-même, c'eſt pourquoi il n'eſt qu'à temps, de ſorte que quelque oppreſſion ou perſecution ſurvenant pour la parole, il en eſt d'abord ſcandaliſé. Comme Jeſus Chriſt dit en cet endroit que ces gens-là ne ſont que pour un temps, ou qu'ils ne croient qu'à temps, comme S. Luc le rapporte, on a creu avec raiſon qu'on pouvoit appeller leur foi une foi à temps.

Ainſi la plus ſenſible difference qu'il y ait entre une telle foi, & la juſtifiante, c'eſt que celle-ci eſt ferme, conſtante, & perſeverante, au lieu que l'autre ſe perd & s'évanouït dés qu'il ſe preſente quelque perſecution à ſoûtenir. Mais il ne faut pas s'imaginer que cette difference ſoit la ſeule qui diſtingue ces deux ordres de foi.

Imaginons-nous en effet qu'un homme qui n'auroit que cette foi à temps vécût dans un lieu où l'on peût faire profeſſion de la verité ſans rien craindre. Imaginons-nous qu'étant tousjours prét à l'abandonner, il ne l'abandonnât jamais en effet, faute d'occaſion, & de tentation. Imaginons-nous enfin que quelqu'un de ceux qui l'abandonnent, fût mort quelque temps pluſtôt, & avant que de l'abandonner. Une telle foi ſuffiroit-elle pour le ſauver? Point du tout.

Jeſus Chriſt donne deux caracteres à la foi juſtifiante, par leſquels il la diſtingue de la foi à temps. L'un que ceux qui poſſedent la juſtifiante ont receu la parole dans un cœur honéte, & bon, l'autre qu'ils rapportent du fruit. Si ceci diſtingue la foi juſtifiante de la

foi

foi à temps, celle-ci ne sauroit étre une veritable foi, car comme nous l'avons veu dans le Livre precedent, la veritable foi est inseparable du renouvellement du cœur, & produit infailliblement les bonnes œuvres. *La foi sans les œuvres est morte*, dit S. Jaques. Ce n'est qu'un cadavre, & un fantôme de foi.

Il faut donc tenir pour constant que la foi à temps n'est pas l'effet d'une veritable regeneration. C'est seulement l'effet d'une regeneration imparfaite. Elle est suivie du renoncement à quelqu'une des plus foibles, & des plus grossieres attaches qu'on a pour la terre. Mais elle laisse subsister les plus fortes, & en souffre tantôt plus, & tantôt moins, selon que cette regeneration imparfaite est plus ou moins avancée.

Il faut ici se ressouvenir de ce que nous avons dit ailleurs. La veritable regeneration emporte essentiellement un amour de Dieu dominant, & qui surpasse tout autre amour. Mais avant que d'en venir là, il arrive ordinairement que la grace preparante rompt peu à peu les attaches que nous avons pour les biens sensibles, jusqu'à-ce qu'enfin la grace regenerante les arrache toutes, ou quoi qu'il en soit les soûmette à l'amour de Dieu.

Avant que ce grand ouvrage soit fait on prefere Dieu à plusieurs choses, mais il y en a aussi quelqu'une qu'on lui prefere? Il y a des motifs qui suffisent pour porter à l'offenser par un peché conu & deliberé. On les trouve assés considerables pour en prendre la resolution, & pour l'executer aprés l'avoir prise

prise. On eſt donc encore prevenu de quelque erreur ſur ce ſujet, & cette erreur eſt contraire à la veritable foi.

Je n'examine pas encore ſi cette erreur eſt la cauſe de l'attache, ou ſi au contraire c'eſt l'attache qui fait cette erreur. Il me ſuffit que ces deux choſes vont enſemble, & ne ſe ſeparent jamais. Ainſi la foi de ceux qui ſont encore dans cet état n'eſt ni aſſés pure, ni aſſés étenduë. Elle ignore encore des verités neceſſaires, & ſe trouve jointe à des erreurs dangereuſes. Et ce n'eſt que lorsqu'elle embraſſe ces verités, & qu'elle apperçoit la fauſſeté de ces erreurs, qu'elle devient une veritable foi, capable de nous juſtifier.

Je ſuis donc du ſentiment de ceux de nos Theologiens qui tiennent que ni la foi hiſtorique, ni la foi à temps ne meritent pas le nom de foi, & que ce n'en ſont tout au plus que de foibles commencemens, encore bien éloignés de la perfection abſolûment neceſſaire pour être utiles pour le ſalut.

CHAPITRE III.

Que la foi justifiante n'est pas une espece de foi divine.

IL est donc vrai que ni la foi historique, ni la foi à temps, ne sont point de veritables especes de la foi divine. Je dis la même chose de la justifiante, mais c'est pour une tout autre raison. La foi historique, & la foi à temps n'ont pas toute l'essence de la foi divine, & la foi justifiante a quelque chose de plus.

La foi divine est une simple persuasion, un jugement, un acte de nôtre esprit, qui peut bien avoir quelque influence sur la volonté, qui peut aussi en dependre, mais qui en est tres-distinct, & aussi distinct, qu'il l'est des autres effets qu'il produit.

Il n'en est pas de même de la foi justifiante. Ce n'est pas une simple persuasion. C'est un composé de cette persuasion, & de quelques actes de la volonté, que je designerai dans la suite.

Que ce ne soit pas une simple persuasion il paroît premierement de ce qu'une telle persuasion se trouve sans difficulté dans les Demons mêmes. Il n'y a point de verité revelée dont ces Esprits impurs ne soient penetrés. Ils n'ont pourtant pas la foi justifiante, & par consequent il faut que la foi justifiante te soit tout autre chose qu'une simple persuasion.

D'ailleurs ceux qui font consister la foi en une simple persuasion, lui donnent pour objet des choses dont une infinité de pecheurs paroissent ne pas douter. Par exemple quelques-uns la font consister à croire que les promesses de Dieu nous regardent en nôtre particulier, que Dieu veut le salut de chacun de nous, que chacun de nous est compris dans le nombre de ceux dont Jesus Christ a effacé les pechés par l'effusion de son sang. Mais combien y a-t-il de pecheurs qui n'en doutent point?

Toute l'Eglise Romaine, tous les Lutheriens, tous les Arminiens, tous ceux d'entre les Reformés qu'on appelle *Universalistes*, font profession de n'en point douter. Quelle raison peut-on avoir de soupçonner ceux d'entre-eux qui ne sont pas justifiés de ne le croire point en effet? Ils soûtiennent que Jesus Christ est mort pour tous, que Dieu offre son merite à tous, qu'il est prét de le leur appliquer à tous. Comment se pourroit-il que croyant ceci ils ne creussent point y avoir de part?

Pour rendre ceci plus sensible imaginons-nous un homme persuadé de ce qu'on appelle la grace universelle, mais d'un autre côté vicieux, esclave de ses passions, & nullement justifié, ni regeneré. Imaginons nous qu'il pense actuellement à ce qu'il croit, & qu'il se dise à soi-même, *Jesus Christ est mort pour tous les hommes du monde, & le Pere Eternel offre*

offre son merite à tous sans exception. Il faut necessairement de trois choses l'une, ou que cet homme ajoûte, *Je suis compris, de même que chacun des autres, dans le nombre de ceux à qui le Pere & le Fils ont donné ces grandes & éclatantes marques de leur amour*, ou qu'il dise, *Je suis excepté de ce nombre*, ou que s'arrêtant à cette generalité, il ne pense point à soi-même, & de cette maniere, ni il ne se comprenne dans l'ordre de ceux pour qui Jesus Christ est mort, ni il ne s'en excepte.

Si on dit le premier, j'ai tout ce que je demande. De cette maniere un vicieux, qui n'est ni justifié, ni regeneré, peut s'appliquer les promesses de l'Evangile sans avoir la foi justifiante, & par consequent la foi justifiante emporte quelque chose de plus qu'une telle application.

Si on dit le second, il faut qu'on pretende que cet homme a perdu le sens. Car enfin comment est-il possible qu'un homme qui conserve le libre usage de sa raison, s'aille mettre dans la téte que Jesus Christ étant mort pout tous, il ne soit pas mort pour lui? Sur-tout comment peut-on attribuer une telle extravagance à tous ceux d'entre les Universalistes qui ne sont pas regenerés, c'est à dire à plusieurs millions de personnes, dont la pluspart ne manquent pas d'ailleurs de penetration, ni de bon sens?

Qu'on attribuë aux hommes des erreurs humaines, cela est naturel. Mais qu'on leur attribuë des erreurs foles & insensées, qu'on les impute non à une, ou a deux personnes,

mais

mais à plusieurs millions, enfin qu'on les leur impute sans en avoir des preuves solides, c'est-ce qui n'est pas supportable.

Si on se reduit au troisiéme, & qu'on dise que les pecheurs dont nous parlons ne se font jamais l'application des verités generales dont nous supposons qu'ils ne doutent point, je demanderai en premier lieu si cela est perpetuel, & sans exception, je veux dire, s'il n'y a jamais eu de pecheur, qui en considerant que Jesus Christ est mort pour tous ait pensé à soi, ou si cela n'arrive que quelquefois.

Si on dit le second, on ne dit rien. Pourveu qu'on m'avouë que cela arrive une seule fois à un seul pecheur, ma preuve subsiste.

Si on dit le premier on dit une chose aussi absurde & aussi incroyable que la precedente, & qui d'ailleurs est démentie par l'experience.

Je dis premierement que cela est absurde & incroyable. Car enfin on ne nie pas qu'une infinité de pecheurs ne craignent l'enfer, & ne desirent de l'eviter. Comment donc seroit-il possible que cherchant à s'affranchir des inquietudes que cette crainte leur donne, & sachant d'ailleurs que Jesus Christ est mort pour tous, il ne leur arrivât jamais de penser qu'il est mort pour eux comme pour les autres?

Mais je veux qu'ils n'y pensent jamais d'eux-mêmes. Peuvent-ils s'en empécher lors que d'autres les y font penser, lors par exemple que leurs Pasteurs les en avertissent?

Mais pourquoi faut il raisonner sur un fait aussi incontestable que celui-ci? Chacun peut s'en asseurer en le demandant au premier pecheur qu'il rencontrera. Il n'en faut pas davantage pour demeurer convaincu que si les pecheurs ne pensent pas à ce grand objet aussi souvent, & de la maniere qu'il le faudroit, ils y pensent au moins quelquefois. Et en effet il est si peu vrai que ces miserables ne s'appliquent jamais les promesses de l'Evangile, & le merite de Jesus Christ, qu'il est vrai de dire qu'ils le font trop, parce qu'ils le font mal, changeant ces promesses de conditionnelles qu'elles sont en absoluës, d'où vient cette securité charnelle où ils sont plongés.

De persuasione speciali plures negabunt eam in irregenitum quadrare posse. Ast verò si vitam aspicias, & expendas, impiorum & hypocritarum, facilè deprehendes non esse quod magis ipsos securos reddat ac obfirmet in peccatis suis, quàm ipsam illam persuasionem, Christum scilicet, ut pro omnium, ita & pro suis peccatis mortuum esse, si modò hoc firmiter credant. Pet. Van. Mastricht de fide salvifica pag. 93.

Enfin est-il concevable que la grace, que tous les protestans croient si absolûment necessaire pour produire la foi justifiante, ne l'étant pas pour nous persuader en gros que Jesus Christ est mort pour tous, le soit pour persuader chacun en particulier qu'il est mort pour lui? Quoi donc une consequence aussi naturelle, & aussi evidemment necessai-

re

re que celle-ci; *Jesus Christ est mort pour tous. Dont il est mort pour moi*, est-elle si difficile à tirer, que les meilleurs Logiciens ne sauroient en venir à bout sans une grace surnaturelle? A qui persuadera-t-on une chose si incroyable?

Je conclus de tout ce que je viens de dire qu'on ne peut douter que les pecheurs ne s'appliquent les promesses generales de l'Evangile, & qu'ainsi la foi justifiante ne consiste en quelque autre chose.

CHAPITRE IV.

Si la foi justifiante consiste à nous persuader que nos pechés nous sont pardonnés.

IL y a bien des Theologiens Protestans qui tiennent que ce qui fait l'essence, & le propre caractere de la foi justifiante, c'est la persuasion qu'elle nous inspire de la remission actuelle de nos pechés. Mais pour voir plus distinctement l'état qu'on doit faire de cette pensée, il faut remarquer qu'on peut avoir trois persuasions differentes touchant cette grace. On peut s'asseurer I. qu'on l'a obtenuë. II. qu'on l'obtient. III. qu'on l'obtiendra.

Il y a divers Theologiens qui s'expliquent de même que s'ils pensoient qu'effectivement la remission des pechés precede la foi. Mais rien ne sauroit étre plus bizarre que cette imagination. Car enfin l'Ecriture ne promet la remission des pechés qu'à la foi, comme il paroît par une infinité d'endroits des écrits Sacrés. Elle fait d'ailleurs entendre que les infidelles ne sont punis que parce qu'ils refusent de croire. Tout cela fait voir que la remission des pechés ne precede jamais la foi. Par consequent le premier acte de la foi ne peut nous persuader que nos pechés nous ont été pardonnés. S'il le faisoit il nous tromperoit, & nous feroit croire ce qui n'est pas.

Qu'on fasse un peu de reflexion sur ces paroles du Fils de Dieu, *Celui qui ne croit point est déja condamné, & la colere de Dieu demeure sur lui.* Avant que le fidelle fasse le premier acte de sa foi, il ne croit point. Il a été incredule depuis sa naissance jusqu'à ce moment. Pendant tout ce temps il a vécu dans un état de condamnation & de mort. La colere de Dieu a tousjours demeuré sur lui. Et en effet c'est par la foi que nous sommes reconciliés avec Dieu, & que nous avons paix avec lui. Les pechés donc de ce fidelle ne lui avoient pas été pardonnés, & par consequent lors qu'il vient à croire il ne peut, ni ne doit se persuader qu'ils l'ont été.

Aussi l'Ecriture nous insinuë que la foi bien loin de suivre la remission des pechés, la precede. En effet elle dit, que nous croyons, non parce que cette grace nous a été accordée, mais afin qu'elle le soit. Voici les propres paroles de S. Paul. Gal. II. 16. *Nous aussi avons creu en Jesus Christ afin que nous fussions*

fussions justifiés par la foi. S. Pierre de même dit aux Juifs de Jerusalem Act. III. 19. *Amandés vous, & vous convertissés, afin que vos pechés soient effacés.* Il est vrai qu'il ne parle pas expressement de la foi, mais il la comprend sans doute dans les termes generaux d'amendement & de conversion, comme tous les Theologiens en conviennent. Mais dire qu'on croit pour obtenir la remission des pechés, n'est-ce pas dire que la foi precede la reception de cette grace? N'est-ce pas dire que la remission des pechés est la fin, & que la foi est le moyen? Et qui ne sait que le moyen precede la fin?

Mais il n'est pas necessaire de s'arréter plus long-temps à refuter une erreur aussi grossiere que celle-là, & dont plusieurs de nos Theologiens ont fait voir l'absurdité, particulierement Rob. Baronius, Heidanus, Vitichius, P. Van Mastricht, sur tout F. Gomarus, & entre nos François Messieurs du Moulin le fils, le Blanc, Claude, Turretin, sans parler de ceux qui vivent encore.

Quelques-uns pretendent que la foi justifiante a pour objet la remission des pechés, obtenuë, non avant qu'on croie, mais dans le moment même qu'on croit. Mais ce sentiment ne me paroît pas mieux appuyé que le precedent.

Car I. la verité de cette proposition, *Mes pechés me sont pardonnés*, depend visiblement de la verité de celle-ci, *Je croi*. Car si je ne croi point, mes pechés ne me sont pas pardonnés. Afin donc que je m'asseure que mes pechés me font pardonnés, il faut que je fois bien feur que je croi. Ce n'eft pas tout. Il faut que je fache que ma foi eft une foi vive, une foi juftifiante, une foi operante par la charité. Car fi par malheur ce n'étoit qu'une foi morte, ou qu'une foi à temps, mes pechés ne me feroient pas pardonnés.

Mais eft-il poffible que lors que le fidelle fait le premier acte de fa foi il fache avec certitude, non feulement qu'il croit, mais que fa foi eft telle qu'elle doit être? N'ai-je pas fait voir dans le troifiéme Livre de mon Traité de la Confcience que pour s'affeurer de ceci il faut un examen long & appliqué, il faut même confiderer la foi, non dans un feul de fes actes, mais dans plufieurs, & dans toute la fuite de fes effets, ce qui demande deux efpaces confiderables de temps, l'un pour faire l'examen même, l'autre pour mettre la foi en état d'être examinée. Comment donc fe pourroit-il que le premier acte de la foi comprît tout ceci. *Je croi. La foi que je fens eft une foi vive. Donc mes pechés me font pardonnés?*

II. S'il ne faloit qu'être perfuadé qu'on obtient la remiffion des pechés pour l'obtenir en effet, il y a peu de pecheurs qui ne l'obtinffent. Car combien n'y en a-t-il pas qui ne doutent point de leur reconciliation avec Dieu? C'eft ce que M. Van Maftricht a remarqué avant moi. Voici fes paroles, *De fide falvificâ pag.* 251. *Impium ac reprobum non tantùm habere poffe, fed & fæpenumero habere*

bere talem persuasionem de gratiâ speciali erga se, seu de remissione peccatorum sibi aut factâ dudum, aut saltem futurâ, si modò hoc credat, quæ non sit ficta ac personata, sed realis, & quoad actum physicè considerata vera etiam (licet ethicè aut Theologicè sit falsa ac pessima) nimium proh dolor! tristissima clamat experientia. Quomodo enim qui Christum audiunt, & agnoscunt, tam securè sibi indulgere ac peccatis suis possent, nisi sibi persuaderent, aut factam sibi dudum in Christo scelerum suorum veniam, aut futuram?

III. Enfin s'il étoit necessaire de croire que les pechés ont été, ou sont pardonnés, pour obtenir ce grand avantage, il y auroit un nombre considerable de vrais fidelles, qui en seroient privés. Car combien n'y en a-t-il pas qui doutent de la sincerité de leur foi & de leur repentance? Qui que ce soit pourtant ne les exclut du nombre des enfans de Dieu, & en effet il y en a plusieurs, qui non seulement le sont, mais encore sont beaucoup plus avancés dans la voie du ciel, que tel qui ne doute point que sa paix ne soit faite avec Dieu.

Il faudroit maintenant examiner le sentiment de ceux qui donnent pour objet à la foi justifiante la remission des pechés, non comme obtenuë, mais comme à obtenir. Mais comme ce sentiment n'est en rien different de celui qui fait consister la foi justifiante dans la confiance, & que je dois examiner celui-ci dans le Chapitre suivant, je me dispenserai d'en parler ici.

CHAPITRE V.

Si la foi justifiante est composée de trois actes, de la conoissance, du consentement, & de la confiance.

LA plusspart de nos Theologiens soûtiennent que la foi justifiante est un tout composé de trois parties, de la conoissance, du consentement, & de la confiance. Mais tout ceci ne nous éclaircit pas beaucoup.

Car premierement on peut entendre deux choses par cette conoissance dont on nous parle. L'une est l'intelligence des termes, qui composent les propositions que la foi reçoit. L'autre est la veuë de la verité de ces propositions. Par exemple cette proposition, *Les morts resusciteront*, est sans difficulté l'objet de la foi. Pour la croire il faut deux choses. L'une savoir ce que c'est qu'être mort, & que resusciter. L'autre unir ces deux termes par l'affirmation, & dire en soi même, *Ceux qui sont morts presentement resusciteront un jour.*

Je demande donc laquelle de ces deux choses on entend par cette conoissance qu'on nous represente comme une partie de la foi. Est-ce la premiere, je veux dire l'intelligence des termes? Si cela est j'avouërai que cette conoissance doit necessairement preceder la foi. Car comment pourroit on recevoir avec

avec foi une proposition dont on n'entendroit pas les termes?

C'est donc un preallable de la foi; mais ce n'en est pas une partie. Autrement ce seroit aussi une partie de toutes les especes de persuasion. Car il n'y en a aucune qui ne suppose l'intelligence des termes, étant certain qu'on ne peut avoir, ni foi humaine, ni science, ni opinion, d'une chose dont on n'a aucune idée. Sans cela même on ne sauroit en douter; & ce qui est bien plus, on ne sauroit le rejetter positivement par un acte d'incredulité. Car pour pouvoir dire, *Les morts ne resusciteront point*, il faut entendre les termes de mort & de resurrection, aussi bien bien que pour pouvoir dire, *Les morts resusciteront*.

Comme donc encore que l'intelligence des termes doive necessairement preceder la science, l'opinion, la foi humaine, le doute, l'incredulité positive, on ne dit pourtant pas qu'elle fait partie de toutes ces choses, on doit le dire aussi peu de la foi divine, à laquelle cette conoissance n'est pas plus necessaire qu'à quel que ce soit de ces autres actes.

Que si par la conoissance on entend la veuë, ou la persuasion de la verité de ce qu'on croit, comme en effet j'ai creu remarquer que c'est la pensée de plusieurs, cette conoissance n'est en rien distincte du consentement, & par consequent on a tort de l'en distinguer.

Pour ne pas douter de la premiere de ces

verités il faut demander à ces Theologiens quel est le fondement de cette persuasion qu'ils entendent par la conoissance. Est-ce l'evidence de la chose même? Ou bien est-ce l'autorité & le témoignage de Dieu? On ne dira pas que c'est le premier. Il s'ensuivroit de là qu'on ne pourroit croire que des choses evidentes, ce qui n'est pas seulement faux, mais absurde. Si c'est le second, je demande quelle difference il y peut avoir entre le consentement que la foi donne à une verité revelée de Dieu, & la persuasion qu'on a de cette verité, & qu'on n'a que parce que Dieu l'atteste. Quelque effort que j'y fasse j'avouë que je ne saurois y découvrir la moindre diversité.

Pour ce qui regarde le consentement, j'avouë qu'il est essentiel à la foi. Mais il faut avouër aussi que c'est ici l'un de ses attributs les plus generaux. Il lui est commun avec la science proprement dite, avec l'experience, le sentiment, l'opinion, & la foi humaine. Ainsi dire que la foi est un consentement, ou que le consentement entre dans la composition de la foi, c'est la même chose que si on disoit que l'homme est un être, ou une substance.

Voyons donc si le troisiéme acte nous éclaircira davantage, & nous conduira à quelque chose de plus precis. Ce troisiéme acte est la confiance. Je suis persuadé que ce terme emporte deux choses. L'une est une persuasion que nous avons de trouver en quelque personne, ou en quelque chose, animée, ou ina-

inanimée, le ſecours qui nous eſt neceſſaire, ſoit pour nous affranchir de quelque mal que nous ſouffrons, ou que nous craignons, ſoit pour nous procurer un bien que nous ſouhaitons, & qui nous paroît utile & avantageux. L'autre eſt l'état où cette perſuaſion met nôtre ame. Car ſi elle eſt accompagnée de certitude, & ſur tout ſi le mal qu'on craint eſt terrible, & le bien qu'on ſe promet, grand & excellent, dans le premier de ces cas, cette perſuaſion bannit la crainte & l'inquietude, & à plus forte raiſon l'accablement & le deſeſpoir, & fait naître l'aſſeurance, & la tranquillité, & dans le ſecond elle produit l'eſperance, & dans tous les deux la ſatisfaction & la joie.

Je ne voi que cela ſeul qu'on puiſſe deſigner par la confiance, & en effet il n'y a perſonne qui faſſe difficulté d'employer ce terme pour faire entendre tout ce que je viens d'indiquer. Voyons donc ſi ceci nous donne d'auſſi grandes lumieres qu'on s'imagine, pour nous faire conoître la nature de la vraie foi.

Je dis donc en premier lieu que cette perſuaſion eſt renfermée dans le conſentement que nous donnons aux verités du ſalut. Car comme une des plus conſiderables de ces verités eſt la reſolution que Dieu a priſe de nous pardonner nos pechés, de nous mettre à couvert de la damnation, & de nous donner l'heritage de ſon royaume, il eſt impoſſible de donner nôtre conſentement à ces verités ſans avoir cette perſuaſion. Ainſi à cet égard nous n'apprenons rien de nouveau.

D'ailleurs cette persuasion peut étre double, absoluë, & conditionnelle. Je demande donc duquel de ces deux ordres elle est. Est-elle absoluë? Si elle l'est, c'est pour l'une, ou pour l'autre de ces deux raisons, ou parce qu'elle regarde les promesses de Dieu comme absoluës, & cela posé elle se trompe, car les promesses du salut sont toutes conditionnelles, & exigent de nous la repentance & la foi: Ou c'est parce qu'elle suppose que la condition est remplie. Mais comment le peut-elle supposer à l'égard de la foi, si cet acte dont nous parlons est le premier de cette vertu? Et quand on voudroit dire qu'elle regarde cette condition comme remplie par cet acte même qu'elle fait, on ne se tireroit pas par là de tout embarras. Il faudroit tousjours dire comment la foi fait que tant elle, que la repentance, qui doit la preceder, ou l'accompagner, sont sinceres, ce qui, comme on l'a déja veu, ne se peut savoir avec certitude qu'un espace considerable de temps aprés le premier acte de la foi.

Que si cette persuasion est conditionnelle, & se reduit à ceci, *J'obtiendrai de la misericorde de Dieu, & par le merite de son Saint Fils, la remission des pechés, & consequemment le salut, pourveu que je croie en lui, & que je me repente,* j'avouërai sans repugnance que cette persuasion est sage & solide. Mais il est visible aussi qu'elle est renfermée dans le consentement dont on fait le second acte

de

de la foi: Car enfin un homme bien persuadé de toutes les verités revelées, ne peut douter qu'il n'obtienne la remission des pechés moyennant la repentance & la foi, puisque c'est là une des choses que Dieu a revelées le plus clairement, & sur lesquelles sa parole s'est expliquée de la maniere la plus expresse. Par consequent encore ceci ne nous fait nullement conoître la nature de la vraie foi.

J'ajoûte que les mouvemens qui sont renfermés dans la confiance, ou pour mieux dire qui la suivent, l'asseurance, l'esperance, la joie, &c. ne sauroient naître de cette persuasion conditionnelle. Il faut qu'elle passe en absoluë pour produire tous ces effets.

CHAPITRE VI.

Que le principal acte de la foi justifiante c'est qu'elle accepte le don que le Pere Eternel nous fait de son Fils.

IL est donc certain que l'essence de la foi justifiante ne consiste proprement en aucune des choses dont j'ai parlé dans les Chapitres precedens, & il paroît par là qu'il en faut chercher quelque autre, qui nous en donne une idée plus nette.

Quelqu'un peut être s'imaginera que c'est vainement qu'on le cherche, & qu'en effet la foi justifiante n'est en rien differente de la foi divine, telle qu'on l'a décrite dans les deux Livres precedens. On dira qu'une telle foi étant inseparable de la sanctification & de la pieté, & par consequent étant necessairement suivie du salut, rien n'empéche de croire que ce soit elle qui nous justifie devant Dieu, & qui nous obtient le reste de ses bienfaits.

Mais il faut bien se garder d'entrer dans ce sentiment. La foi divine, telle que je l'ai décrite, embrasse également toutes les verités du salut, parce qu'en effet elles sont toutes également revelées. Elle n'y met point de distinction, & ne s'attache pas plus fortement à l'un des objets qu'elles nous proposent, qu'à quel que ce soit des autres. Elle est donc tout autre chose que la foi justifiante, qui constamment s'attache d'une façon singuliere à Nôtre Seigneur Jesus Christ. D'où vient que l'Ecriture l'appelle si souvent la foi du Fils de Dieu, & nous dit que par elle nous croyons en Jesus Christ, nous conoissons Jesus Christ, nous le contemplons, & en le contemplant sommes transformés à la même image de gloire en gloire, nous recevons Jesus Christ, & faisons qu'il entre au dedans de nous, qu'il y vit, & y habite, nous mangeons sa chair, & beuvons son sang, nous nous approchons de lui, nous allons à lui, nous sommes faits une même plante avec lui, &c.

Tout cela fait voir clairement que la foi justifiante s'attache d'une façon tres-particuliere à Jesus Christ. Mais en quoi consiste

cette

cette façon particuliere en laquelle la foi s'attache à ce grand Sauveur. Je ne croi pas qu'il soit possible de l'exprimer d'une maniere plus nette, ni plûs naturelle, qu'en disant avec la pluspart de nos Theologiens que c'est en recevant Jesus Christ, & en acceptant le don que, tant le Pere Eternel, que le Fils lui-même, nous font de sa personne, de son merite, & generalement de tout ce qu'il a fait & souffert pour nous. Ils disent en ce même sens que par la foi justifiante on s'attache à lui comme à l'unique moyen du salut, qu'on a recours à lui, qu'on s'appuie sur lui, que l'ame en est affamée, & alterée, qu'elle le desire, qu'elle l'aime d'amour d'interêt, qu'elle en fait toute sa satisfaction, & toute sa joie. *Deliciatur in eo*, &c.

Ces expressions sont toutes prises de l'Ecriture, & reviennent à peu prés à la même chose. Cependant il n'y en a aucune qui soit inutile. Elles nous marquent fort distinctement tout ce qui se passe dans l'ame en ces occasions. Car premierement le pecheur convaincu du deplorable état où il se trouve, souhaitte confusement un remede à de si grands maux. Ensuite sachant que ce remede ne peut être autre que Jesus Christ, il desire que celui-ci lui soit appliqué: Aprés quoi considerant que Dieu le lui offre, il l'accepte. Enfin l'ayant accepté, & le possedant, il en fait tout son bonheur & toute sa joie.

Le principal, & le plus efficace, de tous ces actes c'est l'acceptation. C'est à mon sens celui qui nous justifie. Car premierement il

est

est certain que Dieu nous fait present de son Fils. *Le Fils nous a été donné*, nous dit Esaïe. *Dieu a tant aimé le monde*, disoit Jesus Christ lui-même, *qu'il a donné son Fils, afin que quiconque croit en lui ne perisse point, mais qu'il ait la vie eternelle.* Jean. III. 16.

II. Il est certain qu'en nous offrant son Fils, il nous l'offre en qualité d'Auteur du salut, & par consequent nous offre tous ses bienfaits avec lui. *C'est ici le témoignage de Dieu*, dit S. Jean, *que Dieu nous a donné la vie eternelle, & cette vie est en son Fils. Celui qui a le Fils a la vie. Celui qui n'a point le Fils n'a point la vie* I. Jean. V. 11. 12. *Qu'il vous soit notoire*, disoit S. Paul aux Juifs d'Antioche de Pisidie, Act. XIII. 38. 39. *qu'en lui* (Jesus Christ) *vous est offerte la remission des pechés, & que de tout ce, dont vous n'avés peu être justifiés par la loi de Moïse, quiconque croit est justifié par lui.*

III. Il est certain qu'une donation est caduque, & n'a point d'effet, si elle n'est acceptée. C'est de quoi les Jurisconsultes conviennent. Par consequent il est, non seulement juste, mais necessaire, que nous acceptions ces riches presens que la misericorde divine nous fait.

IV. Il est certain aussi que nous les acceptons par la foi, témoin ce que dit S. Jean. *A tous ceux qui l'ont receu, il leur a donné ce droit d'être faits enfans de Dieu, savoir*, ajoûte-t-il, *à ceux qui croient en son nom. Comme vous avés receu Jesus Christ, marchés en lui*, dit S. Paul, Col. II. 16. *Ceux qui reçoivent*

l'abon-

l'abondance de grace, & du don de justice, dit ce même Apôtre, *regneront en vie par un seul.* Rom. V. 17.

V. Il est certain au contraire que l'incredulité le rejette. *Il est venu chés soi*, dit. S. Jean, *mais les siens ne l'ont pas receu. La pierre que les edifians ont rejettée est devenuë la principale du coin.* Dans la parabole des nôces Jesus Christ exprime l'incredulité de ceux que le Pere de famille y avoit invités, en disant qu'*ils n'en tinrent point de conte*. Et S. Paul voulant nous donner l'idée la plus vive de ce grand peché, dit que les miserables qui le commettent, *foulent aux piés le Fils de Dieu, & tiennent le sang de l'Alliance pour une chose profane.* Heb. X. 29.

VI. Enfin cette acceptation est une suite necessaire & inseparable de la foi divine. Car comment pourroit on comprendre qu'un homme qui sait qu'il est perdu en lui-même, & qu'il ne peut se sauver que par Jesus Christ, rejette ce grand Sauveur que Dieu lui offre en sa grace, & refuse de le recevoir? Comment, dis-je, cela se peut-il, si on suppose cet homme vivement & fortement persuadé qu'il n'y a point de salut en aucun autre qu'en Jesus Christ, comme il l'est sans doute s'il a la foi?

Comme donc il est essentiel à la foi justifiante d'accepter le don que Dieu nous fait de son Fils, il est aisé de comprendre que ce que nous appellons foi justifiante est un composé de la foi divine, & de cette acceptation, ou si on le veut, que c'est la foi divine ne considerée conjoinctement avec la plus necessaire de ses suites, telle qu'est sans difficulté l'acceptation du present que Dieu nous fait de son Fils, & de tous les biens que ce grand Sauveur nous a aquis par l'effusion de son sang.

CHAPITRE VII.

De quelle façon la foi justifiante accepte le don que Dieu nous fait de son Fils. Trois manieres de l'expliquer. Premiere explication.

ON dira sans doute qu'il est difficile de concevoir que ce qui fait l'essence de la foi justifiante soit un acte commun à la foi justifiante, & à la foi à temps. Il est pourtant vrai que la foi à temps accepte Jesus Christ. Qui en peut douter? D'où pourroient venir la joie & la consolation qui l'accompagnent, si ce n'étoit de l'asseurance qu'on a d'être à Jesus Christ, & d'être reconcilié par lui avec son Pere?

C'est là à mon sens une chose qui ne souffre point de difficulté. Et en effet qu'y a-t-il de si mal-aisé, & de si contraire à la pente de la nature, dans cette acceptation dont nous parlons, qu'il faille pour s'y resoudre un secours surnaturel, & plus grand que celui qui produit une telle foi?

Ce n'est pas tout. Bien loin que ceci paroisse difficile, il semble impossible que le contraire

contraire arrive. Qu'on suppose seulement dans le pecheur une legere conoissance des verités du salut. Qu'on l'en suppose aussi fortement persuadé que la pluspart de ceux-là mêmes que la grace n'a pas encore regenerés, le sont ordinairement. Qu'on lui propose Jesus Christ comme un moyen propre à operer son salut. Comment est-il possible qu'il le rejette ?

S'il le faisoit, il faudroit necessairement que ce fût pour l'une, ou pour l'autre de ces trois raisons, ou parce qu'il ne se soucieroit pas de perir, ou parce qu'il ne croiroit pas que Jesus Christ peût l'en empécher, ou parce qu'il s'imagineroit de trouver ailleurs un moyen plus propre, & plus efficace, ou quoi qu'il en soit meilleur, & plus commode que celui-ci. Mais la premiere de ces trois choses est impossible, & les deux autres sont directement contraires à nôtre supposition, & à l'experience. Ainsi il faut dire necessairement que tous les pecheurs Orthodoxes acceptent le merite de Jesus Christ, d'où il semble qu'on peut conclurre selon nos principes qu'ils ont la foi justifiante.

Mais il est aisé de répondre que toute acceptation de Jesus Christ & de son merite ne suffit pas pour faire la foi justifiante. Elle peut étre telle, qu'elle sera absolûment inutile, & ne procurera aucun avantage. Il faut donc une certaine espece d'acceptation : Et c'est ce qu'il importe d'autant plus de bien expliquer, que c'est à ceci seul que toute la difficulté se reduit, & que d'ailleurs on peut

dire

dire qu'une infinité de pecheurs ne se perdent que parce qu'ils n'en sont pas bien instruits, ou que l'étant, ils ne pratiquent pas ce qu'ils sivent.

On peut dire en gros que l'acceptation pour être utile & efficace doit être raisonnable, & que pour étre raisonnable elle doit étre conforme à la nature de l'offre qu'elle reçoit. Car enfin si une chose ne nous étant offerte que d'une certaine maniere nous l'acceptons en une autre toute differente, on comprend sans pêne que cette acceptation seroit fole, vaine, & inutile.

C'est pourtant ce qui a lieu en cette occasion, & c'est ce qui découvre la difference qu'il y a entre la foi justifiante & la foi à temps. La premiere accepte l'offre que Dieu nous fait de son Fils en la même maniere en laquelle cette offre est faite. Au contraire la foi à temps l'accepte tout autrement. C'est ce qu'on peut expliquer en trois façons, qui reviennent à la même chose, & qui ne different qu'en ce que la derniere me paroît un peu plus nette, & plus naturelle que les deux autres.

La premiere est celle de Mess. Turretin, Van Mastricht & Vitsius. Elle consiste à dire que lors que Jesus Christ se donne à nous il entend que nous nous donnions reciproquement à lui, & c'est aussi ce que fait le veritable fidelle. Il dit avec l'Epouse dans le Cantique, *Je suis à mon bien aimé, & mon bien-aimé est à moi:* Mai c'est ce que ne font pas ceux qui n'ont qu'une foi à temps. Ils veulent

lent bien que Jesus Christ soit à eux, mais ils ne veulent pas être à Jesus Christ. Ils veulent être les maîtres de leurs actions, & se conduire par leurs fantaisies, & non pas par ses saintes Loix. Ainsi voilà une difference considerable entre ces deux especes de foi.

On peut l'éclaircir par deux considerations. La premiere que Jesus Christ répandant son sang sur la croix, ne nous a pas seulement aquis le droit à l'immortalité & au bonheur. Il s'est encore aquis par là à lui-même un droit de domaine & de proprieté sur nous. Dés-là nous ne sommes plus à nous-mêmes, nous sommes à Jesus Christ, *Nul*, disoit en ce sens S. Paul aux Rom. XIV. 7. 8. 9. *Nul de vous ne vit à soi, & nul ne meurt à soi. Car soit que nous vivions, nous vivons au Seigneur, soit que nous mourions nous mourons au Seigneur. Soit donc que nous vivions, soit que nous mourions, nous sommes au Seigneur. Car pour cela Jesus Christ est mort, & est resuscité, & est retourné à la vie, afin qu'il ait seigneurie taut sur les morts, que sur les vivans.* Et II. Cor. V. 14. 15. *La charité de Jesus Christ nous étreint, tenant cela pour resolu, que si un est mort pour tous, tous aussi sont morts, & qu'il est mort pour tous afin que ceux qui vivent, ne vivent point desormais à eux-mêmes, mais à celui qui est mort & resuscité pour eux.* Ailleurs encore. *Vous avés été rachettés par prix. Glorifiés donc Dieu en vos corps, & en vos esprits, lesquels appartiennent à Dieu.* I. Cor. VI. 20.

Comme donc par la foi nous consentons

à

à ce que Jesus Christ a fait en nôtre faveur, nous aquiesçons par-là même au droit qu'il a aquis sur nous. Nous avoüons que nous sommes à lui, & par consequent nous nous obligeons à lui obeïr, & à faire tout ce qu'il lui plaira de nous ordonner.

Mais c'est ce que les pecheurs ne font pas. Ils consentent bien à ce que Jesus Christ les exempte de la condamnation qu'ils ont meritée. Mais ils ne consentent pas à appartenir en propre à ce grand Sauveur. Ils n'ont pas un veritable dessein de lui obeïr.

Voici encore une seconde consideration qui éclaircit cette pensée. Chacun sait que la communion avec Jesus Christ, où nous entrons par la foi, nous est representée d'ordinaire dans l'Ecriture comme un mariage. Il y a un grand nombre d'endroits differens où cette image est employée. Cependant personne n'ignore que par le mariage les deux conjoints se donnent reciproquement l'un à l'autre, ce qui fait dire à S. Paul que *le mari n'a point la puissance de son corps, mais la femme, & que la femme n'a point la puissance de son corps, mais le mari.* Comme donc le mariage seroit nul, si le mari par exemple se donnoit à sa femme, sans que la femme se donnât au mari, il est clair que les pecheurs, qui acceptent Jesus Christ sans se donner veritablement à lui, ne gagnent rien par un procedé si irregulier, & ne se mettent point en état de profiter des grands biens qui leur sont offerts

CHA-

CHAPITRE VIII.

Seconde maniere d'expliquer comment c'est que la foi justifiante accepte ce qui lui est offert.

C'Est là la premiere maniere de concevoir comment c'est que la foi justifiante accepte ce que Dieu lui offre. La seconde me paroît un peu plus nette & plus naturelle. C'est celle que Mess. Claude, Baxter, & Van Mastricht proposent. Elle consiste à dire que lors que Dieu nous offre son Fils, il nous l'offre comme Mediateur. C'est ce qui ne peut être contesté. Ils ajoûtent que la charge de Mediateur en renferme trois, celle de Sacrificateur, celle de Prophete, & celle de Roi. Par consequent lors que Dieu nous offre son Fils, il nous l'offre comme Sacrificateur pour nous rachetter, comme Prophete pour nous instruire, & comme Roi, d'un côté pour nous gouverner, & de l'autre pour nous proteger.

Pour répondre à cette offre, il faut recevoir Jesus Christ sous toutes ces trois qualités, & c'est aussi ce que font les veritables fidelles. Mais ceux qui n'ont qu'une foi à temps le reçoivent bien absolûment comme Sacrificateur, consentant à être rachettés par son precieux sang, mais ils ne le reçoivent, ni comme Prophete, ni comme Roi, qu'avec des reserves injustes & ridicules. Ils ne veu-

veulent croire qu'une partie de ce que ce Prophete leur enseigne, & rejettent outrageusement le reste. Ils veulent d'un autre côté que ce Roi les protege, encore pretendent-ils que ce soit à leur maniere, les affranchissant de toute sorte de vexations, sans examiner si elles peuvent leur être utiles. Mais pour ce qui regarde le droit que sa Royauté lui donne de leur commander, ils refusent opiniâtrement de le reconoître, & disent avec les Juifs, tantôt, *Nous n'avons point de Roi que Cesar*, & tantôt, *Nous sommes la posterité d'Abraham, & nous ne servimes jamais personne.*

Ce qui regarde la Prophetie de Jesus Christ ne souffre point de difficulté, sur tout aprés ce que j'en ai dit dans le Livre precedent. Mais quelques-uns de nos Theologiens ont de la repugnance à admettre ce qui regarde la Royauté. Ils ne peuvent souffrir qu'on traite Jesus Christ de Legislateur, & qu'on dise qu'il nous commande quoi que ce soit. Ils ont été si choqués de la pretension des Sociniens, qui soûtiennent que Jesus Christ a porté au monde des commandemens distincts de ceux de son Pere, & une loi qui prescrit une pieté plus exacte & plus achevée que celle que Moïse avoit exigée de l'ancien peuple, que pour s'éloigner de cette erreur ils sont tombés dans une erreur opposée, soûtenant que Jesus Christ ne nous a rien commandé.

Mais soûtenir ceci n'est ce pas le contredire lui-même? Combien de fois n'a-t-il pas parlé

parlé de ſes ſaints commandemens? Qu'on liſe ſeulement cet admirable diſcours qu'il fit aux Apôtres aprés l'inſtitution de la Sainte Cene, & que S. Jean nous rapporte dans les Chapitres XIII. XIV. & XV. de ſon Evangile. On y trouvera tout ce que je vai rapporter. *Je vous donne un nouveau commandement, c'eſt que vous vous aimiés l'un l'autre. Si vous m'aimés gardés mes commandemens. Celui qui a mes commandemens, & les garde, c'eſt celui qui m'aime. Si vous gardés mes commandemens vous demeurerés en mon amour. C'eſt ici mon commandement que vous vous aimiés l'un l'autre. Vous ſerés mes amis, ſi vous faites tout ce que je vous commande. Je vous commande ces choſes afin que vous vous aimiés l'un l'autre.*

Qu'on liſe le Chapitre ſecond de la premiere Epître de S. Jean. On y trouvera ces paroles. *Par cela ſavons nous que nous l'avons conu, ſavoir ſi nous gardons ſes commamdemens. Celui qui dit, Je l'ai conu, & ne garde point ſes commandemens, eſt un menteur.*

Il ne faut donc pas conteſter une verité auſſi conſtante que celle-ci. Il faut reconoître que Jeſus Chriſt eſt auſſi bien nôtre Roi, & nôtre Legiſlateur, que nôtre Sacrificateur & nôtre Prophete. Agir autrement c'eſt donner gain de cauſe à ces mêmes Sociniens dont on s'imagine de s'éloigner, puis que c'eſt reduire la queſtion à un point où il eſt impoſſible de leur reſiſter. Il faut ſeulement nier que les loix que Jeſus Chriſt nous preſcrit ſoient autres que celles que ſon Pere nous a données dans le Decalogue. Et c'est en quoi nous avons le même avantage sur les Sociniens, que les Sociniens ont sur le reste. Car enfin quels sont les commandemens de nôtre Sauveur? Il s'en explique tres-clairement dans les endroits que j'ai rapportés. Il dit que ce sont ceux de la charité, c'est à dire en un mot ceux de l'amour de Dieu & du prochain. Et n'est-il pas vrai que ces deux preceptes ne different en rien de ceux de la Loi, comme Jesus Christ lui-même nous l'apprend dans son Evangile, nous disant que la Loi & les Prophetes se reduisent à ces deux points; l'un que nous aimions Dieu de tout nôtre cœur, l'autre que nous aimions nôtre prochain comme nous-mêmes.

Trois choses donc me paroissent certaines sur ce sujet. La premiere que la foi justifiante reçoit Jesus Christ comme Roi, comme Sacrificateur, & comme Prophete, & le reçoit absolûment, & sans reserve. La seconde que ceux qui n'ont que la foi à temps ne le reçoivent pas de cette maniere, ne voulant croire qu'une partie des verités que ce grand Docteur nous revele, & ne voulant observer aucune des loix de ce divin Roi. La troisiéme que ces derniers étant ainsi disposés il est impossible qu'ils obtiennent la remission des pechés, & par consequent que leur foi soit une foi justifiante. La raison en est evidente. Il est impossible d'obtenir la remission des pechés si on n'écoute Jesus Christ comme Prophete, & si on ne se soûmet

met à lui comme Roi. Car pour le premier voici ce que Dieu dit à Moïse sur ce sujet Deut. XVIII. *Je leur susciterai un Prophete comme toi d'entre leurs freres. Et il aviendra que quiconque n'écoutera point mes paroles, qu'il aura dites en mon nom, je lui en demanderai conte.* Et pour le second voici ce que Jesus Christ lui-même fait dire, dans la parabole, au Roi sous l'image duquel il se represente. *Amenés ici ces miens ennemis, qui n'ont pas voulu que je regnasse sur eux, & les tués devant moi.*

Cela étant qui ne voit la difference qu'il y a entre la maniere en laquelle la foi justifiante accepte le don que Dieu nous fait de son Fils, & la maniere en laquelle la foi à temps fait la même chose? Cette difference pourroit-elle étre plus sensible qu'elle ne l'est dans cette supposition?

CHAPITRE IX.

Troisiéme maniere d'expliquer comment la foi justifiante accepte le don que Dieu nous fait de son Fils.

VOilà donc déja deux manieres de faire conoître la difference qu'il y a entre l'acceptation que la foi justifiante fait de Jesus Christ, qui nous est offert par son Pere, & celle qui est particuliere à la foi à temps. Il y en a encore une troisiéme qui me paroît beaucoup plus naturelle que les precedentes.

J'ai déja dit que l'acceptation pour être raisonnable, & consequemment utile & efficace, doit être conforme à la nature de l'offre. Par consequent si l'offre est absoluë l'acceptation peut être absoluë. Mais si l'offre est conditionnelle, il y auroit quelque chose de ridicule & d'extravagant à l'accepter absolûment, à moins que de se soûmettre à la condition, & de la remplir actuellement, ou de s'obliger à le faire, selon que l'offre exigeroit l'un, on se contenteroit de l'autre.

Si par exemple lors que Saül eut fait publier dans son camp qu'il donneroit sa fille en mariage à celui qui vaincroit Goliath, & qu'il affranchiroit sa famille de toute sorte d'impositions, quelqu'un sans vaincre, & même sans combattre ce Geant, avoit pretendu que le Roi devoit lui accorder l'effet de cette promesse, ne se feroit-on pas moqué de lui, & n'auroit-on pas eu un juste sujet de le faire?

Si lors que le pere de famille de la parabole envoya les ouvriers dans sa vigne, leur promettant de les payer sur la fin du jour, un de ces ouvriers n'eût rien fait, & qu'aprés avoir dormi, ou s'être promené tout le long du jour, il eût pretendu que le pere de famille devoit le payer comme les autres qui avoient travaillé, sa pretension eût elle été raisonnable?

C'est là pourtant ce que font ceux qui n'ont

n'ont qu'une foi à temps. L'offre que Dieu nous fait de son Fils, & de tout ce qu'il nous a aquis par sa mort; est une offre conditionnelle, & ne fait rien esperer que moyennant la foi & la repentance. Ceux dont nous parlons maintenant l'acceptent, mais c'est sans s'obliger à remplir la condition, ou quoi qu'il en soit sans la remplir actuellement. Peut-on imaginer quoi que ce soit de plus ridicule ?

Je dis que cet offre est conditionnelle, & ne fait rien esperer que moyennant la repentance & la foi. Car enfin combien n'y a-t-il pas d'endroits dans les livres saints, tant du Vieux, que du Nouveau Testament, où cette condition est expressement & formellement exigée ? Combien encore où il est declaré en autant de mots qu'il n'y a rien à attendre pour ceux qui refusent, ou qui negligent de la remplir ? J'en vai marquer quelques uns, car il faudroit un volume pour les rapporter tous sans exception.

Celui qui cache ses transgressions ne prosperera point, mais celui qui les confesse & les quitte obtiendra misericorde. Prover. XXVIII. 13.

Quand vous étendrés vos mains je cacherai mes yeux arriere de vous. Quand vous multiplierés vos requétes je ne les exaucerai point, car vos mains sont plénes de sang. Lavés-vous, nettoyés vous, ôtés de devant mes yeux la malice de vos actions, cessés de mal faire, apprenés à bien faire, recherchés la droiture, redressés celui qui est foulé, faites droit à l'orphelin, debattés la cause de la veuve. Venés maintenant, dit l'Eternel, & debattons nos droits. Quand vos pechés seroient comme le cramoisi, ils seront blanchis comme la nége, & quand ils seroient rouges comme le vermillon, il deviendront blancs comme la laine. Esaïe I. 15. 16. 17. 18.

Cherchés l'Eternel pendant qu'on le trouve, invoqués le tandis qu'il est prés. Que le méchant delaisse son train, & l'homme outrageux ses pensées. Qu'il retourne à l'Eternel, & il aura pitié de lui, & à nôtre Dieu, car il pardonne tant & plus. Esaïe IV. 6. 7.

Je suis vivant, dit le Seigneur Eternel, que je ne prends point de plaisir à la mort du méchant, mais plustôt à ce que le méchant se détourne de son train, & qu'il vive. Détournés-vous de vôtre méchant train, & pourquoi mourries-vous maison d'Israël? Ezech. XXXIII. 11.

Si quelqu'un veut venir aprés moi, qu'il renonce à soi-même, qu'il charge sur soi sa croix, & qu'il me suive. Matt. XVI. 24.

Si vous ne vous amendés vous perirés tous semblablement. Luc XIII. 3.

Amendés vous, & que chacun de vous soit baptizé, en remission des pechés, & vous recevrés le don du S. Esprit. Act. II. 38.

Amendés vous, & vous convertissés, afin que vos pechés soient effacés. Act. III. 19.

J'ai denoncé aux Juifs & aux Gentils, qu'ils se repentissent, & se convertissent à Dieu, en faisant des œuvres convenables à la repentance. Act. XXVI. 20

Méprises tu les richesses de sa benignité, de sa patien-

patience, & de sa longue attente, ne conoissant point que la benignité de Dieu t'invite à la repentance? Mais par ta dureté, & ton cœur qui est sans repentance, tu t'amasses un thresor de colere, pour le jour de la colere, & de la declaration du juste jugement de Dieu. Rom. II. 4. 5.

Il est donc certain que Dieu ne nous offre, ni en general le salut, que son Saint Fils nous a merité, ni en particulier la remission des pechés, qu'à condition que nous nous repentions de ces pechés, & que cette repentance soit suivie de l'amendement. Par consequent il faut de necessité, ou rejetter l'offre, ou s'assujettir à la condition. Car enfin rejetter la condition, & accepter l'offre, seroit le procedé du monde le plus ridicule.

C'est là pourtant celui des pecheurs. Ils veulent bien recevoir Jesus Christ, & se prevaloir de sa satisfaction, & du reste des biens qu'il est venu nous porter. Mais ils ne veulent point se repentir. Au contraire ils veulent persister dans leurs crimes, & vivre comme ils ont vécu. Peut-on imaginer rien de plus injuste? Peut-on même imaginer rien de plus insensé?

Les veritables fidelles n'en usent pas de la sorte. Ils comprennent distinctement la nature de l'offre que Dieu leur fait. Ils voient qu'il exige d'eux une repentance sincere, dans le temps qu'il leur fait present de son Fils. Ils n'acceptent ce riche present qu'en se soûmettant à la condition, qu'en demeurant convaincus qu'elle eſt juſte, qu'elle eſt raiſonnable, & qu'en s'obligeant de bonne foi à la remplir. Peut-on ſouhaitter une difference plus ſenſible entre ces deux manieres d'accepter Jeſus Chriſt & ſes bienfaits ?

Il ſemble que M. Claude aille un peu plus loin que moi, mais en effet ce qu'il dit ſe reduit à la même choſe. Il dit que lors que Dieu nous juſtifie, c'eſt ſous deux ſortes de conditions, celles qu'il ſuppoſe, & celles qu'il impoſe. Celles qu'il ſuppoſe, ſont, dit-il, la foi & la repentance. Celles qu'il impoſe ſont la perſeverance en la foi, & une pratique perpetuelle de ſainteté. Il dit que cette ſainteté que Dieu exige pour l'avenir, eſt une ſainteté parfaite, & exempte de toute ſorte de defauts & de manquemens. Mais il y ajoûte ce temperament, c'eſt que s'il nous arrive de tomber dans des pechés d'infirmité, qui n'aillent pas juſqu'à détruire l'ouvrage de nôtre regeneration, Dieu s'oblige de nous les pardonner, moyennant nôtre repentance, & un recours ſincere à ſa miſericorde, & au ſang de Jeſus Chriſt ſon Fils. *Lett.* 19.

Je n'en dis pas tout à fait autant. Je dis ſeulement que Dieu nous offrant ſon Fils exige de nous que nous nous repentions veritablement & ſincerement. C'eſt ce qui ne peut m'être conteſté. Ainſi les veritables fidelles acceptant cette condition, & ceux qui ne croient qu'à temps ne l'acceptant point, il eſt clair que la foi des uns eſt tres-differente de celle des autres. J'a-

J'avois écrit ce qu'on vient de lire, lors que je suis tombé par hazard sur un endroit d'un ouvrage de Musæus, celebre Professeur de Jene, où il dit à peu prés la même chose. Le voici. *Alter verò assensus quem salutarem diximus, & quo apprehenditur Christi meritum, I. haberi nequit citra specialem gratiam Spiritûs S. nec II. cadit, nisi in pœnitentes, & qui habent propositum à peccatis abstinendi, vitamque emendandi. De priori actum est multis in disp. præced.. Posterioris autem ratio est, quia promissiones de gratuitâ remissione peccatorum propter Christum pertinent ad resipiscentes, & eos qui agnoscunt ac detestantur peccata sua, & medicum per quem à morte, quæ est stipendium peccati liberentur, Christum scilicet mundi Redemptorem seriò desiderant.* Deus non ni pœnitentibus peccata remittere constituit: Evangelizare jubet, sed pauperibus; sanare vult, sed contritos; demissionem prædicat, sed captivis. Es. LXI. 1. & ubi non est agnitio culpæ, ibi non est desiderium gratiæ, nisi gravitas peccatorum agnoscatur, medicina animæ repudiatur, *inquit noster Gerardus Tom. III. Loc. de pœn. p.* 549. *Quæ etiam causa est cur pœnitentia, quæ vel includit contritionem, vel est ipsa contritio, in Scripturis non minùs inculcetur quàm fides.... Hinc benè Formula Concordiæ de Just. fid. p. m.* 688. Vera & salvans fides in iis non est, qui contritione carent, & propositum in peccatis pergendi & perseverandi habent. Vera enim contritio præcedit, & fides justificans in iis est, qui verè, non fictè, pœnitentiam agunt. *Hypocritæ quidem de Christo redemptore sæpenumerò multis gloriantur, sibique nonnunquam persuasum habent illius merito se salvos esse futuros. Verùm illa non est vera fides, sed falsa & inanis persuasio, quæ postea ingruentibus adversitatibus, & tentationibus, & conscientiâ è somno peccati excitatâ, & quasi evigilante, evanescit.* Muf. de converf. difp. 5. §. 15. 16.

CHAPITRE X.

Réponse à deux objections.

JE viens de dire que ceux qui n'ont qu'une foi à temps n'acceptent pas la condition sous laquelle le Pere Eternel leur offre son Fils, & que c'est là ce qui fait que leur foi n'est pas une foi justifiante. Quelqu'un peut être dira que ce que j'avance n'est pas toujours veritable. On dira qu'il peut arriver qu'il y ait des pecheurs qui se soûmettent à cette condition, & qui prennent effectivement la resolution de la remplir, quoi qu'ils ne l'executent pas dans la suite. D'où l'on conclurra que quoi qu'il en soit des autres, ceux-ci au moins acceptent les offres que Dieu leur fait de la même maniere que les veritables croyans.

Mais je n'admets pas cette consequence. J'avouë qu'il y a des pecheurs qui prennent la resolution de se repentir. Mais il arrive tousjours infailliblement de deux choses l'une,

ne,

ne, ou qu'ils ne se font pas une idée bien juste de la repentance, ou que s'ils la conçoivent telle qu'elle est, ils n'executent pas la resolution qu'ils ont prise d'en faire voir les fruits dans leurs actions.

Plusieurs se font une idée tres fausse de la repentance. Ils se figurent, ou une simple douleur sans amendement, ou un amendement en partie, qui ne consiste qu'à renoncer à quelques-uns de leurs vices, & à étouffer quelques-unes de leurs passions, sans prejudice de conserver les autres, & d'y demeurer tousjours soûmis & assujettis. Ce n'est pas là la repentance que Dieu exige de nous, & par consequent accepter cette condition ce n'est pas répondre à l'offre que Dieu nous fait. Dieu demande de nous une veritable repentance, suivie d'un amendement sincere, general, & universel. Il faut necessairement avoir une telle repentance, ou renoncer à Jesus Christ & à son salut.

D'autres conçoivent plus distinctement la nature de la repentance. Ils s'en font une idée plus juste, & concevant ce que c'est ils s'y soûmettent, & veulent en faire voir les fruits dans leurs actions. Mais ils n'executent pas leur resolution. Tous ces beaux projets s'évanouïssent, & ils demeurent tousjours engagés dans leurs mauvaises habitudes, tousjours soûmis à la tyrannie du peché. Ils ne font par consequent pas ce que Dieu exige d'eux, & ainsi ils n'acceptent point Jesus Christ en la maniere en laquelle il faut l'accepter pour jouïr du fruit de son sacrifice.

On dira peut étre qu'il y a bien de la difference entre croire, & perseverer en la foi; & qu'à la verité ceux ci ne perseverent pas dans la disposition où la grace les avoit mis, mais qu'avant que d'en sortir ils étoient dans un bon état, qu'ainsi ils ont eu une veritable foi justifiante, & ont obtenu la remission des pechés, quoi que dans la suite ils perdent tous ces avantages.

Mais c'est là une chose que je ne puis avouër. Ces gens-là n'ont jamais été justifiés, parce que leur foi, & leur repentance n'ont jamais été telles qu'elles devoient étre. Elles n'ont pas arraché de leur ame l'amour du monde & de ses faux biens. Ils en ont été tousjours possedés. Ainsi dans le moment même qu'un enfant de Dieu & un pecheur croient, il y a une tres-grande difference entre la foi de l'un & celle de l'autre. Il est vrai qu'ils n'apperçoivent pas eux-mêmes cette difference. Mais d'un côté Dieu la voit tres distinctement, & de l'autre ils pourront eux-mêmes la voir dans la suite.

Ce que Dieu la voit suffit pour faire qu'il accepte l'une, & rejette l'autre. Il accorde à la premiere la remission des pechés, & la refuse à la seconde.

Je ne demande donc pas que la resolution de renoncer au peché, & s'appliquer à la pratique des bonnes œuvres, qui est renfermée dans l'acceptation du merite de Jesus Christ, telle que je la conçoi, soit executée avant qu'on puisse obtenir la remission des pechés. Je demande seulement qu'elle doive l'étre.

Je

Je demande qu'elle soit assés forte & assés sincere pour étre infailliblement suivie de l'effet.

C'étoit la pensée de quelques-uns de nos Theologiens qui ont dit que *la foi grosse des bonnes œuvres, justifie avant que d'en accoucher; Fides fœta bonis operibus justificat ante partum.* Quelques-uns ont traité cette pensée de bizarre & de ridicule, mais pour moi je la trouve fort raisonnable. En effet si la foi ne pouvoit nous justifier qu'aprés avoir produit actuellement toutes les bonnes œuvres dont elle a le germe & le principe en elle-même, elle ne nous justifieroit jamais qu'à la mort, puis que ce n'est qu'alors qu'elle acheve de les produire. Elle ne le feroit pas même à la mort, car il est certain que la foi n'est pas seulement le principe des œuvres qu'on fait actuellement dans la suite, mais encore de celles qu'on feroit si on en avoit le moyen & l'occasion.

Afin donc que la foi nous justifie il suffit qu'elle soit assés vive & assés sincere pour nous mettre en état de faire dans la suite les bonnes œuvres dont la Providence nous presentera les occasions. Il n'en faut pas davantage pour nous faire obtenir de Dieu la remission entiere de nos pechés. A moins que de cela il seroit impossible que ceux qui ne se convertissent qu'aux derniers momens de leur vie fussent justifiés. En effet ils n'ont ni le temps, ni le moyen de faire de bonnes œuvres.

Lors que Jesus Christ dit dans l'Evangile

que

que le Peager se retira justifié dans sa maison, il fait clairement entendre que ce pecheur fut justifié dans le temple même, & dés le moment qu'il eut prononcé cette courte, mais humble, priere, *O Dieu, sois appaisé envers moi, qui suis pecheur.*

Dés que David atterré par les censures, & par les menaces du Prophete Nathan, lui eut dit, *J'ai peché contre l'Eternel*, ce Prophete sans attendre les autres fruits de sa repentance, qui parurent avec éclat dans la suite, lui dit, *Aussi l'Eternel a fait passer outre ton peché*, c'est à dire, Il t'en a accordé le pardon. II. Sam. XII. 13.

C'est à quoi il semble que ce Prophete regarde lors qu'il dit au Pseaume XXXII. *J'ai dit, Je ferai confession de mes transgressions à l'Eternel, & tu as ôté la péne de mon peché*, insinuant assés par cette façon de parler que la remission de ses pechés avoit suivi immediatement sa confession.

Lors que Jesus Christ dit au paralytique, *Aye bon courage, mon fils tes pechés te sont pardonnés*, Matt. IX. 2. il ne paroît pas que cet homme eût fait aucune bonne œuvre, & l'Evangeliste ne parle que de sa foi, & de la foi de ceux qui le presenterent à ce grand Sauveur.

Dés que le bon larron dit à Jesus Christ, *Seigneur souvien toi de moi lors que tu viendras en ton regne*, Jesus Christ lui répondit, *Tu seras aujourd'hui avec moi dans le Paradis.*

Administrer le baptéme à un adulte c'est lui annoncer la remission des pechés. Voit-

on

on cependant que S. Pierre tardât un moment à baptizer les trois mille hommes qui se convertirent à sa premiere predication? Et l'Evangeliste Philippe ne se contenta-t-il pas de la profession de foi de l'Eunuque pour lui administrer ce Sacrement?

Il ne faut donc qu'une bonne resolution de bien vivre, accompagnée des autres actes de la foi, pour obtenir la remission des pechés. Il faut quelque chose de plus, je l'avouë, pour nous persuader que nous l'avons obtenuë. Il faut que le temps nous apprenne que cette resolution étoit sincere. Il faut avoir remporté quelques victoires sur les tentations, & voir qu'effectivement on execute ce qu'on a promis. Mais il y a bien de la difference entre étre justifié, & étre asseuré de sa justification. Le premier precede le second, & souvent même le precede de telle sorte qu'il se passe un temps considerable entre ces deux actes.

Cela suffira sur le sujet de la premiere objection. D'autres diront qu'il est impossible que la veritable repentance se forme dans l'ame qu'aprés la foi. Car premierement la veritable repentance consiste dans la douleur qu'on a d'avoir fait le mal, non parce qu'on apprehende d'en étre puni, mais parce qu'on a par là offensé un Dieu infinîment bon, & qu'on commence d'aimer. Mais comment peut-on, ni l'aimer, ni avoir de la douleur de lui avoir depleu, sans la foi? D'ailleurs la veritable repentance emporte le desir & la resolution de l'amendement. Et comment

est il

est-il possible de prendre cette resolution, si on n'espere qu'on ne la prendra pas inutilement? Et comment peut-on concevoir cette esperance si on n'a la foi?

J'ai déja répondu à cette objection dans ma Morale abregée. J'ai fait voir qu'il y a divers actes de la foi, dont les uns precedent la repentance, les autres la suivent. C'est en premier lieu une persuasion generale des verités revelées. Dans cet état, & avant même qu'elle accepte l'offre que Dieu nous fait de son Fils, n'a-t-elle pas tout ce qu'il lui faut, & pour nous inspirer de l'amour pour Dieu, & pour faire naître tout ce qu'il y a de plus noble dans la repentance? Elle nous persuade que Dieu est assés bon pour nous offrir sa grace & sa gloire, nonobstant tout ce que nous avons commis de pechés, & pour n'exiger de nous aucune autre chose que la foi & la repentance. N'est-ce pas là un motif suffisant en son genre pour nous inspirer une vive reconoissance pour tant de bontés, & pour nous penetrer de douleur, voyant que nous avons outragé un Dieu si misericordieux & si bienfaisant?

J'avouë qu'on a encore de nouveaux motifs pour exciter tous ces sentimens, lors qu'on sait dans la suite avec certitude qu'on a obtenu actuellement la grace que Dieu nous offroit. Mais quoi que ce nouveau motif soit tres-efficace, il n'est pas à dire que le premier ne le soit aussi. Ainsi l'objection qui suppose le contraire n'a rien qui doive nous faire la moindre péne.

CHA-

CHAPITRE XI.

Utilités de la maniere en laquelle on vient d'expliquer la nature de la foi justifiante.

VOilà donc jusqu'à trois manieres de faire entendre comment c'est que la foi justifiante accepte le don que Dieu nous fait de son Fils, & consequemment quel est l'acte qui fait le veritable caractere de cette vertu. J'ai déja dit que la troisiéme de ces explications me paroît la plus simple & la plus aisée. Neantmoins comme elles reviennent toutes à la même chose, je consentirai sans repugnance à ce qu'on prenne celle qu'on voudra.

Il est evident qu'elles se reduisent toutes à ceci, que la foi justifiante ne consiste pas à accepter simplement & absolûment le don que Dieu nous fait de son Fils, mais à l'accepter en sorte qu'en même temps on s'oblige de son côté à quelque chose. Ce n'est pas tout. De quelle que ce soit de ces trois façons qu'on le prenne on s'oblige tousjours à la même chose. C'est tousjours à renoncer au peché & à s'appliquer à la pieté. C'est le sens propre & naturel de ces trois expressions, se donner tout entier à Dieu, recevoir Jesus Christ comme Roi & comme Prophete, se repentir de telle maniere que la douleur qu'on sent soit suivie de l'amendement. Pourveu qu'on qu'on admette la chose même, il importe peu de quelle maniere on l'exprime, & je ne prefere la troisiéme, que parce qu'elle me paroît la plus claire, & par consequent la plus propre à prevenir, & à dissiper les illusions que les pecheurs se font d'ordinaire sur ce sujet. En effet il y en a une infinité qui n'auront aucune repugnance à dire, qu'ils veulent étre à Jesus Christ, & qu'ils le reçoivent comme Roi, comme Sacrificateur, & comme Prophete, parce qu'ils ne penetrent pas le sens de ces expressions, & qui y penseront davantage si on leur parle expressement & formellement de renoncer à leurs vices, & de s'appliquer à l'étude de la pieté, sur tout si on leur explique un peu nettement ce que c'est que faire l'une & l'autre de ces deux choses.

Mais comme je l'ai déja dit, je ne voudrois pas me roidir sur la preference que je donne à cette troisiéme explication. Je souhaitte seulement qu'on admette l'une des trois, ou quelque autre qui revienne à la même chose, ce que je ne croi pas impossible. C'est la chose même que je ne puis me resoudre à abandonner, non seulement parce que je la croi veritable & conforme à la parole de Dieu, mais encore parce qu'elle me paroit tres commode, & qu'elle a des utilités visibles, qu'on ne trouve pas dans les hypotheses des autres.

Car premierement on resout par là fort facilement une question qui fait une péne extreme à nos Theologiens. On demande ce

que

que c'eſt qui diſtingue la foi juſtifiante de la foi à temps. On dit là-deſſus bien des choſes, dont la pluſpart ſont tres-difficiles à entendre, & pas une ne ſatisfait plénement l'eſprit. Ce que je viens de dire au contraire n'a aucune difficulté. Il n'y a perſonne qui ne le comprenne d'abord, & d'ailleurs tout ce que j'ai dit eſt tres-conforme à l'experience, & ſe fait aſſés remarquer dans ce qu'on trouve en ſoi-même, & dans ce qu'on peut obſerver dans les autres.

II. Cette hypotheſe rend encore une raiſon ſolide d'une verité que l'Ecriture atteſte aſſés nettement, mais dont on ne voit pas la cauſe dans les hypotheſes du reſte de nos Docteurs. Je parle de l'incompatibilité de la foi juſtifiante avec le vice, & de la connexion qu'elle a avec la pieté. La raiſon que les autres Theologiens en rendent n'eſt pas ſolide, comme on la peu voir dans le Chapitre dernier du Livre II. Mais la veritable ſe preſente d'elle même aprés ce que je viens de dire. Faut-il en effet demander pourquoi la foi juſtifiante ne peut, ni ſubſiſter avec le vice, ni demeurer ſeparée de la pieté, lors qu'on ſait que ce qui fait ſon eſſence eſt l'acceptation de la condition ſous laquelle Dieu nous offre ſon Fils, & qui n'eſt autre que le renoncement à nos vices, & une reſolution ferme & conſtante de nous appliquer à l'étude de la pieté ? N'y auroit-il pas une contradiction palpable à mettre enſemble le peché regnant, & une telle foi ?

III. Cette même ſuppoſition ne fournit

pas

pas seulement un moyen seur & infaillible pour repousser solidement l'accusation dont l'Eglise Romaine noircit nôtre creance, l'accusant d'ouvrir la porte au libertinage, & qui ne manque pas de couleur & de vraisemblance dans les hypotheses de ceux qui ne font consister la foi justifiante que dans une persuasion forte de la remission actuelle de nos pechés: Elle en fait voir si sensiblement la fausseté & l'injustice, qu'il faudroit avoir perdu toute honte pour en faire l'application à ce que j'ai dit. Car enfin avec quelle pudeur, ni avec quelle ombre de vraisemblance pourroit-on accuser de favoriser la licence, une doctrine qui porte qu'il est impossible d'être justifié sans renoncer sincerement au peché, & sans prendre une resolution assés forte & assés constante pour être infailliblement suivie de l'effet, de pratiquer toute sorte de bonnes œuvres?

IV. Ce que j'ai dit a encore cet avantage qu'on ne sauroit le combattre par les raisons dont Bellarmin se sert pour refuter l'idée que quelques-uns de nos Theologiens avoient donnée de la foi justifiante. Ces raisons sont extremement pressantes, & les réponses qu'on a accoûtumé d'y faire ne satisfont nullement l'esprit. Qu'on prenne la péne de lire ces réponses dans les lieux communs de Gerard, & dans la Theologie Chrétienne de Vendelin, on verra sans péne qu'il s'en faut beaucoup qu'on ne puisse s'en contenter.

V. Rien n'est plus aisé que de donner par les principes que j'ai posés des fondemens solides

solides à la certitude que le fidelle peut & doit avoir de la remission de ses pechés, au lieu qu'on ne peut pas dire la même chose des principes communs & ordinaires. Dans ces derniers il faut que par un seul acte & dans un même moment le fidelle croie, sente sa foi, l'examine, trouve qu'elle est vive, sincere, & veritable, & que tout ceci serve de fondement à ce premier acte de la foi qui est l'objet de cet examen, ce qui selon moi est inexplicable & incomprehensible. Mais dans mes principes la certitude qu'on a de la remission actuelle de ses pechés n'est nullement l'acte direct de la foi, c'est seulement son acte reflexe, qui suit tousjours le premier, qui le suit même d'assés loin, laissant passer un espace considerable de temps pour avoir le moyen de s'asseurer si la resolution qu'on a prise de renoncer au peché & de s'attacher à l'étude de la pieté est justifiée par l'evenement. Ne s'en asseurant que de cette maniere, & aprés de telles recherches, il est evident que cette asseurance est solide & appuyée sur de tres-bons fondemens.

VI. Ce que j'ai dit est encore d'un tres-grand secours pour apprendre à ceux qui se mélent de la conduite des ames, quand c'est qu'il leur est permis d'annoncer aux pecheurs la remission des pechés. Il y a déja du temps que M. Gaussen s'est plaint que plusieurs se hâtoient un peu trop pour le faire, & que bien souvent on annonce la paix lors qu'il n'y a point de paix. Il est mal-aisé de donner pour cela des regles justes dans les hypothe-

ses

ses communes. Mais chacun les voit assés de soi-même dans celles que j'ai posées. Chacun comprend sans aucune péne qu'il ne faut annoncer cette remission des pechés, comme accordée, qu'à ceux qu'on presume avoir fait les actes que j'ai indiqués. Sachant d'ailleurs quels sont tous ces actes, on peut travailler à les exciter dans l'ame de ceux qui ne les ont pas faits encore, & s'épargner la péne de dire tout ce qui n'est pas propre à la production de cet effet.

VII. Ce que j'ai dit donne à châque pecheur ou fidelle en particulier des moyens seurs & infaillibles pour conoître le veritable état de son cœur, de savoir ce qu'il a, & ce qui lui manque, & par consequent de remercier Dieu du premier, & de travailler à se procurer le second, ce qui me paroît un avantage qu'on ne sauroit assés estimer.

VIII. Enfin rien n'est plus propre que cette maniere d'expliquer le principal acte de la foi, à détruire cette pernicieuse imagination, qui conduit châque jour tant d'ames dans les Enfers, que pour se sauver il n'est necessaire de prendre aucun soin de la sanctification, & qu'il suffit de recourir à la misericorde de Dieu, & de s'appliquer le merite de Jesus Christ. On ne peut nier, ni qu'une infinité de personnes ne soient prevenus de cettte fausse & detestable pensée, ni qu'elle ne les plonge, & ne les retienne dans cette profane securité qui les perd. Voici ce que M. Fechtius Professeur en Theologie à Rostoch vient de dire sur ce sujet. *Plurimi*, *im-*

immò innumeri, in sanctitate Christi imputatâ ita vanâ persuasione conquiescunt, ut sanctitatem nobis insitam, vel pro commento Pontificiorum habeant, vel certè pro nugis recentissimorum, quos vocant, Pietistarum. Non sine bonorum dolore istæ Satanæ artes, quibus hodie personam suam in mundo agit, adspiciuntur, quando nonnullis sanctitatis imagine ita illudit, ut eandem vel in opinationibus singularibus, Ecclesiæ, quamdiu stetit, invisis vel in contemptu & odio omnium aliorum, qui ipsorum sacra non amplectantur, collocent...... Sed è contrario qui non videt iisdem mille artificis technis in plenum libertinismum, viam ad Atheismum sternentem, plures eorum, qui scopulos illos evitare cupiunt, præcipitari, nihil equidem videt. Fecht. Thes. ex Theol. Mor. §. 16.

Ce que ce savant homme dit n'est que trop vrai, & n'a que trop de lieu par tout. Que peut-on donc imaginer de plus utile qu'une doctrine, qui ruine si visiblement cette pernicieuse erreur, qu'il est impossible d'y tomber, si on admet ce que nous disons? Car enfin quel travers d'esprit faudroit-il avoir pour conclurre qu'il est permis de se plonger dans la licence, & de se porter à toute sorte d'excés, de ce que Dieu n'accorde la remission des pechés qu'à ceux qui prennent une forte & constante resolution de renoncer à toute sorte de vices, & de s'appliquer serieusement & sincerement à l'etude de la pieté? Quelle stupidité même ne faut-il pas avoir pour ne pas voir l'opposition que ces deux choses ont l'une à l'autre, & l'impossibilité qu'il qu'il y a à les accorder?

Ainsi quand il n'y auroit que cette seule consideration, elle devroit suffire pour faire voir que rien n'est plus utile que cette maniere d'expliquer la nature de la veritable foi justifiante. Car enfin la securité & la licence étant aujourd'hui le plus grand & le plus dangereux de tous les maux dont les Eglises Protestantes sont travaillées, on ne sauroit faire trop d'état de tout ce qui est propre à y remedier.

CHAPITRE XII.

Où l'on commence de comparer la foi avec la raison. Explication des termes.

IL ne me reste plus à comparer la foi qu'avec la raison. Mais aussi ceci est tres-important, & peut-étre de grand usage dans la Theologie. D'ailleurs rien n'est plus contesté. Cependant je suis persuadé que les disputes qui font tant de bruit sur cette matiere, ne sont que des disputes de mots, & de veritables mal-entendus. On est d'accord dans le fond, mais comme la pluspart des termes dont on se sert sont fort équivoques, chachun les prend à sa maniere, & ainsi il arrive qu'on ne conteste que parce qu'on ne s'entend point.

Par exemple une infinité de Theologiens Protestans disent d'ordinaire que la raison est

aveugle

aveugle pour les choses de la Religion. Mais outre que c'est là une expression metaphorique, & par consequent obscure, on ne se donne pas la péne de l'expliquer. On ne dit pas si on entend que la raison n'a aucune idée des choses de la Religion, qu'elle ne sait par exemple ce que signifient ces mots, *Les morts resusciteront*, ou si on veut dire simplement, que bien que la raison entende les termes, elle ne sauroit juger de la verité, ou de la fausseté des propositions qu'ils forment, ou que si elle en juge, elle en juge mal. On ne dit pas même, si elle en juge tousjours mal, ou tantôt mal, tantôt bien, moins encore quand c'est que l'une ou l'autre de ces choses lui arrive.

Ce n'est pas tout. On ne s'explique ordinairement que par des propositions indefinies, que les uns prennent pour universelles, les autres pour particulieres. Par exemple on dit bien que la raison est aveugle pour les choses de la Religion, mais on ne dit pas si elle l'est pour toutes, ou pour quelques-unes. Tout cela fait qu'au lieu d'éclaircir la verité, on ne travaille qu'à l'obscurcir, & à l'embroüiller davantage.

Pour éviter ces inconveniens, je vais tâcher de m'expliquer le plus clairement & avec le plus de precision qu'il sera possible. J'eviterai avec soin les termes obscurs, & j'expliquerai tous ceux qui me paroîtront tant soit peu équivoques.

Je commence par celui de *raison*, & je declare d'abord que j'entends par là cette facuité commune à tous les hommes, & qui leur donne à tous le moyen de concevoir, de juger, c'est à dire d'affirmer, ou de nier, & de discourir, c'est à dire de conclurre une chose d'une autre.

Cette faculté peut passer par quatre differens états, celui d'integrité, celui de depravation, celui d'un retablissement imparfait par la grace, & celui d'un retablissement entier par la gloire, le premier faisoit le partage de l'homme innocent. Le second est celui de tous les pecheurs, & par consequent de tous les hommes que la grace n'a pas encore regenerés. Le troisiéme est particulier aux enfans de Dieu sur la terre: Et le quatriéme fait le bonheur & la gloire des saints dans le ciel. Je n'ai rien à dire ni sur le premier, ni sur le dernier. Je n'ai même que peu de remarques à faire sur le troisiéme. Mais comme c'est le second qui fait la plus-part des difficultés, je m'arréterai principalement à l'éclaircir.

La raison, soit depravée par le peché, soit retablie imparfaitement par la grace, peut proceder en deux manieres dans les jugemens qu'elle prononce sur ses objets. Elle peut prendre les precautions necessaires pour ne se pas tromper, elle peut aussi les negliger. Les principales de ces precautions sont ces quatre. La premiere de ne juger jamais sans evidence. La seconde de ne pas prendre pour evident ce qui paroît tel à une premiere veuë, mais d'attendre à lui donner cette qualité jusqu'à-ce qu'on l'ait envisagé de de tous les côtés, & qu'on ait lieu de se persuader qu'on ne se trompe pas en la lui attribuant. La troisiéme de ne conter pour rien les prejugés. La quatriéme d'imposer silence aux passions, & de faire en sorte que le cœur laisse agir librement l'esprit, sans lui faire aucune illusion.

Lors que la raison observe exactement ces precautions, on l'appelle *la droite raison*. Ainsi la droite raison est tout autre chose que la raison retablie imparfaitement par la grace, & je suis surpris de voir que de certains Auteurs aient pris l'une de ces choses pour l'autre. Elles sont si differentes, qu'il arrive tous les jours que la raison corrompuë par le peché est une droite raison ; & que la raison regenerée ne l'est pas. Toutes les fois qu'un pecheur raisonne juste, comme il fait toutes les fois qu'il prend les precautions que j'ai indiquées, sur quelque sujet qu'il raisonne, il agit suivant la droite raison. Toutes les fois au contraire qu'un enfant de Dieu se preoccupe ou juge sans evidence, sa raison est tout autre chose que droite. Elle est ou prevenuë & preoccupée, ou troublée par la passion, ou capricieuse, ou temeraire: car il faut necessairement avoir recours à quelqu'une de ces expressions particulieres, parce qu'on n'en a point de generale, qui ait autant d'étenduë que celle de droite raison.

C'est là à peu prés ce qu'on entend lors qu'on parle de la raison. Il faut voir maintenant de quoi c'est que cette faculté est capable à l'égard des verités de la Religion, soit avec le secours de la revelation & de la grace, soit d'elle-même & par ses propres lumieres. Il faut voir si elle est en état de découvrir ces verités saintes, sans que personne les lui propose, & si lors qu'elles lui sont proposées, elle peut les croire de foi divine, ou de foi humaine, si elle peut en avoir science, ou opinion, s'il est en son pouvoir d'en douter ou de suspendre son jugement, ou si elle est determinée naturellement à les rejetter. C'est ce qu'on va tâcher d'éclaircir dans les Chapitres suivans.

CHAPITRE XIII.

Diverses choses dont la raison est incapable.

JE vai commencer par les choses qui excedent la portée & les forces de la raison. Je croi en premier lieu avec tous les Chrétiens sans exception, qu'il n'y a aucune des verités du salut que la raison puisse croire de foi divine sans revelation, de quelque maniere quelle procede, & quelque secours que la grace puisse lui donner. Ceci au reste ne vient nullement ni de la foiblesse de la raison corrompuë, ni de la sublimité des verités qu'il faut embrasser. Il n'en faut point chercher d'autre cause que la nature même de la foi divine, à laquelle rien n'est plus essentiel que d'être appuyée sur la parole de

Dieu.

Dieu. Car comme on ne sauroit croire de foi humaine, si on n'a quelque témoignage humain qui serve de fondement à cette espece de persuasion, on ne peut non plus croire de foi divine, si on n'a quelque témoignage de Dieu, quelque parole de Dieu, quelque revelation qui vienne du Ciel. C'étoit la pensée de Saint Paul, lors qu'il disoit aux Romains; *Comment croiront-ils en celui dont ils n'ont point entendu parler? La foi vient de l'ouie, & l'ouie de la parole de Dieu.* Rom. X.

De-là vient que lors que l'Ecriture, qui est la seule revelation que Dieu nous adresse presentement, se contente de nous découvrir le fond, & la substance de quelque mystere, sans rien dire de la maniere, ou des autres circonstances, la foi doit se contenter de croire ce que Dieu revele, & si elle ne rejette pas positivement le reste que quelques-uns y ajoûtent, elle evite au moins de le recevoir positivement. Par exemple l'Ecriture Sainte nous dit que le Pere engendre le Fils, & que le Saint Esprit procede de l'un & de l'autre; mais elle ne dit pas en quoi c'est que consiste la difference de la generation du Fils, & de la procession du S. Esprit. Les Scholastiques assignent hardiment cette difference, & ce qu'ils en disent est assés absurde, & peut être facilement refuté. Mais quand même tout ce qu'ils en disent seroit veritable, on ne sauroit le croire de foi divine, puis qu'il est certain que Dieu ne l'a point revelé.

II. Il y a deux ordres particuliers de verités revelées, que la raison ne sauroit découvrir d'elle même, & par ses propres lumieres. Les premieres sont celles qui dépendent de la libre volonté de Dieu. C'est en ce rang qu'il faut mettre le dessein de nôtre salut, & la pluspart des choses qui ont servi à l'executer, l'Incarnation de la seconde personne, sa mort, sa satisfaction, &c. Les secondes sont celles dont la raison n'a aucune idée. Tel est par exemple le mystere de la Trinité. Pour avoir, je ne dirai pas une foi divine, mais un simple soupçon de ces mysteres, il faut de toute necessité que Dieu les revele, sans cela on les ignorera eternellement.

Cette impuissance de découvrir ces deux ordres de verités est si absoluë, qu'elle excuse entierement ceux qu'elle empéche de les embrasser. Ainsi ces peuples barbares à qui l'Evangile n'a jamais été annoncé, pourront bien étre punis pour avoir violé la loi naturelle, dont ils ont conu, ou deu conoître les enseignemens. Mais ils ne le seront point pour n'avoir pas creu en Jesus Christ, dont personne ne leur a parlé.

III. Quelque secours que la revelation & la grace puissent donner à la raison, elle ne sauroit se faire que des idées imparfaites & defectueuses des grandeurs & des perfections de Dieu. En effet ces perfections sont immenses, & tout ce que la raison est capable de faire, ou de recevoir est necessairement limité. Ainsi il y a tousjours dans ces objets des choses que nous ne saurions comprendre.

IV. Tous ceux qui ne sont pas Pelagiens conviennent que sans une grace surnaturelle la raison est incapable de croire de foi divine une seule des verités revelées. Ils le prouvent par les paroles de S. Paul, qui dit que *la foi est un don de Dieu*, & qu'*il a été donné aux Philippiens de croire en Jesus-Christ, & de souffrir pour son nom.*

Je suis tres-persuadé de ce qu'ils disent, mais je croi aussi qu'ils ne disent pas assés. Je tiens pour constant qu'il est impossible de croire de foi divine, non seulement sans une grace surnaturelle, mais encore sans la grace sanctifiante & regenerante. C'est une suite necessaire de ce que j'ai dit au Livre II. J'y ai fait voir deux choses. L'une qu'il est impossible de croire de foi divine une seule verité revelée, si on refuse de croire toutes les verités revelées, qu'on sait être revelées. L'autre que rien n'est plus incompatible que la foi divine & le vice, rien plus inseparable que cette même foi & la veritable sanctification. Ces deux verités posées, qui ne voit qu'il n'y a point d'autre grace que celle qui sanctifie & qui regenere qui puisse produire la foi divine?

V. Il y a un ordre particulier des verités revelées, dont on n'aura jamais, je ne dirai pas une foi divine, mais une persuasion ferme, constante, & perpetuelle, sans le secours de la grace sanctifiante & regenerante. Je suppose qu'il y peut avoir des verités revelées, qu'on ne croira point de foi divine, & dont on ne laissera pas d'être persuadé d'un côté assés fortement pour les sceller par le martyre, & de l'autre assés constamment pour ne s'imaginer jamais le contraire. C'est ce que j'espere de faire voir dans la suite, & c'est en effet une chose dont on a une infinité d'exemples. Mais quoi qu'on puisse avoir une telle persuasion d'un grand nombre des verités revelées, je soûtiens qu'on n'en a pas une pareille de cet ordre particulier de verités dont je parle.

Celles dont je parle sont ces verités practiques, qui sont la regle immediate de nos actions, & dont j'ai touché les plus importantes dans le Chapitre XXI. du II. Livre Je m'arréte presentement à une seule qui les comprend toutes, & qui peut étre exprimée de cette maniere, *Il n'y a, ni aucun moment dans la vie, ni aucune conjoncture particuliere, de quelque nature qu'elle puisse étre, où, toutes choses bien considerées, il ne soit incomparablement plus avantageux de s'abstenir de quelque peché que ce soit, que de le commettre, & de faire ce que Dieu veut qu'on fasse dans ce moment-là que de l'omettre.*

Je croi qu'il n'y a aucun pecheur qui soit fermement & constamment persuadé de cette verité. Je croi qu'il n'y en a aucun qui ne la rejette, & ne se persuade positivement le contraire, ou tousjours, ou du moins fort souvent. En effet il y a à cet égard quatre divers ordres de pecheurs.

Les premiers sont les profanes, qui bien loin d'étre persuadés de cette verité importante s'en moquent comme d'une ridicule & vaine imagination.

Les

Les seconds sont ceux qui étant engagés dans quelque mauvaise habitude, qui ne leur est pas inconuë, n'ont aucun dessein de s'en affranchir, par exemple les detenteurs injustes du bien d'autrui qui ne pensent jamais à le rendre. Il est clair qu'ils ne croient pas qu'il leur soit plus avantageux de restituer ce bien mal aquis que de le retenir. Ainsi quoi qu'ils puissent étre persuadés de cette verité à l'égard des autres pechés, ils ne le sont pas à l'égard de celui-ci.

Les troisiémes sont ceux qui lors qu'on leur propose cette verité, & qu'il n'y a, ni aucune passion, ni aucun interét present qui les porte à la rejetter, l'admettent en quelque maniere, & s'imaginent de n'en point douter. Mais il n'y a point de tentation si foible, ni d'interét si leger, qui ne la leur fasse oublier.

Les derniers sont ceux qui s'imaginent d'en étre tres-fortement persuadés, & qui la suivent en effet dans la pluspart des occasions, s'abstenant d'un assés grand nombre de pechés utiles & agreables, & sacrifiant des interéts qui leur paroissent tres-considerables au desir qu'ils ont de se sauver. Mais comme ils ont des attaches particulieres & extremement fortes pour de certains pechés, ou plustôt pour les biens sensibles qui les y portent, ils tombent dans ces pechés lors que l'occasion s'en presente, & que la tentation les y jette. Comme donc il n'est pas possible de commettre actuellement ces pechés sans s'imaginer qu'il est alors plus avantageux de les commettre que de s'en abstenir, il est evident que ceux à qui cela arrive ne sont pas persuadés fortement & constamment du contraire.

Ainsi n'y ayant point de pecheur qui ne soit compris dans l'une ou dans l'autre de ces quatre classes, il n'y en a aucun qui soit constamment persuadé de cette verité capitale; & il n'y a que la foi divine produite par la grace regenerante qui en puisse convaincre plénement l'esprit.

Mais, dira-t-on, si cette raison est bonne, il faudra dire que les enfans de Dieu mêmes n'ont pas la foi divine, puis qu'il leur peut arriver de commettre des pechés conus & deliberés, comme l'exemple de David ne le prouve que trop fortement. C'est à quoi je réponds deux choses.

La premiere qu'aussi est-il certain qu'il n'y a aucun de ces pechés qui ne soit directement contraire à la foi, qui ne l'ébranle, & ne l'affoiblisse extremement, quoi qu'il ne l'arrache pas tout à fait, parce qu'encore que les actes cessent, l'habitude subsiste tousjours dans le fond de l'ame, & ne manque pas à se produire dans la suite.

La seconde chose que je réponds, c'est qu'il y a une tres-grande & tres-sensible difference entre ce qui arrive aux enfans de Dieu dans ces tristes occasions, & ce qu'on voit tous les jours dans les moins corrompus de ceux qui ne le sont point. Les premiers ne tombent dans ces malheurs que fort rarement. Ce sont des fautes uniques & singu-
lieres.

lieres. Au lieu que les autres y tombent souvent & ordinairement. Ceci me paroît tres-considerable. Car enfin il est aisé de comprendre qu'un homme qui suit d'ordinaire une maxime, & qui ne la viole qu'une fois ou deux en sa vie, peut en étre veritablement persuadé. Au lieu qu'il est incompréhensible qu'on en ait une veritable persuasion, lors qu'on agit ordinairement d'une maniere opposée.

Voilà donc cinq diverses choses dont la raison est incapable sans le secours de la grace & de la revelation. Si c'est là tout ce que nos Theologiens veulent dire lors qu'ils asseurent que la raison est aveugle pour les choses de la Religion; ils ne disent rien qu'on leur puisse contester raisonnablement. Mais s'il y en avoit quelqu'un qui voulût porter la chose plus loin, & s'imaginer qu'il n'y a aucune des verités du salut que la raison humaine, & destituée de la grace, ne rejette tousjours positivement comme une vision, outre qu'il seroit contredit par l'experience, il faudroit qu'il dît une chose si absurde, qu'elle me paroît ridicule. C'est qu'on a pour conoître les verités revelées une regle seure, certaine, & infaillible, distincte de l'Ecriture, & dont l'usage est incomparablement plus aisé que celui de l'Ecriture. Dans cette supposition lors qu'on voudra savoir ce qu'il faut croire, on n'aura qu'à consulter le premier scelerat qu'on rencontrera, & lui demander ce qu'il pense du dogme dont on est en péne; aprés quoi on pourra s'asseurer du contraire de ce qu'il dira. Par exemple si étant interrogé sur la divinité de Jesus Christ il répond que ce grand Sauveur est consubstantiel à son Pere, il faudra croire qu'il ne l'est point. Et s'il dit qu'il ne l'est point, il faudra croire qu'il l'est. C'est la suite naturelle de ce sentiment, qui me le fait paroître si ridicule que je n'oserois l'imputer à qui que ce soit, jusqu'à-ce que je voie que quelqu'un entreprend de le soûtenir.

CHAPITRE XIV.

De ce que la raison peut faire.

APrés avoir veu ce que la raison est incapable de faire, il ne reste plus qu'à voir jusqu'où elle peut s'élever. C'est ce qu'il est aisé d'indiquer.

I. Il est certain que même sans le secours, soit de la revelation, soit de la grace, elle peut découvrir un nombre considerable de verités que l'Ecriture Sainte contient, telles que sont l'existence de Dieu, son unité, sa Providence, sa bonté, sa sainteté, sa justice, la haine qu'il a pour le crime, l'amour dont il honore la sainteté & la vertu, l'immortalité de l'ame, la vie à venir, la necessité de la pieté, de la justice, de la fidelité, de la probité, &c. C'est ce qui paroît clairement par cette consideration, que les Payens eux-mêmes ont été convaincus de ces

verités,

verités, quoi qu'ils n'eussent jamais leu l'Ecriture ou nous les trouvons aujourd'hui. On les peut voir dans ce qui nous reste de leurs Ouvrages, & plusieurs savans peuvent épargner la péne de les y chercher, ayant pris le soin de les ramasser. C'est ce qu'ont fait depuis peu M. Pfanner & M. Huet, l'un dans sa *Theologie des Gentils*, & l'autre dans ses *questions d'Aunai*.

II. Lors que la revelation nous est proposée, la raison peut en entendre les termes, & en comprendre le sens, jugeant, non que ce sens est veritable, c'est de quoi on parlera dans la suite, mais que c'est celui que les paroles expriment. C'est ce que l'experience prouve fortement. En effet on voit tous les jours que lors que les plus impies lisent l'Ecriture, ils l'entendent presque par tout, & en comprennent en quelque sorte le sens, quoi qu'ils n'en apperçoivent pas tousjours la verité & la sublimité.

Ce n'est pas que je pretende que le S. Esprit n'assiste jamais personne pour l'intelligence de l'Ecriture. Je suis tres-éloigné de cette pensée. Je croi que cela peut arriver, & à ceux qui travaillent sur ce Sacré Livre pour en faciliter l'intelligence aux Lecteurs, & à ceux qui y cherchent leur propre instruction, sur tout lors que les prejugés & les passions en cachent le sens. Ainsi il est dit dans l'Evangile que le Seigneur ouvrit l'esprit des Disciples pour leur faire entendre les Ecritures. Je pretends seulement que cela n'est pas perpetuel, & que le contraire arrive en une infinité de rencontres.

III.

III. Parmi les verités speculatives que la revelation nous propose, il n'y en pas une qu'on ne puisse croire de foi humaine, & dont on ne puisse avoir une persuasion assés forte, par entétement ou autrement, sans le secours de la grace sanctifiante & regenerante, peut-étre même sans le secours d'aucune grace surnaturelle. Ce qui me le persuade c'est que je voi que les plus obscures, & les plus difficiles à croire de ces verités, la Trinité, l'Incarnation, la satisfaction, le peché originel, l'eternité des pénes de l'Enfer, &c. sont universellement reconuës par tous les Chrétiens, ou peu s'en faut, par les Grecs, par les Latins, par les Lutheriens, par les Reformés, & qu'il n'y a aucune de ces societés dans laquelle on ne voie une infinité de frippons & de scelerats, qui paroissent convaincus de ces verités, sans qu'il y ait aucune raison de croire que ce soit la grace qui les en convainque, puisqu'elle leur laisse ignorer tant d'autres choses qu'il leur importeroit extremement de savoir.

Ce qui me le persuade encore c'est le pouvoir de l'éducation & des prejugés de l'enfance pour nous faire croire les choses les plus incroyables. Ces verités ne paroissent pas plus contraires à la raison que les erreurs du Paganisme ancien & moderne, & pour ne pas aller chercher si loin des comparaisons, que le prodige de la Transsubstantiation & ses suites. On voit cependant des millions d'errans qui paroissent tres-persuadés de ces visions, & qui le sont en effet, sans

ſans que le S. Eſprit agiſſe pour les convaincre. Pourquoi l'education & les prejugés de l'enfance faiſant ſi facilement cet effet à l'égard de ces dogmes ſi monſtrueux, ces mêmes cauſes ne le pourroient-elles pas produire à l'égard des verités revelées, qui ſont ſans comparaiſon moins incroyables?

Ce qui me le perſuade encôre c'eſt que les objections que la raiſon mal conduite oppoſe à ces verités, ſont trop deliées pour étre apperceuës par la pluſpart des pecheurs. Ils ne ſont pas aſſés ſubtils pour comprendre ce qu'elles peuvent avoir de plauſible & d'ebloüiſſant. Leur groſſiereté leur ſert de rempart contre tous ces raffinemens de Metaphyſique. Et de-là vient que les hereſies qui combattent ces verités ſont celles qui ont tousjours eu le moins de ſectateurs. Ainſi je ne voi pas pourquoi il ſeroit impoſſible que ceux qu'on en inſtruit dés l'enfance, qui voient que tous ceux qu'ils conoiſſent en ſont perſuadés, & qui ne ſavent point ce qu'on leur peut oppoſer, ne pourroient pas s'en entéter, comme ils s'entétent de tant d'autres choſes.

Je dis la même choſe des ſavans. Ceux-ci vont quelquefois plus loin que les ſimples en matiere d'abſurdités. Ils ſe roidiſſent tous les jours contre des preuves tout autrement convaincantes que les objections des Sociniens. Ils ſe moquent des demonſtrations. Pourquoi ne pourroient-ils pas mépriſer les difficultés que les heretiques nous oppoſent, & qui ſont en effet aſſés mépriſables?

Enfin

Enfin ce qui me persuade ceci, c'est que la difficulté que nôtre raison trouve à se persuader ces mysteres, ne vient pas tant de sa depravation par le peché, que de quelques autres sources que j'indiquerai dans un moment. Deux choses font voir que ce n'est pas la corruption de la nature par le peché, qui fait les difficultés qu'on trouve à croire par exemple la Trinité & l'Incarnation. L'une que les enfans de Dieu que la grace a regenerés, ne sont pas moins embarrassés de ces difficultés que les pecheurs, qui n'ont point d'autres lumieres que celles de la nature. L'autre que ces mysteres n'ont rien de si opposé aux penchans du cœur, qui sont la veritable source des tenebres & des prejugés de l'esprit, que plusieurs verités practiques, dont les pecheurs paroissent assés convaincus.

Tout cela me persuade que ce qui fait que la raison a quelque péne à admettre ces verités, ce n'est pas precisement parce qu'elle est corrompuë, c'est parce qu'elle n'est pas aussi instruite de ces verités que de plusieurs autres, c'est parce qu'elle n'a pas des idées assés nettes de ce qu'on designe par les termes dont on se sert pour les exprimer, c'est parce que l'Ecriture qui nous a revelé la substance de ces mysteres, ne les a pas éclaircis, comme elle auroit pû le faire en les proposant plus distinctement, c'est enfin parce qu'on confond ce que les Scholastiques disent là-dessus avec ce que l'Ecriture en a dit.

Tout

Tout cela me persuade qu'on peut se mettre ces verités dans l'esprit sans le secours de la grace, & que l'education toute seule suffit pour cela. Ce n'est pas encore une fois que je nie absolûment & sans exception que la grace ne fasse quelquefois cet effet. Je ne doute pas qu'elle ne le puisse operer, & ne l'opere même effectivement, lors qu'il est question de passer de quelque fausse religion à la veritable, parce qu'alors les prejugés, les interêts & les passions y font un obstacle que la grace seule peut surmonter, & qu'elle ne surmonte pas tousjours en regenerant veritablement ceux qu'ils empéchoient d'abandonner leurs erreurs. Elle le fait quelquefois en produisant dans leur ame ce qu'on appelle ou la foi historique, ou la foi à temps. Ce que je pretends seulement est que ceci n'est pas perpetuel, & que le contraire peut arriver.

IV. Ce que je viens de dire des verités speculatives, est beaucoup plus aisé & plus evident sur le sujet d'un grand nombre de verités practiques dont l'Ecriture Sainte est remplie. Telles sont celles qui marquent simplement ce qui est juste, par exemple qu'il faut aimer Dieu, le servir, l'adorer, lui obeïr & faire ce qu'il ordonne, qu'il faut rendre à chacun ce qui lui appartient, qu'on ne doit pas faire à autrui ce que nous ne voudrions point qu'on nous fît, que l'homicide, l'adultere, le larcin, le faux témoignage sont de grands pechés, &c. Pourquoi ne pourroit-on pas se persuader tout ceci, puis que

les

les Payens mêmes n'en ont point douté?

CHAPITRE XV.

En quel sens il est vrai de dire que les mysteres de la foi peuvent bien étre au dessus de la raison, mais qu'ils ne sont jamais contre la raison.

ON trouve cette maxime dans les écrits de la pluspart des Theologiens; & elle est en effet tres-solide, pourveu qu'elle soit bien expliquée & bien entenduë. Mais comme les termes en sont obscurs & metaphoriques, & qu'ils peuvent recevoir divers sens, les uns vrais, & les autres faux, il n'y aura point de mal à s'arréter un peu à les éclaircir. C'est ce qu'on va tâcher de faire dans ce Chapitre.

On peut entendre en deux manieres la premiere partie de cette maxime. L'une qu'il y a des mysteres que la raison ne sauroit jamais découvrir sans le secours de la revelation. L'autre qu'il y en a de ceux qu'elle est incapable de comprendre parfaitement, même avec le secours de la revelation, telle que nous la trouvons dans l'Ecriture. Ces deux sens sont également veritables; & je l'ai prouvé à l'égard de l'un & de l'autre dans l'un des Chapitres precedens. Ainsi la premiere partie de la maxime ne souffre point de difficulté.

Mais

Mais il n'en eſt pas de même de la ſeconde. Lors qu'on dit qu'une choſe eſt contraire à la raiſon, on entend ſans doute qu'elle paroît fauſſe à la raiſon, & que la raiſon eſt determinée à la rejetter. Mais comme il y a telle raiſon à laquelle la pluſpart des myſteres paroiſſent faux, la difficulté ſe reduit à ſavoir quelle eſt cette raiſon qui n'eſt jamais oppoſée aux myſteres.

Quelques-uns s'imaginent de pouvoir éclaircir ceci en diſant que les myſteres peuvent bien paroître faux à la raiſon depravée, mais qu'ils ne le paroiſſent jamais à la raiſon retablie & regenerée. Mais je ne puis admettre cette explication. Il y a telle raiſon depravée à laquelle ces myſteres paroiſſent veritables, & telle raiſon regenerée à laquelle ils paroiſſent faux. C'eſt ce qu'on a peu voir dans le Chapitre precedent.

Il faut donc prendre la choſe autrement. Il faut dire qu'à la verité les myſteres paroiſſent faux à une raiſon capricieuſe, & qui juge ſans evidence, à une raiſon troublée par la paſſion & par l'interét, ou aveuglée par les prejugés, mais qu'ils ne paroiſſent jamais tels à ce qu'on appelle la droite raiſon, je veux dire à une raiſon qui obſerve les precautions que j'ai indiquées dans le Chap. XII. & qui ſont celles de ne juger jamais ſans evidence, & de ne regarder comme evident que ce qui paroît tel à un eſprit attentif, & nullement troublé par les prejugés ou par les paſſions.

En ce ſens rien n'eſt plus vrai que cette maxime.

maxime. En effet s'il étoit possible qu'une proposition qui dans le fond seroit veritable parût evidemment fausse à un esprit libre & attentif, l'evidence ne seroit plus, ni le caractere infaillible de la verité, ni le fondement legitime de la certitude. Et ceci posé que pourroit on opposer aux Pyrrhoniens ? Qui ne sait que toute la dispute des Pyrrhoniens & des Dogmatiques se reduit à savoir si l'evidence est la marque de la verité ? C'est ce que les Dogmatiques asseurent, & que les Pyrrhoniens leur contestent. Si les Pyrrhoniens sont fondés en cela seul, ils le sont en tout. Et en effet pourquoi nous persuaderons nous qu'un & un sont deux, que le tout est plus grand que la partie, qu'il est impossible qu'une même chose soit & ne soit point, que parce que tout cela est evident ? Si on ne peut conter sur l'evidence, comme il est visible qu'on ne le peut, si elle se trouve jointe une seule fois à la fausseté; où en sommes nous, & quelle certitude nous reste-t-il ?

On dira peut-être que l'evidence est bien le caractere certain de la verité dans les choses de la nature, mais qu'elle peut nous tromper dans les choses de la Religion. Mais il m'est aisé de faire voir l'inutilité & l'absurdité de cette défaite.

Je veux en premier lieu que cette supposition ne bannisse pas la certitude du monde; n'est-ce pas assés qu'elle la bannisse de la Religion ? N'est-ce pas principalement dans la Religion que la certitude est necessaire ? Elle fera pourtant cet effet s'il y peut avoir dans la Religion des choses vraies, quoi qu'elles paroissent evidemment fausses. Car comme je l'ai déja dit, il est impossible de donner à la certitude aucun autre fondement que l'evidence.

D'ailleurs si l'evidence n'est contée pour rien dans la Religion, pourquoi l'opposons nous, ni aux Athées pour les convaincre de l'existence de Dieu, ni aux Deistes pour leur prouver l'immortalité de l'ame & la Providence, ni aux infidelles en general pour les persuader de la verité de la Religion Chrétienne, ni à l'Eglise Romaine pour lui faire honte des absurdités de la Transsubstantiation? Ne sont-ce pas là autant de sophismes qu'on peut dissiper en un mot, je veux dire en avoüant que tout ce que nous disons est evident, mais que l'evidence n'est rien dans la Religion?

Si dans les choses de la Religion on ne peut conter sur l'evidence, qui m'asseurera qu'il y a dans le monde un Livre qu'on appelle l'Ecriture? Qui m'asseurera que ce Livre contient tel ou tel passage? Qui m'asseurera que ce passage signifie telle ou telle chose?

Il y a quantité de choses qui appartiennent à la nature avant que d'avoir quelque usage dans la Religion, par exemple l'eau du Baptéme, le pain & le vin de l'Eucaristie. La raison en juge dans l'un & dans l'autre de ces états. Elle en juge de la même maniere, & sur les mêmes fondemens. Cependant elle ne se trompe dans aucun de ces jugemens.

N'en

N'en doit-on pas conclurre que l'evidence à laquelle tous ces fondemens se reduisent a tousjours la même certitude?

Ceci au moins fait voir que la raison pour laquelle on ne veut pas qu'on puisse consulter la raison sur les choses de la Religion, n'est pas solide. On dit que cela vient de ce que depuis le peché la raison est aveugle à l'égard de la Religion. Mais puis qu'elle juge de celles-ci aprés qu'elles ont passé de l'ordre de la nature à celui de la grace de la même maniere qu'auparavant, puis encore que les justes n'en jugent pas autrement que les pecheurs, il paroît que cet aveuglement que l'Ecriture attribuë à la raison est tout autre chose que ce qu'on pense.

3. Enfin ceux qui font cette réponse pretendent que les choses de la Religion font une exception à la regle qui veut que l'evidence soit le fondement de la certitude. Posons que cela soit. Qui leur a dit que cette exception est la seule qu'on doive ajoûter à la regle? S'il y en a une, il est tres-possible qu'il y en ait deux, trois, quatre, &c. Et si ceci est possible, quelle certitude nous reste-t-il sur quoi que ce soit?

Ainsi ma premiere preuve subsiste. Je passe à la seconde. Tous les Theologiens conviennent qu'on ne sauroit croire d'une foi divine & surnaturelle, si ce qu'on croit ne paroît, non à la verité evidemment vrai, mais quoi qu'il en soit evidemment croyable. En effet si on croyoit ce qui ne paroîtroit pas croyable, on agiroit étourdîment & imprudemment,

ment,

ment, ce qu'on ne peut dire de la foi divine, qui est le dernier effort du bon sens, & la marque la plus certaine d'un esprit solide. Mais comment se pourroit-il qu'une chose parût en même temps evidemment fausse & evidemment croyable? N'est-ce pas là une contradiction manifeste?

III. On ne peut douter que la raison, sur tout la droite raison, ne soit un present du Ciel, & un don de Dieu, dont nous lui devons une eternelle reconoissance. Par consequent si une telle raison pouvoit nous jetter dans l'erreur, aprés que nous aurions fait tout ce qui depend de nous pour l'eviter, ce seroit à Dieu même qu'on le devroit imputer, ce qu'on ne peut dire sans blaspheme.

IV. On ne sauroit, ni favoriser plus ouvertement le Deisme, ni faire plus de tort à la Religion Chrétienne, que de publier qu'elle enseigne des choses que la droite raison ne peut approuver, & qui lui paroissent evidemment fausses & absurdes. Dire ceci n'est-ce pas avouër que le bon sens veut qu'on ne croie point, & qu'il y faut necessairement renoncer pour étre Chrétien? N'est-ce pas dire que les incredules sont plus sages & plus raisonnables que les croyans?

V. Tous les Theologiens de toutes les sectes ont tousjours creu, & croient encore aujourd'hui, objecter à leurs adversaires quelque chose de fort pressant, en leur reprochant les absurdités, & les contradictions de leurs dogmes. Que peut-on imaginer de plus foible que cette objection, si la veritable foi

peu

peut embrasser des absurdités, telles que sont sans difficulté les propositions manifestement & evidemment fausses?

Quelques-uns objectent le mystere de la Trinité, & pretendent qu'il paroît evidemment faux, à n'en juger que par la raison. Mais c'est ce que je ne puis leur laisser passer. Je soûtiens que quand même ce mystere seroit faux dans le fond, on ne pourroit pas dire qu'il le fût evidemment. Il n'est pas assés conu pour cela. La revelation qui est la seule qui le fait conoître, ne s'est pas assés expliquée. On n'a pas des idées assés nettes de tout ce qui le compose. Ainsi on ne sauroit lui opposer des demonstrations, comme il le faudroit pour pouvoir dire qu'il est evidemment faux. C'est ce que j'ai fait voir amplement dans le dernier de mes Entretiens sur l'Eucaristie, ce qui fera que je ne m'y arréterai pas presentement.

CHAPITRE XVI.

S'il est permis de consulter la raison dans l'interpretation de l'Ecriture. Etat de la question. Quatre ordres de choses contraires à la raison.

IL paroît par tout ce que je viens de dire que la raison n'est jamais contraire à la foi. De là je conclus qu'elle ne sauroit l'être à l'Ecriture. Car si elle étoit opposée à l'Ecriture, elle le seroit à la foi, n'y ayant rien dans ce Sacré Livre que la foi ne doive recevoir avec soûmission. Mais si cela est, dira-t-on, n'a-t on pas en cela même une regle certaine pour l'interpretation de l'Ecriture? Et ne peut-on pas s'asseurer qu'il ne faut jamais admettre aucun sens qui soit opposé à la raison?

Cette consequence paroît necessaire. C'est pourquoi aussi feu M. Volzogue Pasteur de l'Eglise Walone d'Utrech ne fit pas difficulté de l'admettre, comme on le peut voir dans son Traité de l'Interprete de l'Ecriture. L'Eglise Walone de Middelbourg, qui étoit alors conduite par le Sr. de l'Abbadie, dont on a tant parlé dans la suite, en fut fort choquée, & demanda la condamnation de cette proposition & de plusieurs autres au Synode Walon de Narden. Cette assemblée employa plusieurs seances à la discussion de cette affaire, & enfin elle jugea par unité de ſuffrages que le Livre de M. Wolzogue étoit Orthodoxe, & que le Sr. l'Abbadie devoit lui faire reparation.

Aprés un tel jugement il ſemble qu'on peut avancer cette propoſition ſans ſcrupule. Neantmoins comme elle eſt du nombre de celles dont on a accoûtumé de dire qu'elles *ſonnent mal*, *Propoſitio malè ſonans*, & que d'ailleurs elle peut recevoir pluſieurs ſens, dont la pluſpart ſont tres-faux & tres-dangereux, il ſera bon de l'éclaircir un peu davantage, & pour cet effet de bien diſtinguer d'un côté les divers ordres de choſes qui paroiſſent contraires à la raiſon, & de l'autre les divers ordres de textes de l'Ecriture, où ces choſes qui paroiſſent contraires à la raiſon peuvent ſe trouver.

Je dis donc en premier lieu qu'il y a quatre ordres de choſes qui paroiſſent contraires à la raiſon. Le premier eſt de celles qui ſont contraires aux apparences, & qu'on peut combattre par des raiſons qui ont quelque probabilité, mais qui ne ſont pas convaincantes. Je mets en ce rang la force miraculeuſe de Samſon, & la pluſpart des prodiges qu'elle lui donna le moyen de faire. J'y mets ce qui arriva au Prophète Jonas, & au Roi Nebucadnezar. Ce ſont là des choſes qui paroiſſent aſſés incroyables, & dont on ſe moqueroit en effet, s'il n'y avoit que des hiſtoriens non inſpirés qui les rapportaſſent.

Le ſecond ordre eſt des choſes qu'on ne regarde comme contraires à la raiſon, que

parce

parce qu'elles choquent quelque miserable prejugé dont on est imbu. C'est dans ce rang que je mets l'erreur des Sociniens, qui tiennent que l'ame separée est incapable de conoître, & qui soûtiennent qu'il y a de la contradiction à dire que les morts puissent avoir quelque conoissance. C'est ce qu'on peut voir dans Vissovatius. Mais en effet ceci est si peu opposé à la raison, que s'il y a quelque difficulté elle consiste bien plus à comprendre comment une ame peut étre tellement liée à un corps, qu'elle ne puisse conoître que par son moyen, qu'à concevoir comment elle peut conoître lors qu'elle en a été separée.

Le troisiéme ordre comprend les choses qu'on ne croit choquer la raison que parce qu'on ne les comprend pas, ou pour mieux dire qu'on ne comprend pas la maniere en laquelle elles peuvent étre. C'est dans ce rang que je mets en premier lieu le pouvoir que les Esprits ont d'agir sur le corps. On ne comprend pas trop bien comment cela arrive. De là quelques-uns concluent positivement que la chose ne doit pas étre. Il est étonnant qu'il se puisse trouver des gens capables d'une si grossiere illusion. Pour y étre trompé, il faut raisonner ainsi, *Il n'y a rien de vrai que ce que je comprends. Je ne comprends pas ceci. Donc ceci n'est pas vrai.* Mais est-il possible qu'il y ait dans le monde des gens capables de se mettre dans l'esprit une chose aussi absurde, & aussi evidemment fausse que la premiere de ces propositions? Qui ne sait qu'il y a une infinité de choses que les plus savans ignorent ? Qui ne sait qu'il n'y a que Dieu seul qui puisse se vanter de n'ignorer rien ? D'ailleurs ces gens-là n'ont aucune péne à comprendre que l'ame remuë le corps en vertu d'une loi arbitraire que Dieu établit au commencement. Mais qui leur a dit que ce même Dieu ne fit pas dés lors une loi semblable, qui assujettit, ou tous les corps sans exception, ou quelques-uns de ces corps, à la volonté des Esprits ? Qui leur a dit qu'il ne donna pas à ces Esprits une faculté distincte de l'entendement, de la volonté, & de la memoire, qui sont les seules que nous avons accoûtumé de leur attribuer ? Qui leur a dit qu'ils n'en ont pas, je ne dirai pas une quatriéme, mais une centiéme ?

Je mets encore en ce rang le myste de la Trinité. Il n'est pas contraire à la raison. Il est seulement au dessus de la raison. On n'en a pas des idées bien nettes, parce qu'en effet la lumiere naturelle ne nous en instruit point du tout, & la revelation ne nous en dit que tres-peu de chose. Cela fait qu'on ne peut dire qu'il y ait de l'opposition entre les verités qu'il renferme. Pour pouvoir le dire il faudroit penetrer ces verités tout autrement que nous ne faisons. Il faudroit avoir des idées distinctes de tout ce qui est designé par les termes dont nous nous servons pour les exprimer, & c'est de quoi personne ne peut se vanter.

Mais, dit-on, n'y a-t-il pas de la contradiction à dire qu'il y ait une essence, & trois personnes

personnes? Cette objection, bien loin de me paroître pressante, me paroît ridicule. Il y auroit de la contradiction, je l'avouë, si on disoit qu'il y a trois essences, & qu'il n'y en a qu'une, ou qu'il n'y a qu'une personne, & qu'il y en a trois. Mais il n'y a rien de contradictoire à dire qu'il y a trois personnes, & une essence.

Pour trouver de la contradiction en ceci, il faudroit supposer qu'il n'y a point d'unité qui ne soit incompatible avec quelque distinction que ce puisse étre, ce qui est si faux, que nous-mêmes, qui avons si peu de lumiere & de conoissance, conoissons plusieurs especes d'unités & de distinctions qui subsistent fort bien ensemble. D'où peut-on savoir que la maniere en laquelle l'unité de l'essence, & la distinction des personnes s'accordent ensemble, n'est pas une de celles que nous ignorons?

Enfin le dernier ordre des choses qui paroissent contraires à la raison est de celles qui le sont effectivement, & dont la raison voit clairement & distinctement la fausseté. C'est en ce rang que je mets la Transsubstantiation, & ses suites.

CHAPITRE XVII.

Six ordres de passages qui semblent contenir des choses contraires à la raison.

CE sont là les choses qui paroissent contraires à la raison. A l'égard des textes de l'Ecriture où l'on croit remarquer ces choses, il en faut faire six diverses classes.

La premiere comprend des endroits si clairs & si nets, qu'il est impossible de les éluder, & de leur donner un autre sens que celui dont la raison est choquée. C'est en ce rang que je mets les endroits du Livre des Juges où il est parlé de Samson, & celui du Livre de Jonas, où l'on voit ce qui arriva à ce Prophete lors qu'il fut jetté dans la mer.

La seconde comprend ces passages qu'on peut à la verité éluder, & qu'on élude en effet, en leur donnant des fausses explications: mais ces explications sont telles qu'on peut les convaincre de faux par de bonnes & de solides raisons, prises des paroles mêmes, ou des circonstances du texte. C'est en ce rang que je mets la plus part des textes que nous employons pour prouver l'eternelle Divinité de nôtre Sauveur. On y peut encore ajoûter ceux qui prouvent le pouvoir du Demon pour tenter les hommes.

La troisiéme comprend les passages qu'on peut éluder à la verité, mais on ne le peut qu'en qu'en leur faisant une violence, dont on n'oseroit se servir à l'égard des discours d'un homme ordinaire, pour qui on auroit quelque estime, & quelque respect; parce qu'en effet on ne le pourroit sans l'accuser, ou de malignité, ou de sotise: De malignité, s'il s'est expliqué de la sorte de dessein premedité, & de sotise, s'il n'a seu s'expliquer d'une autre maniere.

C'est dans ce rang que je mets quelques-uns des endroits de l'Ecriture qui nous apprennent que le Demon tente les pecheurs, & agit sur les corps & sur les esprits. J'y mets encore plusieurs de ceux qui nous apprennent l'eternelle Divinité de nôtre Seigneur Jesus Christ. Rien n'est plus clair que les uns & les autres de ces passages. Cependant on les élude. Mais c'est en les mettant à la géne, & en leur faisant tant de violence, qu'il est impossible de croire qu'ils n'ont point d'autre sens que celui qu'on tâche de leur donner, sans se persuader que l'intention du S. Esprit en les dictant aux Auteurs Sacrés, a été, non de nous instruire, & de nous apprendre les verités du salut, mais de nous tromper & de nous tendre des pieges.

Je demande en effet s'il y a dans le monde un homme mediocrement sage, qui pour dire que les Anges, qui n'étoient tout un temps soûmis qu'à Dieu, obeïssent presentement à Jesus Christ, s'aviseroit de dire comme S. Paul Col. I. 16. que *toutes les choses qui sont aux Cieux & en la terre, visibles & invisibles,*

invisibles, les Thrones, les Dominations, les Principautés, & les Puissances, ont toutes été creées par Jesus Christ, & pour Jesus Christ, qu'il est avant toutes choses, & que toutes subsistent par lui.

Je demande s'il y en a aucun qui pour dire que ce que le nom d'Abraham signifie, je veux dire la qualité de Pere de plusieurs nations, convient beaucoup mieux à Jesus Christ qu'à ce Saint Patriarche, diroit, qu'*avant qu'Abraham fût, il étoit.*

Je demande de quel usage peut-être pour l'instruction des fidelles, sans en excepter les plus simples, un livre qui jette dans des erreurs dangereuses, si on ne lui donne des sens aussi bizarres, & aussi forcés que ceux-ci. Je dis la même chose des endroits de l'Ecriture qui nous apprennent que le Demon agit dans le monde. J'ajoûte seulement, que les sens, qu'on a donnés depuis peu à ces derniers, me paroissent pour la pluspart beaucoup plus forcés, que ceux que les Sociniens donnent aux endroits de l'Ecriture qui prouvent la Divinité de nôtre Sauveur.

Le quatriéme ordre est celui des textes de l'Ecriture qui peuvent recevoir deux sens, mais en sorte que celui des deux qui choque en quelque façon la raison est le plus naturel, & se presente aussi le premier, de sorte qu'on ne balanceroit point à le preferer au second, s'il n'avoit rien de contraire soit à la lumiere naturelle, soit à l'analogie de la foi.

Je mets en ce rang tous les endroits de l'Ecriture qui attribuent à Dieu, soit les parties de de nos corps, soit nos autres imperfections. J'y mets ce que Dieu dit au Deuteronome, que lors qu'on assiegera une ville, on ne doit pas couper les arbres fruitiers qui sont tout autour, parce que l'arbre des champs est un homme. J'y mets ce que Jesus-Christ nous ordonne de nous arracher les yeux, & de nous couper les piés & les mains, lors que ces parties de nos corps nous feront tomber dans le peché. J'y mets enfin l'ordre qu'il nous donne de tendre une jouë à celui qui nous frappera dans l'autre. En effet chacun comprend de lui-même que le plus naturel sens de ces passages, que celui qui se presente le premier à l'esprit, choque la raison, ce qui fait qu'on leur en donne un autre, qui est un peu plus recherché.

Le cinquiéme ordre des passages de l'Ecriture comprend ceux qui peuvent recevoir également deux divers sens, mais avec cette difference, que l'un est directement opposé à toutes les lumieres de la raison, & l'autre n'a rien qui les choque. Quand je dis au reste que ces passages peuvent recevoir également ces deux sens, j'entends qu'ils le peuvent à considerer, non seulement les paroles, mais aussi le style ordinaire des Auteurs Sacrés, l'occasion, le but de l'Auteur, ce qui precede, ce qui suit, & les autres secours qu'on a pour entendre les Livres Saints.

Enfin le dernier ordre comprend les passages qui peuvent tellement recevoir deux sens, l'un conforme à la raison, l'autre contraire à la raison, qu'on peut prouver solidement par le texte même, par la consideration du style des Auteurs Sacrés, & par le reste des circonstances que leur vrai sens est celui qui ne choque point la raison. C'est en ce rang que je mets ces paroles celebres, *Ceci est mon corps.* Le sens que l'Eglise Romaine leur donne choque visiblement la raison, renfermant un grand nombre d'absurdités grossieres & insupportables. Mais outre cela plusieurs considerations tres-solides font voir clairement qu'il faut necessairement les expliquer dans le sens de la figure qui donne au signe le nom de la chose signifiée. Je ne les produis pas presentement, parce que je ne pourrois le faire, sans m'engager dans une longueur qui n'est nullement de ce lieu. Peut-étre le ferai-je dans un autre Ouvrage.

CHAPITRE XVIII.

Où l'on compare ces quatre ordres de choses, avec ces six ordres de passages.

TOut cela posé de la sorte, je dis en premier lieu qu'en matiere de foi & de Religion on ne doit conter les apparences pour rien, & que ce seroit se moquer que de pretendre ébranler les verités revelées en leur opposant de simples probabilités. Qu'y a-t-il de plus universellement reçeu que cette maxime qu'on voit tous les jours cent choses fausses, qui ont plus de vraisemblance que les veritables ? Qu'y a-t-il de plus difficile à nous persuader que les Antipodes ? Et quelle violence ne faut-il pas faire à l'imagination pour lui faire concevoir des hommes qui marchent de l'autre côté de la Terre vis à vis de nous sans tomber ? Nous le croyons pourtant, parce qu'il y a de bonnes raisons pour n'en point douter. Pourquoi la foi n'auroit-elle pas le même pouvoir que la raison ?

Je dis la même chose des prejugés semblables à ceux qui empêchent les Sociniens de comprendre que les ames separées aient quelque conoissance, & soient en état d'agir. Rien n'est plus méprisable qu'un tel prejugé, & il y a quelque chose de ridicule à l'opposer aux decisions de l'Ecriture, qui nous apprennent le contraire.

Le troisiéme ordre des oppositions que la raison fait à la reception des verités du salut, est un peu plus considerable que les precedens, mais en effet l'avantage qu'il a n'est pas grand. Il consiste en ce qu'on ne comprend pas ce que la foi nous apprend. Mais est-ce là une raison pour le rejetter ? Comprend-on l'eternité de Dieu ? Comprend-on, ni l'existence, ni la non existence du vuide, ni la divisibilité de la matiere à l'infini, ni cent autres choses, dont on ne laisse pas d'être persuadé ? Sur tout est-ce là une raison suffisante pour nous porter à donner la géne à l'Ecriture, & à la tordre d'une maniere si injurieuse à son Saint Auteur ?

Je conclus de là qu'aucune de ces trois

premieres oppositions de la raison, je veux dire, ni la probabilité, ni le prejugé, ni l'impossibilité où nous nous trouvons de comprendre quelques-unes des verités revelées, ne doivent point nous empécher de les recevoir avec soûmission, lors que nous les trouvons dans quelqu'un des passages de l'Ecriture, qui appartiennent aux trois premiers ordres que j'ai distingués, & que les Sociniens & quelques autres qui les rejettent se portent à des excés qui ne meritent point d'étre supportés.

Il n'en est pas de même de la derniere espece d'opposition, qui consiste dans une veuë claire & distincte de la fausseté du sens literal des trois derniers ordres de passages, soit de ceux dont le sens opposé à la raison est un peu plus naturel que celui qui lui est conforme, soit de ceux qui peuvent recevoir également ces deux sens, soit enfin de ceux qu'il est plus naturel d'expliquer au sens conforme à la raison qu'autrement. Je suis persuadé qu'à l'égard de quel que ce soit de ces trois ordres de passages la fausseté manifeste de l'un de ces sens est une raison suffisante pour le rejetter.

Il semble à la verité que quelques-uns de nos Theologiens ne le permettent que pour les passages du dernier ordre. Ils ne veulent que l'on consulte la raison, qu'aprés s'étre bien asseuré par la consideration des paroles mêmes, & des circonstances du texte, qu'elles ne peuvent recevoir le sens en question. De sorte que selon eux tout ce que la raison

peut

peut dire n'est qu'un accessoire, qui ne doit être mis en conte qu'aprés le principal.

Mais posé que ce soit là leur pensée, ce que je n'oserois asseurer, il me semble que leur sentiment ne peut subsister. Imaginons-nous en effet un texte qui à n'en juger que par les regles de la Critique puisse également recevoir deux sens, l'un evidemment faux, l'autre tel qu'il n'ait rien qui soit opposé à la raison. Ne faudroit-il pas porter le scrupule au dernier excés pour balancer tant soit peu à rejetter le premier & à recevoir le second?

Par exemple le Soleil & la Lune sont appellés dans la Genese les grands luminaires. A s'arréter aux paroles de l'Auteur Sacré on peut également entendre que ces luminaires sont grands dans leur masse, & qu'ils le sont dans leur qualité de luminaires. On peut entendre, ou bien qu'ils ont plus de substance & d'étenduë que les autres Astres, ou bien qu'ils répandent sur la terre plus de lumiere. On ne peut donc se determiner par les regles de la Critique. Mais comme on sait d'ailleurs avec certitude que la Lune est beaucoup moindre que les étoiles, on se persuade facilement que l'Auteur Sacré n'a aucun égard à la masse de ces luminaires, mais à la clarté qu'ils répandent.

Ce n'est pas tout. Je ne conois point de Theologien qui fasse difficulté d'observer cette regle à l'égard même des passages du quatriéme rang, je veux dire de ceux qui peuvent tellement recevoir deux sens, que le plus

plus naturel, celui qui se presente d'abord, est absurde. Je n'en conois point qui s'obstine à prendre à la lettre, ni les passages qui semblent attribuer à Dieu, soit les parties de nos corps, soit nos autres imperfections, ni les paroles du Deuteronome qui portent que l'arbre des champs est un homme, ni ce que Jesus Christ nous commande de nous arracher les yeux, de nous couper les piés, & les mains, de presenter une jouë à celui qui a frappé dans l'autre, &c.

Je ne conois point de Theologien qui se fasse un scrupule d'expliquer dans le sens mystique les oracles du Vieux Testament qui predisent la Royauté de nôtre Seigneur Jesus Christ, & les conquétes miraculeuses qu'il devoit faire dans le monde, parce qu'en effet ce sens répond mieux à l'evenement, quoi qu'on ne puisse nier qu'il ne soit bien moins naturel que le literal.

Je dis la même chose des expressions hyperboliques de l'Ecriture. Personne ne veut les prendre à la lettre, parce qu'à les prendre de la sorte, elles choqueroient visiblement la raison. Cependant on ne peut nier que le premier sens qui s'offre à l'esprit ne soit le sens propre.

Parmi ce grand nombre de Theologiens qui ont entrepris d'accorder les passages de l'Ecriture qui semblent se contredire, il n'y en a aucun qui fasse difficulté de donner à ces passages un sens assés different du premier qui s'offre à l'esprit. On se croit cela permis par cette seule raison qu'à moins que d'en user de la sorte, il faudroit necessairement avouër que deux propositions contradictoires peuvent être veritables, à quoi la droite raison ne peut consentir.

On ne peut nier que le propre & naturel sens de ce que S. Paul a dit de Melchisedec Heb. VII. 3. ne soit que ce Patriarche n'a eu ni pere, ni mere, qu'il n'étoit point né, & qu'il n'est point mort. Cependant parce que ce sens choque la raison, il ne s'est trouvé que deux ou trois Theologiens des moins celebres, qui l'aient admis. Tous les autres ont expliqué les paroles de cet Apôtre d'une maniere moins naturelle à la verité, mais qui ne leur fait point de violence.

Il y a même bien des Theologiens, tant dans l'Eglise Romaine, que dans la nôtre qui font quelque chose de plus. De simples probabilités leur suffisent pour donner à l'Ecriture des sens tres differens de celui qui s'offre d'abord à l'esprit. Par exemple on ne peut nier que ce que David dit au Pseaume XIX. que le Soleil part d'un des bouts du ciel, & qu'il va jusqu'à l'autre bout, & ce qui est dit au Livre de Josué du miracle qui fixa cet astre, on ne peut, dis-je, nier que cela ne signifie naturellement que le Soleil se meut autour de la terre. On peut nier aussi peu que l'hypothese du mouvement de la terre ne soit une opinion problematique, qui n'a peu encore être demontrée, non plus que celle qui fait mouvoir le Soleil. On ne produit, ni pour l'une, ni pour l'autre, que de simples

pro-

probabilités. Cependant ceux qui suivent la premiere ne se font point de scrupule de donner aux paroles de l'Ecriture qu'on leur oppose un tout autre sens que celui qui s'offre d'abord à l'esprit.

Tout cela fait voir que la Théorie de ceux qui declament le plus contre la raison ne s'accorde point avec leur pratique. Il est bien vrai que lors qu'ils ne considerent la chose qu'en these, ils ne font pas grand état de la raison. Mais pourveu qu'on les tire de là, & qu'on les mette sur des matieres qui ne sont pas controversées, ils se gardent bien de la choquer. Mais ceux qui se font une loi d'agir & de raisonner consequemment ne balancent point à reconoître que toutes les fois que les paroles de l'Ecriture peuvent recevoir deux sens, dont l'un est visiblement opposé à la droite raison il est permis de le rejetter, quand même il seroit un peu plus naturel que l'autre, & à plus forte raison lors qu'ils le sont également.

C'étoit là au moins le sentiment de S. Augustin lors qu'il disoit dans la VII. de ses Epîtres; *Si manifestissimæ, certæque rationi velut Scripturarum sanctarum objicitur authoritas, non intelligit qui hoc facit, & non Scripturarum illarum sensum, ad quem penetrare non potuit, sed suum potiùs objicit veritati. Nec quod in eis, sed quod in se ipso velut pro eis invenit, opponit. Si on oppose à ce que la raison enseigne clairement & certainement, ce qu'on regarde comme appuyé par l'autorité de l'Ecriture, celui qui le fait ne comprend pas bien ce qu'il fait. Ce n'est n'est pas le sens de l'Ecriture qu'il oppose à la verité, mais le sien propre. Il n'oppose pas ce qu'il trouve dans ce Saint Livre, mais ce qu'il trouve en soi même, & dans ses propres imaginations.* S'expliquer de la sorte c'est dire bien nettement que c'est mal entendre & expliquer l'Ecriture, que de lui faire dire des choses manifestement & evidemment contraires aux lumieres de la raison.

CHAPITRE XIX.

Que ce qu'on vient de dire est si certain qu'il n'y a personne qui n'en convienne.

CE que j'ai dit dans le Chapitre precedent me paroît si clair & si evident, que j'ai de la péne à croire qu'il se trouve un seul Theologien Protestant qui me le conteste. Ainsi je suis persuadé que quoi qu'il en soit des Sociniens, au moins les Lutheriens & les Reformés sont à cet égard absolûment d'accord dans le fond, & ne disputent sur ce sujet, de même que sur quelques autres, que parce qu'ils ne veulent pas s'entendre.

On se fait une idée extremement affreuse, mais aussi extremement fausse du sentiment qu'on veut refuter. En effet ceux qui ne peuvent souffrir que l'on consulte la raison sur les verités du salut, imputent deux choses à leurs adversaires, qui sont si absurdes, que

les

les Sociniens eux-mêmes, qui vont si loin sur cette matiere, ne les croient pas. L'une, qu'on ne doit rien croire qu'aprés que la raison l'aura examiné par la lumiere naturelle, & aura trouvé, non qu'il n'a rien qui paroisse evidemment faux, mais qu'il n'a rien qui ne paroisse positivement veritable. L'autre que tout ce qui ne paroît pas vraisemblable, & qui est contraire aux apparences, est dés là même contraire à la droite raison. Qu'on prenne la péne de lire ce qui a paru sur ce sujet. On verra que c'est là l'idée qu'on se fait de nôtre systeme.

Par exemple une des choses qu'on presse le plus contre nous c'est le commandement que Dieu fit autrefois à Abraham de lui immoler son fils. On nous demande d'une maniere fort insultante si ce commandement étoit bien conforme aux lumieres de la raison, & j'avouë que cette preuve seroit decisive contre ceux qui soûtiendroient les hypotheses dont j'ai parlé. Mais aussi il est evident que cette objection n'a aucune force contre les nôtres. En effet il est bien vrai que ce commandement ne paroissoit pas positivement conforme à la raison, je veux dire que la raison ne voyoit pas evidemment que Dieu ne peût s'empécher de le faire. Il est vrai encore qu'il étoit peu vraisemblable qu'il l'eût fait. Mais il est vrai aussi que la raison ne voyoit pas evidemment le contraire. Tout ce qu'elle voyoit de cette maniere c'est que cet ordre n'avoit rien d'opposé, soit à la justice, soit même à la bonté de

Dieu. Car enfin qu'elle idée auroit-on, soit de la justice, soit de la bonté, si on s'imaginoit que ces deux vertus ne permissent pas à Dieu de resoudre & de procurer la mort temporelle, je ne dirai pas d'un pecheur, tel qu'étoit Isaac, mais d'un innocent, quand même il y en auroit quelqu'un de tel dans le monde, lui ôtant une vie aussi miserable que celle que nous traînons sur la terre, soit pour le resusciter un moment aprés, comme Abraham le croyoit, soit pour le rendre eternellement heureux dans le Ciel?

Ceux qui nous font cette objection sont, & trop equitables, & trop éclairés, pour ne pas convenir de tout ce que je viens de dire. Ainsi puis que le sachant ils ne laissent pas de la faire, il faut necessairement qu'ils supposent que nous croyons, d'un côté que la raison n'est tenuë d'admettre que les dogmes qu'elle trouve positivement conformes à ses lumieres, & de l'autre qu'elle est en droit de rejetter ceux qui ne lui paroissent pas vraisemblables.

Qu'on reduise donc nôtre sentiment, non à ce qu'il plaît à nos Adversaires de nous imputer, & que nous detestons de tout nôtre cœur, mais à ce que nous disons & que nous croyons. Je suis seur qu'il n'y aura point de dispute sur cette matiere. Nous pourrons bien étre divisés sur l'application des maximes que j'ai posées, mais nous ne le serons point sur la verité des maximes mêmes. Les uns pourront croire qu'un dogme est contraire à la raison, & les autres qu'il ne l'est pas. Mais tous

tous conviendront que s'il l'eſt, il ne ſauroit être revelé. Ainſi comme nous ne pretendons que cela ſeul, nous ſommes d'accord.

Ce qui me le perſuade c'eſt que je remarque que ceux qui paroiſſent les plus prevenus contre la raiſon ne font aucune difficulté de dire les mêmes choſes que nous, & de reconoître que ce ſont autant de verités certaines & inconteſtables. Ils le ſuppoſent même dans tout ce qu'ils écrivent ſur d'autres ſujets.

Par exemple ils traitent d'injuſte & de ridicule la pretenſion des Miſſionnaires, qui veulent qu'on prouve par des textes exprés & formels tout ce que l'on croit, & qui ne peuvent ſouffrir qu'on s'en perſuade par des raiſons compoſées de deux propoſitions, l'une revelée, & l'autre evidente. Qu'y auroit-il de plus inconteſtable que cette pretenſion, ſi la raiſon étoit abſolûment aveugle pour les choſes de la Religion, & s'il ne faloit avoir aucun égard à ce qu'elle dit ſur cette ſorte de ſujets?

Ils diſent communement que lors qu'on eſt bien ſeur qu'une choſe eſt dans l'Ecriture, on doit s'aſſeurer qu'elle n'eſt pas contraire à la droite raiſon. Si cette maxime eſt vraie peut-on douter de celle-ci, que lors qu'on eſt bien ſeur qu'une choſe eſt contraire à la droite raiſon, on peut s'aſſeurer qu'elle n'eſt point dans l'Ecriture? Eſt-il poſſible que la ſeconde ſoit fauſſe, ſi la premiere eſt veritable?

Ils

Ils disent que l'absurdité du sens literal qu'on pourroit donner à un passage de l'Ecriture suffit pour faire rejetter ce sens. Voici une partie des choses qu'ils disent sur ce sujet, & que je ne rapporterai qu'en Latin, parce qu'il faudroit trop de péne pour le traduire.

Gerardus. Locor. comm. tom. I. de Interp. Script. cap. 8. n. 143. *Monet Hyperius rectissimè quandoque ipsam necessitatem cogere ut sectemur allegorias, quandoque verò id solùm suadere utilitatem. Necessitas exponendi per allegoriam tribus ex causis provenit. Prima quando Scripturæ nisi tropum subesse accipias, falsitatem præ se ferunt. Sic Psal. 91. V. 13. Super aspidem & basiliscum ambulabis, conculcabis, leonem & Draconem. Id Christus fecisse non legitur, ergo de superatis ac debellatis Diabolo, mundo, peccato, & morte est explicandum. Secunda quando verba Scripturæ in sensu grammatico accepta pariunt absurditatem. Sic Deo tribuuntur affectus humani, ira, furor, tædium. Atqui hæc spirituali & immutabili Dei naturæ sunt minùs congrua. Explicanda igitur de effectu, non de affectu. Tertia quando sensus grammaticus pugnat cum regulâ fidei, August. 3. de Doct. Christ. cap.* 10. Quicquid in sermone divino, nec ad morum honestatem, nec ad fidei veritatem propriè referri potest, figuratum esse cognoscitur. *cap.* 16. Si locutio præceptiva flagitium aut facinus videtur jubere, aut utilitatem & beneficentiam vetare, figurata est. *Sic Christus oculum eruere, manum ac pedem abscindere jubet Matt. 8. v. 8. 9.*

9. *Atqui id in sensu literali acceptum, pugnat cum præcepto Domini; Non occides. Ergo, ut monet Chrysost. hom.* 17. *in Matt.* non de disturbandâ membrorum compage verba fiunt, sed malum voluptatis arguitur.

Danhawerus Idea boni Interp. pag. 91. & 97. *Hactenus falsas necessitatis causas recensuimus, nunc afferemus etiam veras. Vera igitur causa cogens tropicam explicationem est I. contradictio manifesta in extremum discrimen adducta, quæ nulla aliâ ratione potest conciliari, &c. II. Causa cogens tropicam explicationem est sensûs manifesta ac certa absurditas orta, vel I. ex historiæ profanæ & eventûs dissonantiâ, ut Luc.* 19. 44. *denunciat Christus Hierosolymæ non relictum iri lapidem super lapidem, cum tamen postea Romani non fuerint tam curiosi ut singulos lapides ex fundamento eruerint, & à se mutuò avulsos disjecerint, sed relictæ adhuc fuerint turres Phasaelus, Hippica, & Mariamne, murique tantum, quantum civitatem ab occidente cingebat, teste Josepho lib.* 7. *bell. Jud. cap.* 18. *Hinc sine dubio Hyperbole agnoscenda in Scripturis usitatissima q. d. civitatem ita diructum & complanatum iri, ut qui accessuri sint, homines hîc aliquando habitasse non sint credituri. Vol.* 2. *ex prædicationis logicæ impossibilitate, quia enim disparatum de disparato dici nequit, ideo Herodem esse vulpem, vel cæcos videre, ineptus sis si propriè intelligas. Probatur hæc conclusio* 1. *ratione, quia iterum calumniâ affecturus es auctorem exponendum, tanquam absurdus ille fuerit, & rationi sanæ voluerit vim facere.* 2. *auctoritate* 1. *Augustini. Si manifestæ, certæque rationi velut*

lut Scripturarum objicitur auctoritas, non intelligit qui hoc facit, nec Scripturarum illarum sensum, ad quem penetrare non potuit, sed suum potius objicit veritati: nec quod in eis, sed quod in se ipso, velut pro eis invenit, opponit. epist. 7. ad Marcell.

Joann. Musæus de usu principiorum rationis lib. 2. cap. 4. *In posterioris denique generis quæstionibus, quæ scilicet evidentem contradictionem involvunt, potest falsitas ex ratione, & quidem ex principio contradictionis, efficaciter confutari, non obstante quòd ab altero pro articulo fidei habeatur. Quia enim duo contradictoria in Theologiâ & quæstionibus fidei æquè ac in Philosophiâ, simul stare nequeunt, necesse utique est, ut non articuli fidei, sed falsæ opiniones sint, quæcunque evidentem contradictionem implicant.*

Hinc Anthropomorphitæ opinionem quod Deus corporeus sit, non tantùm is rectè confutat, qui Deum incorporeum esse ex Scripturâ evincit, sed ille etiam qui extrema quæstionis, quæ sunt Deum & corporeum esse, se mutuò destruere ex ratione evidenter probat.

Sic Monotheletas, qui voluntatem humanam Christo homini denegant, confutare possumus, non solùm ex Scripturâ probando quòd duæ in Christo voluntates sint, humana scilicet, & divina, sed etiam ex ratione obstendendo quòd repugnet aliquem esse verum hominem, nec tamen voluntatem humanam habere.

Et quibusdam interjectis. *Objiciat quis, ita judicium in controversiis fidei humanæ rationi committi, quòd absurdum. Respondeo quòd in presen-*

præsentiâ non de iis controversiis quæ fidei articulos, sed de cæteris, quæ falsas opiniones concernunt, sermo sit, ut ex præced. §. XIV. & seq. satis liquet. Quin etiam non de quibusvis, sed tantùm de illis falsis opinionibus, quæ evidentem contradictionem involvunt, loquutus sum. Nihil autem absurdi est dicere, quod falsæ opiniones, in quibus evidens est contradictio, humanæ rationis judicio subsint: imò nisi ei subessent, evidentem contradictionem non continerent, cùm contradictio evidens, ubicunque etiam reperiatur, hoc ipso, quod evidens est, ex ratione demonstrari possit.

Dicuntur autem hîc, quod obiter moneo, rationis judicio subesse quorumcunque veritas vel falsitas ex principiis rationis ostendi potest.

Excipis, quod Adversarii, quando adversus vera fidei mysteria ex ratione disputant, etiam prætendere soleant, quod non mysteria fidei impugnent, sed falsas opiniones, quæ evidentem contradictionem involvunt. Hinc etiam esse, quod tres personas in unâ Dei essentiâ esse, Christum Deum & hominem esse, humanam Christi Naturam subsistentiâ propriâ destitui, &c. à Photinianis; Christi corpus in cælis, & simul in SS. Eucharistiâ realiter præsens esse, propria Divinæ Naturæ in Christo humanæ Naturæ communicata esse, &c. à Reformatis tanquam evidenter contradictoria rejiciantur, quæ tamen nos pro veris articulis fidei habemus. Non igitur periculo carere, quod falsæ opiniones, quæ evidentem contradictionem involvunt etiam ex ratione dicuntur confutari posse?

Resp. sicut ea, in quibus evidens est contradictio,

dictio, necessariò falsa sunt: ita impossibile est, ullum verum mysterium fidei evidentem contradictionem involvere. Esset enim simul verum & non verum: verum per hoc, quod est mysterium fidei; non verum per illud, quod evidentem contradictionem implicaret.

Illi proinde, qui verum aliquod mysterium fidei eo prætextu, quod contradictionem involvat, per principia rationis impugnant vel rejiciunt, omninò longè gravissimum errorem errant, non quidem per hoc, quod principiis rationis utantur ad confutandum id, in quo evidens est contradictio; sed quod ea dogmata, in quibus nulla contradictio est, vel evidenter demonstrari potest, audacter pronuncient evidentem contradictionem implicare.

Ex quo patet, quod quicquid periculi hîc est, non ex eo usu, quem nos in evidenter falsarum opinionum confutatione principiis rationis deferimus, sed ex abusu & perversâ applicatione proveniat, in quantum scilicet principia rationis adhibentur ad impugnandas eas sententias, quæ nullam involvunt contradictionem, constat autem, quod usus legitimus ob abusum tollendus non sit.

Quid? quod adversarii, qui quædam vera mysteria fidei pro falsis & contradictoriis opinionibus habent, sæpè etiam falsas & contradictorias opiniones ex Scripturâ adstruere, nobisque pro articulis fidei obtrudere nituntur, & sicut in eo, quod articulos fidei impugnant, ratione; ita in hoc, quod falsas opiniones propugnant, Scripturâ abutuntur. An verò articuli fidei non ampliùs ex Scripturâ probandi sunt, eò quod ad-

S versarii

versarii etiam falsas opiniones, tanquam articulos fidei, ex ea probare satagant?

Ut igitur Theologi adhibitâ explicatione locorum Scripturæ, quibus falsæ opiniones (aparenter) adstruuntur, & ad argumenta ex illis malè deducta solidè respondendo, præcavere possunt, ne simplicioribus imponatur, & falsæ opiniones in locum articulorum fidei recipiantur: ita adversum eos, qui vera mysteria fidei, tanquam contradictorias opiniones, ex ratione impugnant, hoc superest remedii, ut ad eorum argumenta respondeatur, & minimùm, quod non sint cogentia, sufficienter ostendatur, quod utique fieri potest, cùm enim fides infallibili veritati innitatur, impossibile autem sit de vero demonstrari contrarium, manifestum est, probationes, quæ contra fidem inducuntur, non esse Demonstrationes, sed solubilia argumenta, ut benè ait Thomas p. 1. q. 1. a. 8.

Christ. Franckius Exercit. Antilimborch. I. n. 2. *Nostram sententiam probamus inde, quia quando Scriptura S. & recta ratio considerantur ut duo diversa principia cognoscendæ veritatis, & quæritur de dogmatis alicujus convenientiâ cum Scripturâ & rectâ ratione; convenire aliquid rectæ rationi nihil aliud significat, quàm convenire principiis naturalibus rectæ rationis. Jam verò Scriptura S. multa continet mysteria, quæ sunt supra rationem, hoc est talia, de quorum veritate vel falsitate recta ratio ex suis principiis naturalibus judicare nequit. Ejusmodi autem quæ sunt, de iis dici non potest, quod vel conveniant principiis naturalibus rectæ rationis, vel disconveniant. Quamobrem in interpretatio-*

ne

ne S. Scripturæ multi admittendi sunt sensus, de quibus dici non potest quòd rectæ rationi conveniant.

Enimvero sciendum est destingui debere hæc tria, esse contra rationem, esse secundum rationem, & esse supra rationem. *Contra rationem dicuntur esse quæ difformia sunt, seu adversantur principiis rationis, ita ut ratio ex suis principiis eorum falsitatem cognoscere possit secundum rationem esse dicuntur, quæ sunt conformia principiis rationis, ita ut ratio ex suis principiis eorum veritatem cognoscere possit. Denique supra rationem dicuntur esse illa, quæ neque conformia, neque difformia sunt principiis rationis ita ut de iis, verane sint an falsa, ratio planè non possit judicare ex suis principiis. Et hæc vocamus mysteria, dicimusque, hujusmodi mysteria & supra rationem posita, postquam revelata sunt, adhuc manere talia: quia verane sint an falsa, etiam postquam revelata sunt, ratio judicare nequit ex suis principiis ubi maximè notandum, quod dicimus, ex suis principiis. Non enim statuimus mysteria, seu ea quæ sunt supra rationem, postquam revelata sunt, rationem nullo modo, neque ex ipsa revelatione cognoscere, nec, verane sint an falsa, ex eadem judicare posse; sed dicimus tantùm, rationem ea non cognoscere, nec, verane sint an falsa, judicare posse ex suis naturalibus principiis, atque adeo frustra sunt, statumque controversiæ inscitè pervertunt, quotquot contra prius illud disputant, quod nunquam nobis in mentem venit.*

CHAPITRE XX.

Où l'on prouve la même chose par une autre consideration.

CE que je viens de dire & de rapporter fait voir qu'on est absolûment d'accord sur la question que je traite, & que bien que les uns regardent comme opposé à la raison ce qui ne l'est pas selon les autres, nous convenons tous que ce qui l'est veritablement ne sauroit être l'objet de la foi. La même chose paroît clairement par une autre reflexion. C'est que ceux qui ne peuvent souffrir qu'on se serve de la raison pour savoir ce que l'on doit croire, l'entendent en un sens que personne ne leur conteste.

Il y a deux sortes de choses qui paroissent contraires à la raison. Les unes paroissent telles, parce qu'elles sont contraires aux loix ordinaires de la nature, & c'est en ce sens qu'il est contre la raison qu'une vierge enfante, qu'un mort resuscite, que des gens qu'on jette dans une fournaise allumée au point que l'étoit celle de Babilone, n'y soient point brûlés, qu'on marche sur la mer sans s'y enfoncer, &c. Les autres le sont parce qu'elles renferment une contradiction mediate, ou immediate. De cette maniere il est contre la raison de dire qu'un & un ne sont pas deux, que la partie est plus grande que le tout,

tout, qu'une chose peut en même temps étre, & n'étre point, &c.

Ceux qui veulent que la foi méprise les oppositions de la raison ne l'entendent que de celles du premier ordre. Ils pretendent qu'encore qu'une chose soit impossible à toutes les forces de la nature, & de tous les agens creés, il ne faut pas laisser de la croire, si Dieu la revele, & si on la trouve dans l'Ecriture. Et cette pretension est si raisonnable, qu'il y auroit de l'impieté, ou de la folie à s'y opposer. Il faudroit pour cela de deux choses l'une, ou dire que Dieu ne peut que ce que peut la nature, ce qui seroit une impieté manifeste, ou dire qu'encore que Dieu puisse faire tout ce qu'il veut, il ne fait jamais rien que conformement aux loix naturelles, ce qui seroit ridicule & impertinent, tous les miracles que Dieu a operés depuis la naissance du monde jusqu'à maintenant faisant voir incontestablement le contraire.

Ceux dont nous parlons ne veulent donc pas qu'on ait égard à cette sorte d'oppositions de nôtre raison. Mais ils ne disent pas la même chose des autres. Ils avouent que tout ce qui implique contradiction étant necessairement faux, il est impossible que Dieu le revele, & qu'il y ait quelque obligation à le croire. Ils avouent qu'il faut deferer à cette seconde sorte d'oppositions. Voici ce que dit sur ce sujet *Musæus* dans ce traité que j'ai déja allegué liv. II. chap. 14.

Ut perspicuè mentem nostram explicemus repetendum est.. principia rationis quæ necessariæ veritatis

ritatis sunt.... in duplici differentiâ esse. I. Quædam sunt absolutè & simpliciter necessaria, quæ nullo modo, & nullius intuitu, aliter se habere possunt, seu quorum oppositum contradictionem implicat, qualia sunt omnia, in quibus prædicatum est de essentiâ subjecti. II. Quædam sunt secundum quid, & physicè saltem necessaria, quæ quidem intuitu causarum naturalium aliter se habere nequeunt, per Dei tamen potentiam, à qua naturales & secundæ causæ dependent, non esse, vel mutari possunt, qualia sunt, Nulla *virgo parit, Ignis materiæ ustibili applicatus urit, &c.*

Quibus præmissis dico, quod cum de quæstione merè Theologicâ controvertitur, nunquam aliud, quàm absolutè necessarium principium ex ratione desumi, & cum Theologicâ particulari propositione, tutò conjungi possit. Ratio est, quia cætera, licet intuitu naturalium agentium etiam aliquam necessitatem obtineant, absolutè tamen, & per Dei potentiam, ut dictum, non esse, vel mutari possunt, ut ita absolutè iis non repugnet falsum subesse.

Et un peu plus bas. *Dupliciter fit ut contradictorium consequentis antecedenti repugnet. I. Absolutè & simpliciter, quando unum alterius naturam evertit, ut per nullam, ne per Dei quidem absolutam potentiam simul stare possint. II. Secundum quid, & in certo genere, quando absolutè quidem, & per Dei potentiam simul stare possunt, sed non de ordine naturæ, & vi naturalium causarum. Prioris exemplum est, v. g. hoc,* Petrus est homo. Ergo est animal: *quia contradictorium consequentis,* Petrus non est animal, *ita antecedenti, quod est Petrum esse hominem, repugnat*

repugnat, ut ejus naturam prorſus deſtruat, *quandoquidem animal eſſe de eſſentiâ hominis eſt, ut ſimpliciter impoſſibile ſit aliquem hominem eſſe, qui non ſit animal. Poſterioris exemplum erit, ſi quis ita colligat:* Ignis eſt materiæ uſtibili applicatus. Ergo urit. *Ubi contradictorium conſequentis*, ignis non urit, *antecedenti in tantum repugnat, in quantum ignis de ordine naturæ nunquam materiæ uſtibili applicatur, quin urat; abſolutè autem ei non repugnat, cum per Dei potentiam fieri poſſit ut ignis materiæ uſtibili applicatus non urat, ſicut non uſſit tres viros in fornace Babylonicâ.*

Jam in Theologicis controverſiis, quæ aliquod propriè dictum dogma fidei concernunt, conſequentia pro bonâ habenda non eſt; niſi contradictorium conſequentis abſolutè & ſimpliciter antecedenti repugnet. Aliàs enim ferè omnes articuli fidei everti poſſent, v g. ſi ita Epicureus colligat: Corpus hominis demortui in terram vertitur. Ergo non reſurget. *In conſequentiâ nihil deſiderari poterit, ſi ad ejus bonitatem ſufficiat quòd contradictorium conſequentis intuitu naturalium agentium cum antecedente ſimul ſtare non poſſit?*

Mais ſi cela eſt quelle diſpute y peut-il avoir ſur cette matiere? Car enfin qui eſt-ce qui pretend qu'on ne doive croire que les choſes qui n'excedent pas les forces de la nature? Ne croyons nous pas tous la creation, la naiſſance de Jeſus Chriſt d'une Vierge, la reſurrection, non ſeulement de quelques particuliers operée peu de jours aprés leur mort, mais encore la generale, qui rendra la vie à tous les hommes ſans exception, même ceux dont les corps ont été consumés depuis plusieurs siecles ?

Nous faisons donc aussi peu d'état que qui que ce soit de ces sortes d'oppositions de nôtre raison. Nous ne voulons qu'on ait quelque égard qu'à celles qui naissent d'une contradiction manifeste qu'on apperçoit dans de certains dogmes que quelques-uns tâchent de faire passer pour des verités revelées. On nous avouë qu'il est juste de deferer à cette espece d'oppositions. Il n'y a donc point de dispute sur ce sujet, & quoi qu'on en puisse dire nous sommes d'accord. Pleût à Dieu qu'on peût dire la même chose sur tout le reste.

On dira peut-étre que la diversité de sentimens consiste en ce que nous croyons voir des contradictions là où d'autres pretendent qu'il n'y en a point. C'est ce que je n'ai garde de contester. Je dis seulement que tout ce qu'on peut conclurre de là, c'est qu'il y a des disputes sur l'usage de la regle, mais qu'il n'y en a point sur la regle même. Nous sommes d'accord qu'il ne faut pas croire ce qui est tellement contraire à la raison, qu'elle y apperçoit des contradictions manifestes. C'est la regle. On nous dit que nous croyons voir des contradictions là où il n'y en a pas, c'est à dire que nous appliquons mal la regle, & que nous en faisons un mauvais usage. Ainsi toute la dispute se reduit à l'application de la regle. La regle même subsiste tousjours, & personne ne la rejette.

A cet égard donc nous sommes d'accord,

& toutes les declamations qu'on fait contre la raiſon, tout ce qu'on nous dit qu'elle eſt aveugle depuis le peché, qu'elle eſt incapable de juger des choſes divines, &c. tout cela, dis-je, ne doit paſſer que pour des diſcours en l'air, & pour des paroles perduës.

CHAPITRE XXI.

Où l'on répond aux objections qu'on peut faire contre ce qui vient d'être dit.

IL ſemble qu'il n'y ait abſolûment rien à ajoûter à ce que je viens de dire. Car d'un côté pourquoi faut-il perdre du temps ſoit à éclaircir, ſoit à defendre ce que perſonne ne conteſte ? Et de l'autre d'où pourroient venir les objections, ſi tout le monde eſt d'accord ? Mais quoi que cela deût étre il n'eſt pas à dire qu'il ſoit veritablement ; & en effet je ne doute pas qu'on ne m'objecte trois choſes.

I. On me demandera en premier lieu la difference qu'il y a entre ce que je viens de dire, & le ſentiment des Sociniens ſur cette matiere. On pretendra qu'ils diſent à peu prés tout ce que j'ai dit, & on conclurra de là que puis qu'il eſt certain que ces gens-là errent ſur cette matiere, il faut de neceſſité que je n'aye pas bien expoſé le ſentiment des Proteſtans.

Je réponds qu'il y a quatre grandes differences entre ce que je viens de dire, & ce que les Sociniens ſoûtiennent.

1. Les Sociniens, qui n'admettent, ni la dépravation de la nature par le peché du premier homme, ni la neceſſité de la grace pour faire le bien, ſoûtiennent que la raiſon peut par ſes ſeules forces, & ſans aucun ſecours

ſur

surnaturel, non seulement se persuader en quelque maniere, mais croire de foi divine, toutes les verités du salut. J'ai soûtenu le contraire dans tout ce Traité. Ainsi voilà déja une grande difference entre nôtre sentiment, & celui de ces heretiques.

2. Les Sociniens avouent qu'il y a des mysteres que la raison ne sauroit comprendre sans l'aide de la revelation. Mais ils soûtiennent qu'il n'y en a aucun que la raison ne comprenne, pourveu qu'ils lui soient revelés exterieurement. Voici les propres paroles de Slichtingius contre Meisnerus p. 70. rapportées par M. Frank Professeur à Kil, car je n'ai pas cet Ouvrage de Slichtingius, & il ne se trouve pas dans la Bibliotheque des Unitaires. *Mysteria divina non idcirco mysteria dicuntur, quod etiam revelata omnem nostrum intellectum, captumque transcendant, sed quòd nonnisi ex revelatione divinâ cognosci possint. Nam quid alioquin revelatione opus esset, si ea non minùs post revelationem quam ante nobis ignota, nec intellecta manerent?* Nous soûtenons au contraire qu'il y a des mysteres, qui nous passent, quoi que nous ayons, non seulement le secours de la revelation exterieure, mais encore celui de l'illumination interieure du S. Esprit.

3. A péne y a-t-il de si foible opposition [illegible] la raison, qui ne suffise aux Sociniens p[illegible] leur faire rejetter les dogmes les plus clair[illegible] ment contenus dans l'Ecriture; au lieu q[illegible] nous ne voulons qu'on ait égard qu'à [illegible] contradictions manifestes.

4. Enfin les Sociniens ſe donnent la liberté de tordre l'Ecriture, & de lui faire dire ce qu'il eſt viſible qu'elle ne dit pas, pour l'accorder avec leur raiſon; au lieu que nous ne permettons pas qu'on lui faſſe de la violence.

II. On dira en deuxiéme lieu qu'à la verité nôtre ſentiment eſt tres-éloigné du Socinianiſme, mais qu'on ne peut nier qu'il ne favoriſe cette hereſie, & ne lui ouvre en quelque maniere la porte. Car, dirat-t-on, s'il eſt une fois permis de rejetter un dogme par cette ſeule raiſon qu'on y apperçoit des contradictions manifeſtes, les Sociniens ſe croiront autoriſés à rejetter le myſtere de la Trinité, qui ſelon eux renferme des contradictions inexplicables. On dira que pour eviter cet inconvenient, le meilleur ſeroit de ne pas permettre à la raiſon de prononcer ſous quelque pretexte que ce ſoit ſur les verités du Salut.

C'eſt à quoi je réponds trois choſes. La premiere qu'à la verité on ne peut empécher les Sociniens de dire ce qu'il leur plaira, mais qu'il eſt aiſé de faire voir à tout homme raiſonnable que les contradictions qu'ils pretendent trouver dans le myſtere de la Trinité ſont imaginaires.

Mais voici quelque choſe de plus preſſant. Ou le ſentiment que je ſoûtiens eſt vrai, ou il eſt faux. S'il eſt faux, il faut le rejetter parce qu'il eſt faux, & non parce qu'il favoriſe les Sociniens. S'il eſt vrai, il ne faut, ni l'abandonner, ni le combattre, quelque avan-

avantage que les Sociniens en puiſſent tirer. Car il ne faut jamais nier la verité, quelque mal qu'elle puiſſe faire, & quelque avantage qu'on ſe promette de ſa ſuppreſſion.

Ce que je ſoûtiens ſe reduit à ceci, que lors qu'un texte de l'Ecriture peut ſans violence recevoir deux ſens, dont celui qui s'offre le premier à l'eſprit eſt manifeſtement faux, il faut preferer le ſecond. Veut-on donc qu pour nous éloigner davantage des Socinie nous ſoûtenions le contraire ? Veut-on qu quelque abſurde que ſoit le ſens que les paroles de l'Ecriture offrent d'abord à l'eſprit, nous l'admettions ? Veut-on par exemple que nous devenions Antropomorphites ? Veut-on que nous ſoûtenions, ou que Jeſus Chriſt étoit une pierre ou que le rocher que Moyſe fendit étoit Jeſus Chriſt ? Veut-on en un mot que nous admettions toutes les erreurs qui paroiſſent à une premiere veuë appuyées ſur des textes de l'Ecriture ?

J'ai de la péne à croire que perſonne ſe porte à de tels excés. Qu'on ne nous parle donc plus du danger qu'il y a de favoriſer le Socinianiſme, ſi on ne veut ſe jetter dans des hereſies plus foles encore que celles des Sociniens.

Je paſſe même plus avant. Je ſoûtiens que ce ſeroit favoriſer veritablement ces ſectaire que de nier ce que je ſoûtiens. C'eſt leur donner de grands avantages que de leur donner lieu de ſe perſuader qu'on ne peut combattre leurs ſentimens qu'en ſoûtenant de propoſitions abſurdes & ridicules. Rien n'e plus vrai que ce qu'on a dit, *Omnia dat qui justa negat. C'est tout accorder que de refuser ce qui est raisonnable.* Agir de la sorte c'est reduire une bonne cause à un point où l'on ne peut la gagner avec justice. On s'imagine par là de faire un grand dépit aux Adversaires, & on ne considere pas que c'est le plus grand plaisir qu'on leur puisse faire. C'est leur donner le moyen de triompher de la verité. C'est rendre leur cause bonne, d'insoûtenable qu'elle étoit. C'est donner imprudemment dans le piege qu'ils ont tendu.

Ce n'est pas tout. Le sentiment opposé favorise visiblement le Deisme. Que peut-on imaginer de plus favorable aux pretentions des impies, que de leur avouer que le Christianisme nous oblige à croire des dogmes evidemment faux ? N'est-ce pas dire ouvertement qu'il y a plus de bon sens à rejetter cette sainte Religion qu'à l'embrasser, & que ceux qui s'en moquent sont plus raisonnables que ceux qui la reçoivent avec soûmission ?

Mais voici quelque chose de plus fort. Le sentiment opposé favorise le Pyrrhonisme, puis qu'il tend à dire que l'évidence & la fausseté peuvent subsister ensemble, & qu'ainsi la premiere n'est pas le caractere infaillible de la verité. Quand je parle au reste du Pyrrhonisme, je parle de quelque chose de pis que le Deisme, & même que l'Atheisme ordinaire. Premierement tout Pyrrhonien est necessairement Athée. Car comme il n'est persuadé de rien, il ne sauroit l'étre de l'existence de Dieu. Mais il a ceci de particulier,

& qui le distingue des autres Athées, c'est qu'il n'est pas impossible de ramener les Athées ordinaires, au lieu qu'il n'est pas possible de convaincre un Pyrrhonien. On a des principes communs avec les Athées ordinaires, par lesquels on peut disputer. Tel est au moins celui-ci, *Tout ce qui est evident est veritable*. Cela suffit. Il ne faut que leur faire voir qu'il est evident que Dieu existe pour les en convaincre. Mais comme les Pyrrhoniens doutent de tout, on n'a aucun principe sur lequel on puisse bâtir. Ils ne conviennent de rien, & par consequent on ne sauroit disputer contre eux sans une petition de principe toute manifeste. Rien donc n'est plus dangereux que le sentiment que je combats, & ce sont ses suites que l'on doit apprehender, non pas celles de mes hypotheses.

Enfin on dira que mes principes vont plus loin que mes conclusions. Je pretends seulement que l'on consulte la raison lors qu'i' est question de choisir entre deux sens que le paroles de l'Ecriture peuvent recevoir com modement, & sans violence. Mais s'il e aussi vrai que je le soûtiens qu'il est impossi ble que ce qui est evident soit faux, il s'ensuivra qu'on doit consulter la raison, & su vre ses decisions, soit que l'Ecriture pui recevoir deux sens, soit qu'elle n'en reçoi qu'un seul. Posons en effet qu'un texte l'Ecriture ne puisse recevoir qu'un sens, & qu la raison juge que ce sens est faux, s'il est i possible qu'elle se trompe dans ce jugem ne faut-il pas rejetter ce sens, quoi qu'il ſeul que les paroles de l'Ecriture peuvent recevoir?

Je réponds que cette objection pourroit faire de la péne, ſi la ſuppoſition, ſur laquelle elle eſt appuyée étoit poſſible, & ſi en effet il y avoit quelque endroit de l'Ecriture, qui ne peût recevoir qu'un ſens directement opposé à la raiſon. Mais je ſoûtiens qu'on n'en ſauroit produire aucun de cet ordre. Il ne ſe peut même, qu'il y en ait. Car enfin s'il y en avoit quelqu'un l'Ecriture ne ſeroit pas la pure parole de Dieu, & la regle de nôtre foi. En effet toute propoſition qui ne peut recevoir qu'un ſens faux eſt neceſſairement fauſſe. D'un autre côté tout ce qui eſt evidemment faux, eſt faux neceſſairement & certainement. Par conſequent s'il y avoit dans l'Ecriture des endroits qui ne peuſſent recevoir qu'un ſens evidemment faux, bien loin que ce ſacré livre fût la parole de Dieu, il ſeroit inferieur à pluſieurs Ouvrages purement humains, qui ne contiennent rien que de veritable.

Ainſi cette ſuppoſition étant impoſſible, il eſt aſſés inutile de rechercher ce qu'il faudroit faire ſi ce qu'elle poſe arrivoit. Mais, dira-t-on, quelque impoſſible qu'elle ſoit en elle même, n'eſt-il pas tres-poſſible qu'on s'imagine étre precisément dans ce cas? N'eſt-ce pas tres-poſſible qu'on ſe figure que quelque endroit particulier des écrits ſacrés ne peut en aucune maniere recevoir qu'un ſens qui paroît evidemment faux? N'eſt-ce pas même une choſe qui n'arrive que trop ſou-

vent

vent? Ainsi quoi qu'il n'y ait jamais d'op-sition entre la droite raison & le vrai sens de l'Ecriture, il y en a tres-souvent entre ce qu'on regarde comme le vrai sens de l'Ecriture, & ce qu'on appelle la droite raison. Lors que cela arrive on est tout aussi embarrassé qu'on le seroit, si ces deux lumieres étoient veritablement opposées. On ne sait ce qu'on doit faire, & on doute s'il est du devoir d'un Chrétien de preferer ce que sa raison lui dicte à ce qu'il lui semble voir dans l'Ecriture, ou ce qu'il croit voir dans l'Ecriture aux lumieres de sa raison.

Il semble que les Sociniens veuillent qu'on prenne le premier de ces deux partis. C'est là au moins leur pratique. Toutes les fois qu'ils trouvent dans l'Ecriture des choses qui semblent choquer leur raison, ils les rejettent, & donnent la géne à l'Ecriture pour lui faire dire tout autre chose que ce qu'elle dit.

Quelques-uns de nos Theologiens veulent qu'on prenne le parti opposé. Ils disent qu'en ces occasions on doit s'attacher à l'Ecriture, & ne faire aucun état des oppositions de la raison. Ils disent que dés-là que la raison s'éleve contre l'Ecriture il paroît clairement que c'est, non une droite raison, mais une raison fausse trompeuse, & abusée, indigne par consequent qu'on ait aucun égard à ses decisions.

Je ne saurois entrer, ni dans l'un, ni dans l'autre de ces sentimens. Je les croi tous deux également faux, & je tiens qu'on peut le prouver par une même consideration. C'est q'
t

tout homme qui croit voir de l'oppoſition entre la droite raiſon & l'Ecriture, peut s'aſſeurer par là même qu'il eſt dans l'erreur, & qu'en effet il ſe trompe, ou dans le ſens qu'il attribuë à l'Ecriture, ou dans ce qu'il impute à la raiſon. Ces deux erreurs ſont également poſſibles, & on n'en a qu'un trop grand nombre d'exemples. Les Papiſtes tombent dans la premiere, & les Sociniens dans la ſeconde.

Celui donc qui ſe trouve dans le cas que nous avons poſé ſait avec certitude qu'il ſe trompe, mais il ne ſait pas en quoi c'eſt qu'il ſe trompe. Il ignore ſi ſon erreur eſt dans le ſens qu'il donne à l'Ecriture, ou dans ce qu'il fait dire à la raiſon. Il regarde l'un & l'autre comme poſſible. Par conſequent ſi dans cet état il prend l'un ou l'autre des deux partis, abandonnant l'Ecriture pour s'attacher à la raiſon, ou renonçant à la raiſon pour s'attacher à l'Ecriture, il s'expoſe viſiblement au danger de ſe tromper, il agit temerairement, & par conſequent d'une maniere oppoſée, non ſeulement aux maximes de la ſageſſe, mais encore au devoir d'un enfant de Dieu.

Pour moi je ſuis perſuadé qu'il faut faire dans cette occaſion, ce qu'on doit faire dans les autres occaſions ſemblables. En effet il y en a pluſieurs de même ordre que celle-ci. Par exemple on voit deux paſſages de l'Ecriture, qui ſemblent ſe contredire. On diroit que l'un appuie un certain dogme, ou un certain fait, & l'autre le fait ou le dogme oppoſé

posé. On se trouve dans cet état, qu'on appelle de perplexité, & qui consiste à craindre d'offenser Dieu, soit en faisant ce qu'on a l'occasion de faire, soit en l'omettant. Que doit-on faire dans ces occasions ? Faut-il se determiner brusquement, & prendre l'un des partis, sans savoir pourquoi on le prend? Point du tout. Il faut examiner la question avec plus de soin, & plus d'application qu'on n'a fait. Il faut consulter les personnes sages & éclairées. Sur tout il faut implorer le secours de Dieu, & ne rien negliger de ce qui peut étre utile pour l'obtenir. C'est là à mon sens le seul parti qu'on doit prendre.

Il faudroit maintenant rechercher quel est l'usage de la raison, soit pour nous découvrir le veritable sens de l'Ecriture, soit pour nous faire remarquer les caracteres qui prouvent sa divinité. Mais ceci regarde proprement la matiere des causes de la foi, dont je dois parler dans la seconde partie.

FIN.

Lightning Source UK Ltd.
Milton Keynes UK
UKHW010748221118
332685UK00007B/1305/P